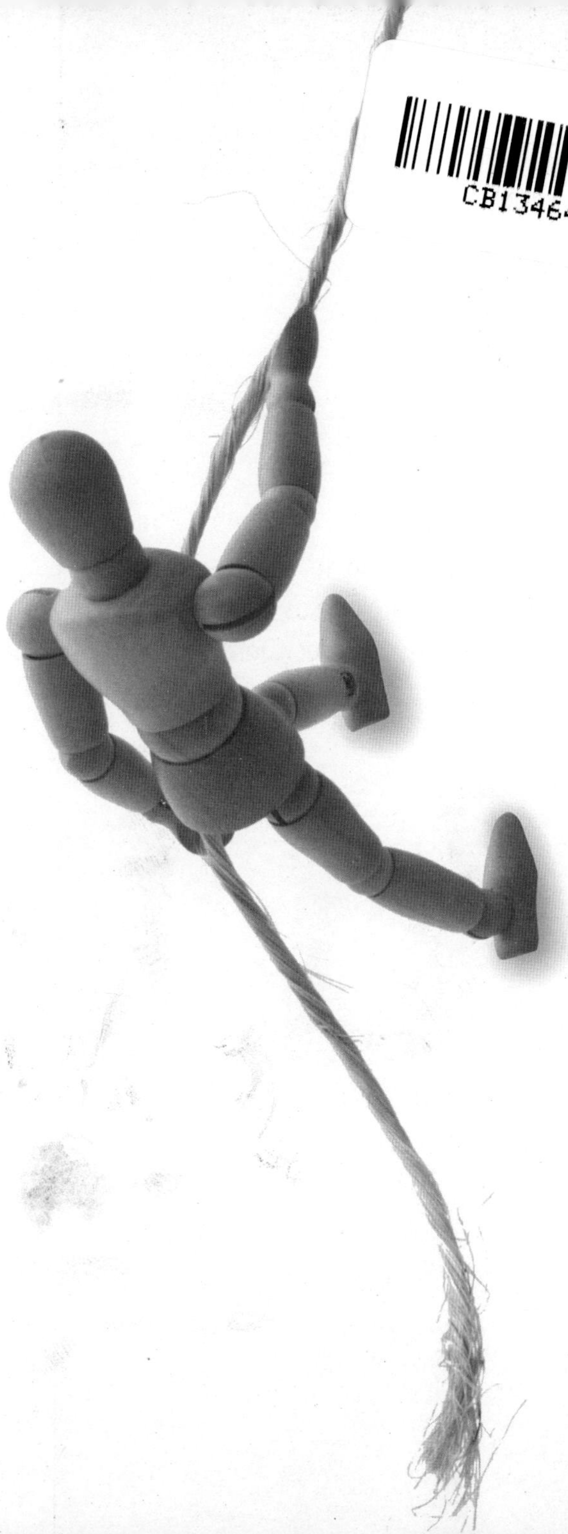

É preciso acompanhar a evolução da informática, que apresenta uma novidade a cada semana, é preciso fazer sempre cursos de aperfeiçoamento, aprender idiomas, conhecer gente e manter boa rede de relacionamento profissional.

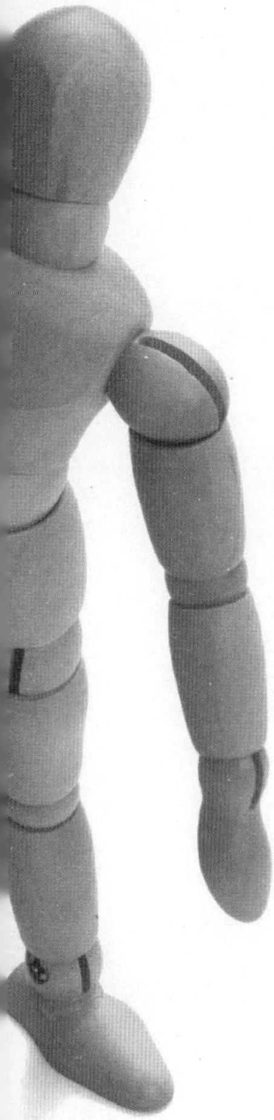

Quem está procurando emprego, e não consegue, apesar de ter bom currículo, precisa aprender o conceito da palavra *networking*.

MAX GEHRINGER

EDITORA GLOBO

FANTÁSTICO

EMPREGO de A a Z

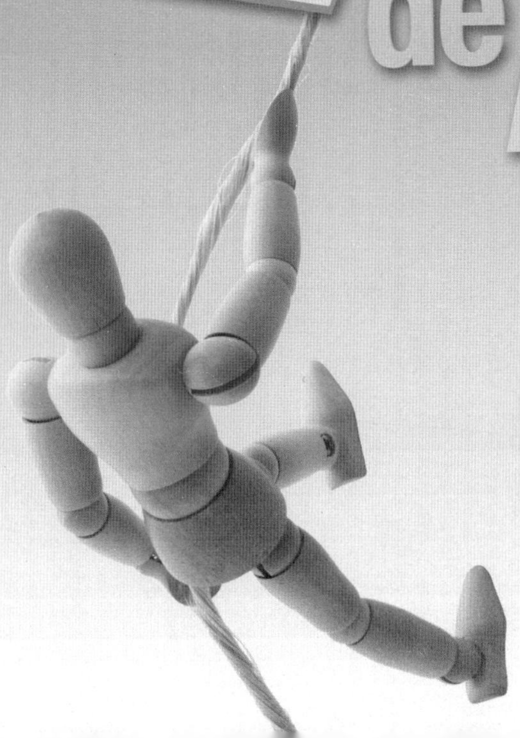

Sumário

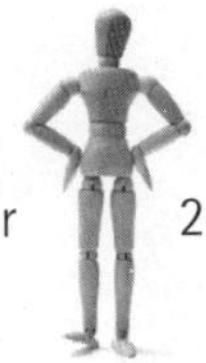

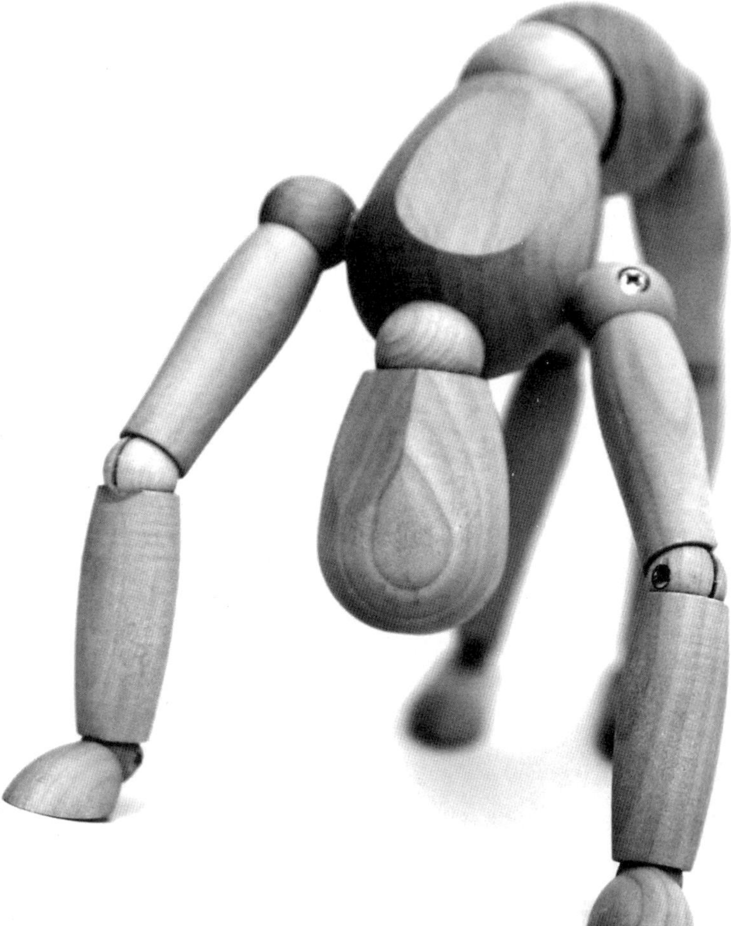

Apresentação

Você é um Cafu ou um Zidane? Fim da Copa de 2006, Brasil eliminado, Roberto Carlos ajeitando a meia em um momento decisivo do jogo contra a França, raiva da torcida – "esses caras ganham fortunas e na hora não mostram nada", "cadê o futebol?", "é um monte de velhos preguiçosos", era o mínimo que se ouvia. Cafu, 36 anos, capitão do time, era o herói do penta. Mas a imagem inesquecível do jogador erguendo a taça na Copa de 2002 logo foi ofuscada pela do Cafu de 2006, o lateral pesado, criticado, condenado, abalado. Pois, em meio ao bombardeio de críticas, Cafu anuncia que vai jogar quantas copas quiser, "da seleção não saio" – e pronto, se auto-escala. Enquanto isso, do outro lado do campo, o francês Zidane, nosso elegante e imprevisível algoz, avisa que parou, jogou aquela que, para ele, era a última Copa do Mundo, o último jogo, o último gol, o último drible. "Quero sair no auge."

Você é um Cafu ou um Zidane? Por aqui, na redação do *Fantástico*, a pergunta rendeu apaixonadas e acaloradas discussões. Virou até pauta de reportagem: na vida profissional de cada um de nós, quantas vezes essa questão não apareceu? A dúvida: saio deste emprego enquanto estou brilhando ou quando começar a me acomodar? Devo mudar de tarefa, de atitude, de função e de chefe agora, quando só recebo elogios, ou espero até tudo ficar morno? A pauta foi em frente, muitos exemplos, bons personagens, mas... faltava alguém para amarrar, conceituar com clareza, com o olho do mercado e de quem sabe reconhecer talentos. Ao mesmo tempo, ninguém queria um ditador de regras, um falador empolado daqueles que usam termos em inglês no meio da frase e expressões vazias de sentido como "*skill* adequado ao *job*". Quem?

Foi aí que o repórter Geneton Moraes Neto, sábio mestre, lembrou do Max: "Max Gehringer, colunista da revista *Época*, a gente podia experimentar". E lá foi a produtora de Campinas fazer a entrevista. De cara, o material gravado por ele já demonstrava o humor – e um humor provocante, ferino. E também voz, potente e inconfundível. Raciocínio claro, ponto-de-vista inovador. A matéria ficou ótima e nos fez convidar o Max para falar em nossa reunião anual – quando fazemos um balanço e antecipamos idéias – sobre o momento de transformação radical que os meios de comunicação atravessam agora.

Algumas idéias e histórias, inconfundíveis, serviram, para nós, como uma lembrança de que "é preciso estar atento e forte, não temos tempo de temer a morte". A primeira: "Mudar é bom?". Vem a pergunta naquela voz de trovão. E o que aparece na tela? Um Michael Jackson novinho. "Nem sempre", responde Max, enquanto a figura grotesca de Michael Jackson de hoje ocupa a tela. A outra (com licença de Alberto Villas) é a história da bomba de Flit, um artefato usado em todas as casas do Brasil nos anos 1950 para bombear inseticida. Um dia, aparece na fábrica de Flit um sujeito querendo vender a patente do aerossol, inédito até então no país: um artefato capaz de espalhar inseticida dentro de casa sem esforço e de maneira muito mais eficaz. Pois bem: os fabricantes da bomba de Flit, líderes de mercado, nem olharam: dispensaram o sujeito do aerossol rapidinho. Deu no que deu. E, depois dessas lições, nunca mais desgarramos do Max.

A idéia de fazer *Emprego de A a Z* foi do próprio Max. Ele foi logo dizendo que o A era de aumento – "que todo mundo quer". Aqui estamos nós, com um quadro que, além de fazer sucesso no *Fantástico*, é recordista de acessos no site do programa – 250 mil em um único dia! –, porque fala claramente, sem meias-palavras, sem truques baratos, sem aquela pregação falsamente zen e quase religiosa dos tantos gurus de auto-ajuda empresarial que pontificam por aí. Depois do quadro, agora é a vez de o livro dissecar o emprego de A a Z. Porque Max é assim: vai de A – de antevisão das tendências – a Z – de Zidane, o craque de chute preciso e imprevisível que nos deu uma bela lição sobre a arte e a coragem de parar na hora certa.

Eugenia Moreyra
Coordenadora de séries e quadros do Fantástico

A de Assédio moral

UM EMPREGADO QUE É HUMILHADO pelo chefe está sendo vítima de assédio moral. E isso é bem mais comum do que parece. Existe há muitos e muitos anos. Provavelmente, do dia em que o primeiro patrão contratou o primeiro empregado. Mas milênios se passaram até que, finalmente, a Justiça do Trabalho começasse a punir as empresas que toleram o mau comportamento dos chefes. A CLT, o conjunto de leis que regula as relações entre empregador e empregado, não menciona diretamente o assédio moral. Desde o final da década de 1990, a justiça vem aceitando causas por assédio moral. São as sentenças dos juízes que estão servindo de base para futuros processos.

O assédio moral ocorre quando um chefe abusa do poder de seu cargo para humilhar um subordinado, ou todos os subordinados, de maneira constante e contínua. Essas duas palavrinhas são importantes. Constante e contínua. O assédio moral não é uma única explosão de mau humor por parte do chefe. Não é algo que acontece de vez em quando. É perseguição, que ocorre praticamente todos os dias e durante bom período de tempo. Por exemplo: o chefe grita em vez de falar. O chefe chama o subordinado de burro na frente dos colegas. O chefe coloca um apelido maldoso em um subordinado. O chefe obriga sua equipe a uma situação ridícula e constrangedora quando não atinge a meta. O chefe isola um subordinado em um canto, não fala com ele, e não permite que converse com os colegas. Com o tempo, o subordinado assediado começa a ter problemas de saúde, física e mental. Sente-se envergonhado e deprimido. Seu relacionamento com a família começa a deteriorar.

Até pouco tempo atrás, esse empregado tinha apenas um caminho: baixar a cabeça e pedir a conta. Agora, começou a ser amparado pela lei para denunciar o abuso. Quem está sofrendo assédio moral deve acumular provas. Registrar datas e guardar receitas e atestados médicos. A denúncia deve ser feita à empresa. Somente depois deve ser procurado o caminho judicial.

Combater o assédio moral não é tirar do chefe o respeito que ele merece como chefe. Nenhuma empresa iria conseguir sobreviver sem hierarquia. Chefes sempre existiram e sempre vão existir. Mas o respeito tem mão dupla. O subordinado tanto deve respeitar o chefe, quanto ser respeitado por ele. Por isso, boas empresas orientam seus chefes para os riscos de assédio moral. Esse é o melhor caminho. A prevenção agora para evitar a condenação depois.

E a culpa é do café

O assédio moral ocorre sempre que um chefe, usando seu cargo hierárquico como escudo, abusa verbalmente de um funcionário bem qualificado, ou ofendendo, ou dando ordens sem sentido. Chefes assediadores fazem isso porque são inseguros, ou porque têm raiva de funcionários que conseguiram tirar os diplomas que os chefes gostariam de ter tirado, ou por qualquer outro motivo. O fato é que o abuso existe.

> O assédio moral ocorre sempre que um chefe abusa verbalmente de um funcionário bem qualificado, ou ofendendo, ou dando ordens sem sentido.

Minha percepção é que isso não vai acabar tão cedo, porque há empresas que fecham os olhos e toleram o abuso. Conheço um caso desses. Um gerente machão, o Xuxão, tinha uma funcionária superqualificada, a Fernandinha. Ela era eficiente em tudo o que fazia, e o Xuxão, por algum motivo, ficava chateado com tanta eficiência. Para mostrar quem mandava, pedia à Fernandinha para que pegasse um café na cozinha. A Fernandinha ia. Certo dia, a copeira faltou e o Xuxão pediu que Fernandinha fizesse o café. Ela fez. O Xuxão provou e disse que estava amargo. A Fernandinha foi buscar o açúcar. O Xuxão provou de novo e disse que estava frio. E perguntou por que a Fernandinha tinha tanto diploma se não sabia nem fazer café direito. Delicadamente, a Fernandinha pegou a xícara, despejou o café na mesa do Xuxão e pediu a conta.

Alguns anos depois, encontrei por acaso o Xuxão. Ele estava igualzinho. O mesmo penteado anos 70, a mesma camisa desabotoada, a mesma barba por fazer. Comentei que a Fernandinha havia tido uma carreira incrível depois que deixara de trabalhar com ele. Havia tido promoções freqüentemente, viajava com constância ao exterior para fazer apresentações na matriz da empresa. E o Xuxão, o protótipo perfeito do assediador, cuja ficha não cai nunca, disse: "Pois é, imagine onde essa menina poderia ter chegado se soubesse, além de tudo, fazer um café decente".

Comando feito sob ameaça

A batalha contra todos os tipos de assédio entrou em moda nas empresas pouco tempo atrás. O primeiro a ganhar notoriedade foi o mais óbvio deles, o sexual. É claro que muita gente exagera um pouco quando se trata desse assunto. Tive uma colega de trabalho que achava que tudo era assédio sexual. Se alguém chegasse e perguntasse: "Sônia, você viu meu pincel atômico?", ela saía correndo para denunciar o agressor. Felizmente, as empresas já admitem que assédio sexual é crime e pronto.

Outro tipo de assédio tão antigo quanto o sexual e tão doloroso quanto é o assédio moral. Menos escandaloso que o sexual, o moral deixa também seqüelas sérias. É o caso do chefe que administra sua equipe por meio do medo, sempre ameaçando os que se atrevem a contrariá-lo. É o chefe que não permite que seus funcionários se desenvolvam.

Em empresas que toleram o assédio moral, além do ambiente de trabalho ser uma lástima, a produtividade geral é baixa, já que aquele sentimento de orgulho por estar trabalhando ali simplesmente não existe. Há, entretanto, uma sutil diferença entre o assédio moral e a pressão por resultados. A pressão existe em todo lugar e é normal. Por isso, o chefe que pressiona por melhores resultados é diferente do chefe que pressiona porque é inseguro. E a diferença é fácil de ser percebida: o chefe que pressiona também sabe reconhecer quando um trabalho está bem-feito. Não com elogios e sorrisos, porque chefes que botam pressão quase nunca têm esse estilo amigo e camarada, mas com avaliações honestas de desempenho. A Sônia, aquela minha colega de trabalho que via maldade em tudo, tinha um chefe assim. Mas ela não conseguia perceber isso. Tanto que, um dia, entrou em pânico quando o chefe disse que ela estava precisando apenas de uma cenoura.

> A batalha contra todos os tipos de assédio entrou em moda nas empresas pouco tempo atrás. O primeiro a ganhar notoriedade foi o mais óbvio deles, o sexual.

Sacrifício dos pioneiros

O assédio moral acontece quando, sem necessidade, o chefe grita, ofende, e dirige um palavrão a um funcionário. E esse tipo de comportamento é repetitivo, como se fosse um estilo de chefiar. A simples existência de um assediador é sinal evidente de que a empresa não está nem aí se o funcionário sofre humilhação. Resta a ele, então, a via legal. O processo pode ser trabalhista. Juízes do trabalho, em alguns estados, estão condenando empresas por prática de assédio moral.

Durante o processo, o juiz pode determinar uma avaliação psicológica do reclamante para entender o estrago que o assédio causou. Por exemplo, o assediado tornou-se dependente de calmantes para poder suportar o assédio. No final, a pena é uma indenização em dinheiro. Evidentemente, a empresa irá recorrer da sentença e o processo se arrastará por vários anos.

O que acontece com o funcionário que abriu o processo? É difícil dizer. Provavelmente, sairá da empresa, porque não terá ambiente para continuar nela. E poderá, ou não, ser contratado por outra. Vai depender da postura ética de cada empresa. Funcionários que movem processo contra assédio moral irão beneficiar mais as futuras gerações do que a si mesmos. Quanto mais ações na justiça, mais empresas decidirão implantar normas internas para prevenir o assédio moral. Esse sacrifício pessoal é o preço que os pioneiros terão que pagar. Mas, é bom lembrar, o progresso nunca foi feito pelos que sofrem calados.

O que acontece com o funcionário que abriu o processo? É difícil dizer. Provavelmente, sairá da empresa, porque não terá ambiente para continuar nela. E poderá, ou não, ser contratado por outra.

Abuso: gritos e ofensas

Boa notícia para empregados que sofrem assédio moral de seus chefes. E má notícia para empresas que permitem que seus chefes assediem moralmente seus subordinados. Uma sentença do Tribunal Superior do Trabalho terá enorme influência nos futuros processos por assédio moral. Ao dar a sentença, o tribunal criou o que se chama de jurisprudência. Ou seja, a partir de agora causas semelhantes terão sentenças semelhantes. A empregada que moveu a ação descreveu algo que muita gente já sofreu, ou continua sofrendo: o tratamento excessivamente agressivo por parte da chefia, que causa constrangimentos ao empregado. Esse tratamento se traduz em uma rotina de abusos verbais, gritos e ofensas, quase sempre na presença de outros empregados.

Na sentença do tribunal, à qual não cabem mais recursos, há duas novidades importantes. A primeira: o tribunal considerou que não cabia ao empregado o ônus da prova. Em outras palavras, a reclamante não precisou apresentar evidências concretas de que tinha sido assediada. Seu testemunho foi suficiente. A empresa teve, sim, que provar que não houve assédio. E não conseguiu.

A segunda novidade foi o valor da indenização. Nas duas primeiras instâncias, o valor do processo correspondia a três vezes o último salário da empregada. O Tribunal Superior do Trabalho fixou a indenização em cem salários. Como a empregada tinha oito anos de casa, a indenização correspondia ao número total de meses em que havia trabalhado na empresa.

> Quanto mais ações na justiça, mais empresas decidirão implantar normas internas para prevenir o assédio moral.

Na sentença, o juiz declarou que a chefe da empregada não agiu dentro dos padrões ideais de polidez e educação. Assim, a sentença traçou uma linha entre o que se chama de pressão civilizada por resultados, e o que é, simplesmente, falta de competência e de equilíbrio para ser chefe.

Chifre em cabeça de cavalo

Nem tudo o que se fala sobre assédio moral é de fato abuso de poder. Aqui, alguns exemplos.

❙ Meu chefe disse um palavrão. Isso é assédio moral? Não. Assédio moral é um procedimento constante e contínuo. Um palavrão pode ter sido apenas reação momentânea de desabafo.

❙ Meu chefe fala muito alto e me sinto constrangida. Isso é assédio moral? Não. Assédio moral pressupõe humilhação. Falar alto pode ser desagradável para quem ouve, mas não é humilhante.

❙ Toda vez que tenho um problema, e peço para falar com minha chefe, ela diz que está ocupada e não pode me atender. Mas atende a outras colegas. Isso é assédio moral? Não. É uma questão de prioridades de sua chefe. Se respondesse, por exemplo, que não quer falar com você porque você não sabe dar dois passos sem tropeçar seria assédio moral.

❙ Meu chefe me transferiu para outra função. Eu trabalhava em um escritório com ar-condicionado e agora estou em uma salinha meio imunda na fábrica. Isso é assédio moral? Não, a não ser que a salinha seja a única meio imunda na fábrica. Caso seu chefe tenha justificado a transferência de função, tem a prerrogativa de colocar você onde seu trabalho é mais importante para a empresa.

❙ Minha chefe dá apenas trabalhos sem importância para eu fazer. Em minha carteira profissional está escrito que sou assistente contábil, mas minha atividade de maior responsabilidade é arquivar documentos. Isso é assédio moral? Não. Seria, caso sua chefe mandasse fazer algo degradante e sem relação com sua função, como varrer o chão.

Em resumo, assédio moral é algo extremamente sério, feito de modo repetitivo, com claro abuso de poder, e que causa humilhação e constrangimento. Assédio moral não é procurar chifre em cabeça de cavalo.

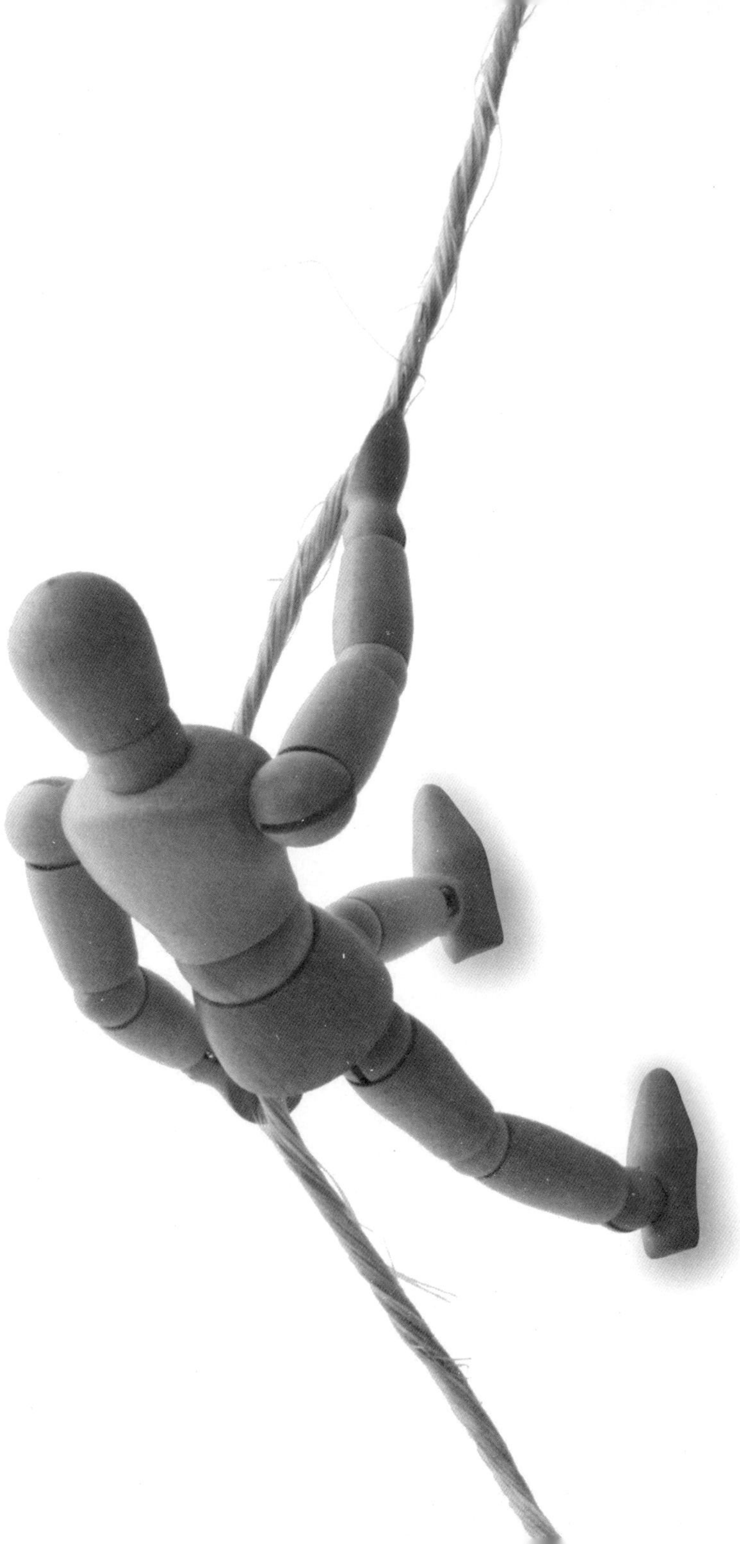

A de Aumento

A MANEIRA MAIS PRÁTICA de pedir aumento é dizer, olho no olho, "chefe, quero, preciso e mereço aumento de 20%". Ao ouvir o pedido, o chefe poderá ter três reações:

- gargalhar;
- dizer "veja bem", e qualquer frase que comece com essa expressão não vai a lugar nenhum;
- dizer "20% é pouco para o excelente trabalho que você vem fazendo. Vou lhe dar 40%". Até hoje, esse tipo de reação só foi visto em cobaias, em testes científicos de laboratório. Na vida prática, jamais aconteceu.

É difícil conseguir aumento, mas é possível. Em empresas maiores, o salário é atribuído mais à função do que à pessoa. Nas menores, acontece exatamente o inverso – o salário é dado de acordo com a pessoa, até porque é muito comum o funcionário acumular duas ou três funções. Em empresas grandes, cada função tem determinada faixa salarial. Portanto, é possível ganhar mais, dentro de uma faixa, sem mudar de função. Em empresas menores, tudo vai depender do humor do dono.

Por que é tão difícil ter aumento de salário? Porque quem pede vê a situação por um ângulo e quem pode dar enxerga exatamente de modo contrário. Duas regrinhas básicas são: todo empregado acha que está ganhando menos do que merece; toda empresa acha que o empregado pode produzir mais pelo salário que já ganha. A conclusão é que empresas não gostam de ouvir falar em aumento.

É preciso, então, achar um jeito de fazer a empresa se interessar em escutar o pedido. Para isso, vou dividir os aumentos em três categorias: a curto, médio e longo prazo. Pensando a curto prazo, ou seja, já. Agora. Uma empresa jamais concede aumento quando o problema é do empregado. Dá aumento apenas quando o problema passa a ser dela. Por isso, o argumento do empregado nunca deve ser "meu salário é uma miséria", ou "meus amigos de outras empresas ganham mais", ou "todo mês estouro o cheque especial". Estes são problemas sérios, não há dúvida. Mas nenhum deles é problema da empresa. Quando, afinal, o problema passa a ser dela? No momento em que o empregado conseguir uma proposta para mudar de emprego. Hoje, de cada dez aumentos, oito são concedidos para que o empregado não vá embora. A empresa sabe que vai ter um custo para contratar e treinar um substituto, e ainda corre o risco de o sujeito não ser bom, e aí terá de contratar outro substituto... Ou seja, o problema passou a ser da empresa.

E se não der para conseguir uma proposta que proporcione ganhos maiores? Isto significa que o salário é compatível com o que o mercado paga. O que não quer dizer que o funcionário deva desistir do aumento. Tem de lançar mão da opção dois, a de conseguir aumento, mas não imediatamente. O aumento a médio prazo. Neste caso, em vez de pedir aumento, o empregado pede oportunidade para merecer aumento. Conversa com o chefe e tenta estabelecer um plano de objetivos práticos para ser atingido entre seis meses e um ano. Chefes não gostam de quem pede aumento, mas costumam dar atenção a quem pede oportunidade.

E se não der para conseguir uma proposta que proporcione ganhos maiores? Isto significa que o salário é compatível com o que o mercado paga. O que não quer dizer que o funcionário deva desistir do aumento.

Se isso não der certo, ainda resta o aumento a longo prazo. Pesquisas mostram que quem tem curso superior ganha, em média, 30% a mais do que quem não tem. Quem fala um idioma ganha mais do que quem fala apenas português. Quase sempre, aumento é encarado como necessidade imediata. Deve ser visto como investimento. Portanto, você vai conseguir aumento. Ou amanhã, ou daqui a seis meses, ou em 2010.

As mulheres ganham menos do que os homens e isso não é justo. Há boas explicações para esse fato, mas a mais simples talvez seja a mais correta: mulheres não pedem aumento. Esperam que o trabalho seja reconhecido. Eram assim quando só cuidavam da casa, e continuaram mais ou menos assim depois que entraram no mercado de trabalho. Para as mulheres, há uma velha máxima no futebol que funciona também para aumento de salário: quem pede, recebe. Nem sempre é verdade. Mas também é verdade que quem não pede, não recebe.

Escondido? É preciso aparecer

Todo mundo merece, mas quase ninguém sabe como conseguir aumento de salário. O falecido técnico de futebol Gentil Cardoso tinha duas máximas: quem se desloca, recebe; quem pede, tem preferência. E as máximas do Gentil servem direitinho para quem está querendo aumento de salário. Porque, como todo mundo sabe, o jeito mais fácil – pedir ao chefe – nunca funciona.

A primeira máxima do Gentil é se deslocar. Se o funcionário está escondido, tem que aparecer. E pode aparecer pedindo transferência para outra área da empresa.

A segunda máxima do Gentil diz que quem pede tem preferência. Mas isso não significa necessariamente pedir aumento, mas oportunidade. Como participar de grupos de trabalho, ser o primeiro a levantar a mão quando a empresa precisa de um voluntário, apresentar idéias e sugestões, escrever para o jornalzinho interno. Em um jogo de futebol, o jogador que mais aparece é o que está com a bola. Em uma empresa também. Agora, se você está se deslocando e não recebe, está pedindo e não tem preferência, sempre resta a opção de seguir o exemplo de qualquer jogador talentoso e sem oportunidade: mudar de time.

Os opostos: quem paga e quem acha que merece mais

Existem dois tipos de filosofia salarial. O primeiro é o adotado pela empresa e pode ser resumido na seguinte frase: "Estamos pagando acima da média do mercado". O segundo tipo é o que o funcionário adota e se resume em: "Estou ganhando pouco". Nessa situação, o de cá sempre quer ganhar mais, e a de lá acha que já está pagando demais.

Como conseguir aumento de salário? Noventa e nove por cento dos funcionários adotam o jeito direto e objetivo: pedem. E 99% das empresas adotam o procedimento padrão: negam. Se o mundo fosse perfeito, o funcionário diria ao chefe que está precisando de aumento. O chefe responderia: "Claro, com todo prazer! Trinta por cento está bom ou você prefere 50%?". Infelizmente, o mundo não é perfeito.

Como conseguir aumento de salário? Noventa e nove por cento dos funcionários adotam o jeito direto e objetivo: pedem. E 99% das empresas adotam o procedimento padrão: negam.

Quem já pediu aumento, ou insinuou que precisava de um,

sabe que, nessas horas, o cérebro do chefe vira geléia. Ou ele fica irritado, ou começa a dar longas explicações sobre diferença entre salário e pacote de remuneração. No fim da conversa, o chefe dirá que você está ganhando muito bem e nem se deu conta.

A vida prática tem mostrado que a melhor maneira de conseguir aumento é não pedir. É demonstrar que merece. Como? Mostrando resultados acima dos objetivos e participando ativamente de projetos em outras áreas. Atualizando-se permanentemente e exibindo criatividade. Ah, você já vem fazendo isso e ainda não aconteceu nada? Neste caso, você trabalha em uma empresa que adota filosofia salarial do tipo três, ou seja, ela é cega, surda e muda. Assim, não adianta gritar, porque a empresa não vai ouvir. Não adianta mostrar, porque ela não vai ver. O único jeito é fazer o que ela está fazendo. Se ela é muda, você muda.

A história do dinheiro: *as*, *denarius*, *ounce*, réis e... real

Imagine que você esteja sentado diante de seu chefe e conte a seguinte história: quatro séculos antes de Cristo, os romanos começaram a fundir moedas de prata e cobre. A unidade básica, ou a moeda de menor valor, era o *as*, palavrinha latina que queria dizer um. É por isso, chefe, que o baralho, em vez de ter a carta número um, tem o ás. Mas a moeda mais usada na época era equivalente a dez ases, e chamava *denarius*, que significava de dez em dez. De *denarius* veio a derivação di-

A vida prática tem mostrado que a melhor maneira de conseguir aumento é não pedir. É demonstrar que merece.

nheiro. Foi por trinta peças de *denarius*, ou trezentos ases, que Judas Iscariotes entregou Jesus aos romanos.

Nos tempos antigos, o peso e o valor andavam de mãos dadas, e o mesmo nome que se dava às moedas era dado ao peso que representavam. Por isso, os ingleses traduziram o *as* dos latinos por *ounce*, que vertido ao português, por aproximação fonética, virou onça.

Adivinhe, caro chefe, qual é a instituição mais antiga do Brasil, a que foi fundada com determinada finalidade e que continua existindo até hoje com a mesma finalidade? A Casa da Moeda, que tem 314 anos. Foi estabelecida em Salvador, em 1694, para fundir moedas de réis, plural arcaico de real, nome de nossa moeda naqueles tempos.

Só existe uma coisa material neste mundo – você diria a seu chefe – que jamais perdeu a importância histórica. E que nunca vai perder. É dinheiro. Seu chefe lhe dirá: "Tudo bem, é uma bela história. Mas o que tenho a ver com isso?" E você, então, explicaria que já que entraram nesse assunto, não está na hora de discutir aumento de salário?

Enrola, enrola e tira o foco da questão

Alguns cursos de liderança ensinam que bons líderes são pessoas que sabem inspirar seus subordinados. Por isso, líderes têm sempre histórias edificantes para contar. Certa vez um leitor me perguntou se bom líder, guardadas as devidas proporções, seria como Jesus, que usava parábolas para que seus liderados entendessem melhor sua mensagem. "Bons líderes são bons contadores de histórias"?, questionava. Respondi: são. Mas isso não quer dizer que qualquer bom contador de histórias seja líder.

O subordinado também tem papel importante nessa história de contar histórias.

Para exemplificar, vou contar uma. Eu tinha um diretor. Certo dia, decidi conversar com ele sobre aumento de salário. Assim que comecei a falar, ele me interrompeu. E contou a história de Erik Weihenmayer, o primeiro alpinista cego a escalar o Monte Everest. Depois de me contar isso, o diretor disse que eu devia refletir sobre essa história. E voltar a conversar com ele na semana seguinte. Refleti e cheguei à conclusão de que a vontade pode superar limites físicos.

Na semana seguinte, disse isso ao diretor, e mencionei novamente o assunto salarial. Naquele momento, o diretor passou a contar a história de Arvind Pandya, recordista mundial em correr de costas. Pandya correu incríveis 1.400 quilômetros em 29 dias. Meu diretor pediu que eu pensasse bem nessa história e tirasse minhas conclusões. Pensei e concluí que é possível correr para trás e, mesmo assim, chegar à frente.

A conclusão é que ouvi várias outras histórias, todas muito boas, mas nunca cheguei, de fato, a falar sobre aumento de salário. A lógica do diretor era a seguinte: contar histórias é melhor do que dizer não. Assim, de história em história, ali pela oitava, o subordinado finalmente desiste e se concentra em seu trabalho.

> Muita gente acredita que, da mesma maneira que estão acontecendo várias guerras de preços entre marcas e empresas, existe uma guerra de salários no mercado de trabalho.

Estabilidade leva a "reajustinhos"

Muita gente acredita que, da mesma maneira que estão acontecendo várias guerras de preços entre marcas e empresas, existe uma guerra de salários no mercado de trabalho. Aparentemente, parece que há uma multidão disposta a trabalhar bem menos do que a função realmente vale apenas para conseguir emprego. O pior é que, se um bom profissional ficar desempregado de repente, ele estará em uma sinuca de bico. Ou aceita ganhar menos do que ganhava, ou tenta manter o salário anterior, mas não vai conseguir novo emprego rapidamente.

O que está acontecendo no mercado de trabalho é o efeito maléfico de algo muito benéfico. A estabilidade. Funciona assim: imagine um funcionário que esteja trabalhando na mesma empresa há dez anos. Sempre na mesma função, sem nunca ter recebido aumento por mérito. Todo ano, a empresa concede pequenos reajustes a todos os funcionários. Coisinha mínima, de 3% ou 4%, apenas para não criar conflitos com o sindicato. Ano após ano, a percepção do funcionário é de que essa ninharia não está nem arranhando seu salário. Mas, depois de dez anos, se fizer as contas, vai descobrir que está ganhando 50% mais do que ganhava. É o chamado aumento por inércia.

Como os salários de admissão subiram relativamente pouco nos últimos dez anos, esse funcionário estará ganhando cerca de 30% a mais do que o mercado está pagando por uma função igualzinha à dele. E, no momento em que a empresa tiver que reduzir despesas, algo cada vez mais natural atualmente, esse fiel funcionário – que jamais recebeu aumento na vida e nunca reclamou de nada

Todo ano, a empresa concede pequenos reajustes a todos os funcionários. Coisinha mínima, de 3% ou 4%, apenas para não criar conflitos com o sindicato.

– torna-se vítima dos cortes. Isso está acontecendo em todos os níveis do organograma. Conclusão: é preciso estar preparado para ganhar menos. Socialmente, não é justo. Mas, como dizem as empresas, o justo é importante, mas o ajuste é necessário.

Mais do que o mercado paga

Pouca gente deve ter ouvido a expressão inércia salarial, mas ela está afetando milhares de empregados neste exato momento. Imagine alguém que esteja na mesma função há dez anos. E que tenha recebido, anualmente, aquele aumentozinho de 4%, ou por acordo sindical, ou por benevolência da empresa. A impressão de quem está nessa situação é de que não houve aumento algum. Apenas uma correção bem mixuruca. Acontece, porém, que um emprego que valia mil reais por mês em 1996, hoje vale no máximo 1.200 reais. Porque, no mercado de trabalho, faz tempo que há mais candidatos bons do que boas vagas. E isso permitiu que as empresas segurassem os salários.

Um empregado cujo salário era de mil reais por mês em 1996, e que recebeu 4% de correção por ano, durante dez anos, hoje está ganhando quase 1.500 reais. Mais de 20% acima do valor de mercado. Essa é a chamada inércia salarial. O empregado está descontente porque não recebe um aumento decente há dez anos. Mas ele está ganhando mais do que o mercado está pagando para a função que executa. É por isso que muita gente que perde o emprego não consegue encontrar outro com o mesmo salário.

O que fazer? Qualquer coisa para não passar muito tempo na mesma função. Estudar, pedir oportunidades, solicitar transferência para outra área. Isso parece um paradoxo, mas a inércia profissional acaba causando a inércia salarial. E a inércia salarial, cedo ou tarde, irá se transformar em oportunidade para algumas empresas reduzirem custos, contratando alguém dentro da faixa salarial do mercado.

B de Bonzinho

NAS EMPRESAS, EXISTEM TRÊS TIPOS DE FUNCIONÁRIOS: o bom, o ruim e o bonzinho. O bom é aquele que tem um produto maravilhoso para vender – ele mesmo. É o craque da propaganda pessoal. Quando o bom faz alguma coisa, a empresa inteira fica sabendo. O ruim acha que tudo está errado – a empresa, o chefe, os colegas, o cafezinho, a maneira como Deus criou o universo. Enquanto o bom passa o dia falando bem dele mesmo, o ruim passa o dia falando mal dos outros. E o bonzinho? O bonzinho é o que não diz nada.

Nas empresas, de modo geral, o bom vai para cima e o ruim, para fora. O bonzinho, não, continua sempre no mesmo lugar. É simpático, competente no que faz. O chefe gosta dele e os colegas também, mas a carreira do bonzinho não deslancha. Passa anos e anos fazendo sempre a mesma coisa. O que há de errado com ele? Não tem aquilo que as empresas chamam de "o perfil". Não é agressivo. Não mostra espírito de liderança. Não faz a diferença. Para quem está em dúvida se é bom ou bonzinho, aqui vão cinco características do personagem:

- *é ouvinte.* Em uma reunião, evita dar palpite. E sempre faz aquele gesto de positivo com a cabeça.
- *concorda com tudo.* Principalmente com aquilo que não concorda. Acha que é melhor não arrumar confusão e conversar depois, com mais calma.
- *não desafia ninguém.* Não gosta de discórdia. Para ele, o empate é sempre ótimo resultado.
- *desabafar, jamais.* Mesmo quando está uma arara, continua com aquela expressão de manequim de loja de shopping.
- *detesta aparecer.* Se surgir uma daquelas raras oportunidades

de matar um dragão e virar o herói da empresa, o bonzinho prefere sentar e ficar esperando o dragão morrer de velho.

É o funcionário que todo mundo quer ter como colega. Não faz intriga e não puxa o tapete de ninguém. Elogia todo mundo e está sempre disposto a ajudar quem precisa de ajuda. Chefes e colegas preferem que ele continue onde está, contribuindo positivamente para o ambiente de trabalho. O tempo vai passando e o bonzinho vê os colegas sendo promovidos. Gente que ele treinou vira chefe, mas o bonzinho continua na mesma função de sempre. Está sendo vítima do egoísmo geral. Todo mundo lhe daria inteira razão se ele reclamasse, mas ele não reclama. O que o bonzinho precisa é:

- *criar um pouquinho de coragem.* Ninguém espera que o bonzinho saia chutando mesas e cadeiras. Mas ele precisa discordar de pequenas coisas para depois discordar do que realmente interessa.
- *fazer cursos de curta duração.* Qualquer curso. Apenas para conhecer pessoas de outras empresas. Um dos problemas do bonzinho é que ele vai de casa para o trabalho e do trabalho para casa e perde a noção do mundo.
- *mandar currículos para outras empresas.* Fazer entrevistas de emprego. Nelas, o bonzinho será forçado a falar bem dele mesmo, uma coisa que nunca fez, nem faz, na empresa em que trabalha.
- *aprender a dizer não.* Com jeito e educação, mas com firmeza. O maior problema do bonzinho é que ele diz sim para tudo.

Não é nada difícil, nem complicado. Comparado com outros profissionais do mercado, o bonzinho tem grande vantagem – ele é bom. Só precisa deixar de ser bonzinho.

Um tipo que ninguém pretende fazer

Toda empresa tem alguém imprescindível. É fácil identificar essa pessoa. É aquela que os outros não acham imprescindível, que raramente é convidada a participar de uma reunião, que passa o dia em seu canto com uma caneta esferográfica meia-carga no bolso da camisa. Enquanto a empresa ferve, o imprescindível fica frio. A senha para que entre em ação é uma palavrinha: *ninguém*.

A empresa tem enorme problema a resolver. Milhões de dados já foram levantados, centenas de cenários, considerados, dezenas de especialistas, consultados. Mas sempre falta alguma informação para completar o quebra-cabeça. O diretor perde a calma e diz: "Mas não é possível. Será que *ninguém* sabe isso?" Quando o diretor solta a palavra mágica – ninguém –, alguém se lembra do imprescindível. Ele está na empresa há tanto tempo, que sabe tudo. Lembra de tudo. Participou de tudo. Mas, como nunca teve muita ambição, foi sendo esquecido. Como não usa termos complicados, nem palavras em inglês, é considerado ultrapassado. Nem um quadrinho decente no organograma tem. Aos poucos, foi se tornando... ninguém. Mas sempre chega a hora que ninguém sabe. E é nesse momento que o imprescindível sai da sombra e dá a informação que todos estavam procurando.

Enquanto todo mundo comemora, o imprescindível já saiu de perto e está tomando seu café em um copinho plástico, sem tripudiar nem se vangloriar. O imprescindível é assim. Não almeja ser alguém. Só quer fazer seu trabalho em paz, sem incomodar. Quando o diretor diz: "Nesta empresa, ninguém é imprescindível", o imprescindível agradece. Porque sabe que, ali, ninguém é mais ninguém que ele.

Decida quem você quer ser: Mané ou Botelho

No começo de minha carreira, minha função era de Mané. Um dia, descobri que na empresa onde trabalhava existia um cargo que não constava no organograma. O Botelho. A história foi a seguinte: havia uma garagem que comportava cinqüenta carros, e nós tínhamos oitenta funcionários com carros. Em nome dos sem-vagas, recebi a incumbência de conversar com o diretor. Inocentemente, já ia entrando na sala dele quando a secretária perguntou qual era o assunto. Expliquei, e a secretária disse: Ah, você tem que falar com o Botelho".

Não sei qual era exatamente a função do Botelho, mas sei que não tinha nada a ver com carros, nem com vagas. O Botelho ouviu minha queixa e disse que ia ver o que era possível fazer. Daquele dia em diante, comecei a perceber que a empresa estava cheia de botelhos. Havia o Botelho ascensorista, que nos economizava o tempo de apertar os botões do elevador. Havia o Botelho de serviços gerais, que nos poupava o estafante trabalho de tirar cópias. Havia o Botelho motorista, que dirigia o carro do diretor. E havia o Botelho Botelho, que coordenava o trabalho de meia dúzia de botelhos.

> Os botelhos são para a empresa o que os despachantes são para o público em geral. Resolvem problemas que só existem porque os botelhos existem.

Os botelhos são para a empresa o que os despachantes são para o público em geral. Resolvem problemas que só existem porque os botelhos existem. Anos depois, quando já ocupava um cargo mais ou menos, fiz uma proposta para acabar com os botelhos. A direção da empresa gostou e me liberou de minhas funções normais para que pudesse me dedicar integralmente ao projeto. Um mês depois, a ficha caiu: havia me transformado em Botelho. Não comprava, não produzia, não vendia, não cobrava. Apenas botelhava. Devo confessar, a sensação era ótima. É por isso que, nas empresas atuais, a proporção de botelhos e manés já é de um para um. E continua aumentando.

Já pensou em ser Cacá?

Conheci um profissional sem igual, o Cacá, que era digno de admiração. O ponto forte do Cacá era a capacidade de parecer que estava trabalhando. Produzir, mesmo, produzia muito pouco. Mas as empresas pelas quais passou, e elas foram muitas, demoravam um pouco para perceber isso. Quando finalmente notavam, o Cacá mudava de emprego. Pelas minhas contas, trabalhou em onze empresas diferentes. Ou pareceu trabalhar nelas.

Para conseguir essa proeza, tinha alguns truques. O primeiro era o de não ser encontrado. Quem ligava era informado de que o Cacá estava viajando. Ou estava em reunião. Ou estava visitando um cliente. Nos momentos em que era visível, estava falando ao celular e andando de um lado para outro, sem parar.

Outro truque era percorrer o escritório com uma rapidez incrível, carregando pilhas de papéis embaixo do braço. Os papéis eram trocados uma vez por semana, quando começavam a ter o cheiro do desodorante do Cacá.

Mais uma artimanha: só conversar sobre as funções dos outros. Ninguém ouvia o Cacá falar sobre o que fazia. Até porque não fazia muita coisa. Mas sempre tinha um conselho, ou uma sugestão, para melhorar o desempenho das outras áreas.

Quando conto essa história, quem a ouve diz: "O Cacá não é

um profissional sem igual. Porque na minha empresa tem um sujeito assim, igualzinho". Aí vem a pergunta: como essa gente consegue enrolar tanto? Porque essa gente só trabalha em empresas grandes. Em empresas pequenas, ninguém consegue se esconder. Em empresas grandes, é possível aparecer, escondendo-se. Ou se esconder, aparecendo.

Chato ao quadrado. Não, chatíssimo

Em qualquer empresa sempre há um colega chato. Muito chato. Demais. Ao cubo. Só que essa pessoa não se vê assim, e ninguém consegue mostrar o quanto ela chateia. Cinco são as características de um chato:

- *ser inconveniente quando é possível ser ausente*. O chato interrompe colegas que estão ocupados para contar histórias que não são interessantes, ou piadas que não são engraçadas. Porque o chato acha que, se ele não tem o que fazer, os colegas também não têm.
- *ser persistente quando é possível ser paciente*. O chato não enxerga limites. Se ele quer alguma coisa, aquela coisa passa, na visão do chato, a ser prioridade número um da humanidade. Seus colegas estão obrigados, por alguma lei cósmica, a parar tudo o que estejam fazendo para ajudar o chato.
- *ser sincero quando a sinceridade machuca e não contribui em nada*. O chato é especialista em apontar defeitos alheios, ou em fazer comentários desnecessários. Frase típica do chato: "Você está mais gorda". Não que não seja verdade, mas é o tipo de verdade que serve apenas para destruir a auto-estima alheia.
- *falar de si mesmo em vez de dar atenção aos outros*. Chato que é chato sempre faz questão de interromper alguém que está re-

latando um caso para contar o que aconteceu com ele. E que é mais interessante do que qualquer caso que tenha acontecido com qualquer um.

▌*omitir-se quando é possível colaborar.* O chato sempre tem boa desculpa para não ajudar os outros. Se o assunto não é ele, e se ele não vai se beneficiar ajudando o próximo, então o problema não é dele.

Em resumo, o chato é o grande personagem de si mesmo.

O rei das tiradinhas

Toda empresa tem um, aquele que não consegue resistir à tentação de transformar qualquer assunto em boa piada. Tem gente que até perde o emprego, mas jamais perde a piada. Os colegas às vezes riem, outras vezes acham que o humorista está sendo inconveniente, porque conta a piada certa, mas na hora errada. Os chefes normalmente detestam o funcionário piadista, porque consideram que ele tira a atenção de quem precisa trabalhar com seriedade. Para menosprezar, dão ao coitado um apelido degradante – o palhaço da empresa.

Tem gente que até perde o emprego, mas jamais perde a piada. Os colegas às vezes riem, outras vezes acham que o humorista está sendo inconveniente, porque conta a piada certa, mas na hora errada.

Quando estava com dez anos, fui o palhaço da escola. Vivia dando minhas tiradinhas durante as aulas e, por causa disso, era constantemente posto de castigo. Meus pais foram chamados diversas vezes pelos professores e tiveram que ouvir que, se continuasse a agir daquele jeito, iria ser um fracassado na vida, porque não levava nada a sério.

Uma vez por ano, a escola promovia uma festa no dia dos professores. Eu era o apresentador da festa. Vestido, só para variar, de palhaço. O palhaço Rapadura. Ali, no palco, repetia as mesmas piadas que contava na classe. Ridicularizava os professores, a maneira como falavam e os métodos que usavam. Para minha surpresa, na festa os professores riam. Até aplaudiam. Mas, na aula seguinte, na primeira piada, colocavam-me novamente para fora da classe.

Representar o palhaço Rapadura foi uma lição, que acabou sendo extremamente útil em minha vida profissional. Rir é ótimo. Ser bem-humorado é essencial. Desde que a gente saiba usar o riso, o humor e, principalmente, a crítica na hora certa.

Ricardo, o autêntico

Nos meus tempos de escola, convivi com um colega, o Ricardo, que era admirado por ser autêntico. Não sentia medo de dizer o que pensava. Era o terror dos professores, porque discutia sobre tudo e nunca abria mão de seus pontos de vista. Depois que nos formamos, cada um seguiu seu caminho até que cruzei novamente com o Ricardo. Perguntei o que andava fazendo e ele me disse que estava desempregado. Contou que havia tido oito empregos nos últimos doze anos. Em três deles, havia pedido a conta por discordar da filosofia das empresas, nos outro cinco havia sido dispensado porque as empresas discordavam da filosofia dele.

Rir é ótimo. Ser bem-humorado é essencial. Desde que a gente saiba usar o riso, o humor e, principalmente, a crítica na hora certa.

Ricardo, autêntico e sem medo como era, disse que preferia passar fome a ter que aturar chefe sem noção. Comentei que, se havia tido uma seqüência de oito chefes sem noção, ou ele era muito azarado, ou alguma coisa estava errada com seu comportamento profissional. Era mais provável que a segunda hipótese fosse verdadeira. Ele não estava conseguindo equilibrar autenticidade com maturidade. Disse a ele que todos nós temos duas fases na vida: quando somos crianças, imaginamos que vivemos em um mundo só nosso e que os adultos foram colocados nele apenas para resolver nossos problemas. Basta começarmos a chorar, a qualquer hora do dia ou da noite, e pronto: uma incrível figura chamada mamãe aparece correndo.

Mais tarde, vem a segunda fase, quando deixamos de ser crianças. Descobrimos, para nossa frustração, que fazemos parte do mundo dos adultos, e que esse mundo tem regras. Precisamos tirar documentos, cumprir horários, declarar imposto de renda, aturar chefes e burocracia, coisas assim. E o verbo não é gostar ou concordar, mas dever.

> Comentei que, se havia tido uma seqüência de oito chefes sem noção, ou ele era muito azarado, ou alguma coisa estava errada com seu comportamento profissional.

O Ricardo ainda estava vivendo a primeira fase, em que o mundo devia funcionar de acordo com a opinião dele. O Ricardo, é claro, discordou de tudo que eu disse. Continuou a ser o que sempre foi: autêntico desempregado.

Um inimigo conhecido

Existe uma pequena fábula sobre colegas de trabalho. É a história do gafanhoto, da aranha e do camaleão. Um dia, a aranha e o gafanhoto estavam conversando sobre o camaleão. A aranha falou para o gafanhoto:

– Precisamos tomar cuidado com o camaleão, caro gafanhoto. Ele fica ali, com aquela cara de quem está cochilando, mas, se a gente descuidar, ele estica a língua e nos engole.

– É verdade, disse o gafanhoto. O camaleão é o mestre dos disfarces. Até mudar de cor ele muda conforme a necessidade.

– Pois é, disse a aranha. Passo o dia aqui fazendo meu trabalhinho, tecendo a minha teia, sem incomodar ninguém, e posso de uma hora para outra ser devorada. É por isso que tenho oito olhos, e todos eles bem abertos.

– E eu então, disse o gafanhoto. Preciso ficar pulando de galho em galho para não cair em nenhuma armadilha. É por isso que tenho essas pernas tão longas.

A aranha fez uma proposta ao gafanhoto. Precisavam se unir contra o perigo que o camaleão representava a eles, dois honestos e dedicados trabalhadores. E a aranha chamou o gafanhoto para escutar o plano.

Quando o gafanhoto chegou perto, enroscou-se na teia da aranha. Ela, imediatamente, começou a embrulhar o gafanhoto para o almoço. Surpreso, ele perguntou:

– O que é isso, aranha? Não somos amigos, colegas e parceiros?

A aranha respondeu:

– Desculpe, caro gafanhoto, mas na vida profissional o que vale mesmo é a lei da selva. Boa intenção é uma coisa, necessidade é outra.

O pobre gafanhoto suspirou e filosofou:

– Aprendi tarde demais, mas aprendi. No trabalho, mais vale um inimigo que a gente conhece do que um amigo que a gente pensa que conhece.

Você é interpessoal?

Claro que você é. Mas não basta ser. É preciso saber explicar. A "interpessoalidade", se é que a palavra existe, está em moda nas empresas. Não em todas as empresas. Apenas naquelas que podem pagar por uma consultoria.

Vou tentar simplificar. Em uma entrevista, ao ouvir a pergunta: "Você tem habilidades interpessoais?", 99% dos candidatos dão a resposta correta – "Com certeza". Já a segunda pergunta é um pouco mais complicada: "Você poderia falar um pouco dessas habilidades?". Mmmm...

A resposta é a seguinte. Pessoas, desde sempre, organizam-se em grupos, ou em associações. Ninguém é uma ilha, já dizia um poeta interpessoal. Todos fazem parte de continentes, que são povoados por gente de que gostamos, gente de que não gostamos e gente que não cheira nem fede. O relacionamento interpessoal é a capacidade de se comunicar bem com cada pessoa do grupo, mas enxergando os interesses do grupo, como um todo. É por isso que as empresas gostam de empregados interpessoais. Eles têm o chamado espírito de equipe.

Ser interpessoal é ter em mente que o objetivo de todos é mais importante que o objetivo de cada um. Para isso, é preciso saber responder a algumas perguntas básicas. O que o grupo tem em comum? Como o grupo pode se fortalecer? Como posso ajudar o grupo a ser mais unido, mesmo que isso tire o foco de mim mesmo?

Nas empresas, é fácil identificar alguém que não é interpessoal. É aquela pessoa que vive reclamando por se sentir excluída, injustiçada, encostada, ou desprezada. Acusa os colegas de egoístas e individualistas. Ao contrário do que o isolado imagina, ele não está sendo vítima de conspiração. Está pensando no que os outros não fazem por ele, e não no que ele pode fazer pelos outros. Filosoficamente, isso é ser humanista. É vocação. Profissionalmente, isso é ser interpessoal. É aprendizado.

Direitos de um político

Você precisa ser mais político. Já ouviu essa frase de seu chefe? Milhares de funcionários a ouvem todos os dias. O que o chefe está querendo dizer é que você é um contestador, um rebelde que não aceita determinações, e fica aí querendo desestabilizar o sagrado ambiente de trabalho.

Certa vez, tive um colega, o Serjão, que não sabia ser político. Era um funcionário tremendamente eficiente, mas tinha aquela mania de ficar criticando tudo o que a empresa fazia e, a bem da verdade, com toda razão. Um dia, depois de ouvir o chefe dizer pela centésima vez que o Serjão precisava ser mais político, o Serjão, para surpresa do chefe, concordou. E disse ao chefe que, para ser político na empresa, queria apenas ter os mesmos direitos que um político de verdade tem. Fez uma listinha, que continha:

- estabilidade no emprego por quatro anos, independente dos resultados apresentados;
- poder faltar ao expediente sem ter que dar explicações;
- contratação de parentes, em qualquer número, e com bons salários;

- isenção de responsabilidade por qualquer promessa feita;
- pagamento adicional por reunião que não estava no calendário de reuniões normais;
- imunidade contra acusações do pessoal de outras áreas;
- liberdade para fazer oposição e criticar a direção da empresa;
- poder para definir o próprio salário.

Nas empresas, ser político é saber engolir sapos, algo que os políticos de verdade fazem muito bem e ainda pedem para repetir o prato. Mas, como dizia o Serjão, o que as empresas chamam de "ser mais político" é ter todos os deveres que um político tem. E nenhuma das vantagens.

Teste: quem é "do contra"

Um dos rótulos que gruda mais fácil em alguém é o famoso "do contra", nome que se dá ao funcionário visto como teimoso profissional, porque não consegue concordar com nada. Normalmente, é uma pessoa que trouxe para a vida adulta os conflitos que teve quando criança. Uma criança teimosa é normal, e a maioria de nós passou por fases de teimosia na infância e na adolescência. Um adulto do contra é o que transformou aquela teimosia infantil em sua maneira pessoal de avaliar o mundo.

Para ele, tudo está errado. A empresa não tem rumo. Os chefes são lentos e não conseguem enxergar as melhores alternativas. Quando o "do contra" recebe uma comunicação interna, discorda. Discorda do assunto e discorda da redação, descobre rapidamente uma palavra escrita de forma errada. Quando recebe uma ordem, faz o possível para não cumpri-la. Chega atrasado a compromissos e reuniões para demonstrar que não queria estar ali. Vive reclamando que o banheiro do escritório está entupido.

Na maioria das vezes, os funcionários "do contra" são pessoas competentes, que sabem executar bem seu trabalho. Têm boas idéias e dão boas sugestões. Mas, como não conseguem concordar com as idéias dos outros, acabam criando oposição. E ficam empacados na carreira, achando que são vítimas de conspiração. É claro que os "do contra" discordam de que sejam "do contra". Jamais vão admitir.

Por isso, montei um pequeno teste de inteligência social. Sabe aquele (ou aquela) colega que você não vai muito com a cara? Encontre algo, algum trabalho, que ele (ou ela) fez bem-feito. Vá até ele (ou ela) e faça um elogio. Naturalmente, sem excessos, em um tom de voz normal. Esse cumprimento não vai mudar sua opinião sobre aquela pessoa. Significa, simplesmente, que você consegue enxergar pontos positivos no meio de pontos negativos. Você consegue fazer isso? Neste caso, pode dormir tranqüilo. Você não é "do contra".

Colega que segue a regra do *umbilicus*

No meio da Grécia, havia uma pedra. Essa pedra estava no templo do deus Apolo, na cidade de Delfos. A pedra ficava bem no centro do templo, e os gregos acreditavam que o templo ficava exatamente no centro do universo. Ou seja, o mundo inteiro girava em torno da pedra. Os gregos deram a ela o nome de *omphalos* e, mais tarde, os romanos traduziram esse nome para o latim: *umbilicus*. Daí surgiu a palavra umbigo. Não por acaso dizemos que uma

Na maioria das vezes, os funcionários "do contra" são pessoas competentes, que sabem executar bem seu trabalho. Têm boas idéias e dão boas sugestões.

pessoa megalomaníaca vive contemplando o próprio umbigo. Acha que o universo gira em torno dela.

Em latim, *scrupus* era uma pedra usada como medida de peso. O diminutivo de *scrupus* era *scrupulus*, pedrinhas que formavam a subdivisão do peso. Quando um freguês ia comprar alguma coisa, o comerciante colocava a mercadoria em um prato da balança e no outro depositava alguns *scrupulus* até a balança se equilibrar. Naquela época, já havia comerciantes desonestos. Eram os que calculavam o peso da mercadoria conforme a cara do freguês em vez de usar as pedrinhas. Ou seja, não tinham escrúpulos.

É incrível como através dos tempos as pedras rolaram, rolaram, e acabaram chegando ao século XXI. Hoje, não existe colega de trabalho pior do que aquele que segue a velha filosofia das pedras. São pessoas que, além de não ter escrúpulos, vivem encantadas com o próprio umbigo. Quando encontramos gente assim, a melhor solução é a bíblica. Atirar a primeira pedra. E a segunda. E todas as outras. Até que a pessoa caia na real e perceba que já não estamos mais vivendo na idade da pedra.

Hoje, não existe colega de trabalho pior do que aquele que segue a velha filosofia das pedras. São pessoas que, além de não ter escrúpulos, vivem encantadas com o próprio umbigo.

Perseguido: elogio é crítica disfarçada

Se você trabalha com uma dessas pessoas que têm mania de perseguição, conforme-se. Já trabalhei também com várias delas. Aprendi que, por mais que a gente se esforce para não insinuar nada, os perseguidos sempre conseguem escutar em nossas frases alguma ofensa ou alguma acusação. Meu melhor exemplo de gente com mania de perseguição foi uma supervisora, a Gilda Lopes. A Gilda se considerava tão perseguida que seu apelido na empresa era Persegilda.

Foi no convívio com a Gilda que captei três grandes angústias dos que se acham perseguidos por tudo e por todos.

A primeira angústia: perseguido não tem memória, tem coleção de más recordações. Uma vez, falei à Gilda: "Afinal, o que você tem contra o mundo?" Ela respondeu: "Por ordem alfabética ou cronológica?".

A segunda angústia: para o perseguido, qualquer elogio é uma crítica disfarçada. Quando disse à Gilda que o relatório daquele mês estava ótimo, ela devolveu: "Você está insinuando que os relatórios dos meses anteriores estavam péssimos?".

A terceira, e pior, angústia: perseguidos são incuráveis. Conseguimos, a muito custo e por conta da empresa, pagar uma terapia à Gilda. Depois de algum tempo, ela parecia agir como uma pessoa normal. Por isso, a convidamos para uma reunião na qual seriam discutidas aprovações de ordem de serviço. Eram coisas sem muita importância, mas necessárias, apenas para saber se os gastos estavam de acordo com as verbas. O responsável pela manutenção predial abriu a reunião dizendo: "Ordem número 480. Serviço de desentupimento de banheiros dos funcionários". A Gilda pulou da cadeira e disse: "Opa! Só vou ao banheiro em casa!".

Dois tipos: o criativo e o enrolador

Um dos desafios de qualquer empresa é dar espaço para que seus funcionários mais criativos possam ter idéias. O problema é que muitos deles, que seriam capazes de contribuir com ótimas sugestões, não têm a palavra *criativo* escrita na testa. Muitas pessoas criativas, na verdade, nem parecem ser. São tímidas, e precisam ser incentivadas a sair da casca para mostrar sua criatividade.

Existem também os funcionários que têm o dom da palavra, e enrolam todo mundo com uma incrível facilidade. Mas não sabem pensar. Para sobreviver profissionalmente, os enroladores têm que sugar as idéias alheias e apresentá-las como se fossem deles. Pior, quando o enrolador e o criativo se defrontam, a impressão é que o enrolador é criativo, e o criativo, incapaz.

Na maioria das empresas, para cada funcionário genuinamente criativo, porém enrustido e apagado, há pelo menos três genuínos enroladores que aparecem muito e brilham mais ainda. Para entender como isso funciona, basta traçar uma espécie de linha de geração de boas idéias e colocar em um extremo o criativo, e no outro, o enrolador. E é só pegar a linha e transformá-la em uma ferradura. O funcionário normal ficará lá no alto, no centro da curva, enquanto os extremos, lá em baixo, quase se tocarão. Assim, o enrolador e o criativo estarão muito mais próximos um do outro do que das pessoas normais.

É exatamente essa proximidade que confunde as empresas. Seus dirigentes não sabem em que extremo da ferradura estão as pessoas que realmente poderiam contribuir com as melhores idéias. Não raramente, os enroladores acabam sendo tratados como se fossem criativos. E os criativos, como se fossem enroladores.

Insatisfeito, esse crítico mordaz

Toda empresa tem um tipo de funcionário muito peculiar, o insatisfeito. Não gosta de regras, detesta burocracia, abomina ordens e acha que trabalhar em equipe é sinônimo de castigo coletivo. Mesmo assim, o insatisfeito consegue desenvolver uma relação produtiva com a empresa. Apesar de viver protestando contra tudo e contra todos, o insatisfeito não pede a conta, nem a empresa pensa em demiti-lo. Porque, apesar da insatisfação, ele traz bons resultados.

O insatisfeito passa boa parte do dia criticando qualquer coisa que apareça pela frente. Por exemplo, o planejamento estratégico da empresa. A cor da parede do escritório. A rotina. O gosto do café. A lentidão dos colegas. As reuniões improdutivas. A falta de imaginação dos superiores. Se dependesse apenas da vontade do insatisfeito, praticamente tudo teria que ser mudado imediatamente para que a empresa ganhasse mais agilidade e mais eficiência. E é exatamente por isso que a empresa tolera sua rebeldia. Ter muitos funcionários insatisfeitos seria desastroso, porque resultaria no caos absoluto. Mas não ter nenhum seria um desastre, porque geraria perigosa acomodação.

O insatisfeito funciona como um amplificador das pequenas mazelas do dia-a-dia. Pode ser que nada seja tão grave como apregoa, mas nenhuma de suas queixas é ilusória ou paranóica. Para as empresas, há uma linha que separa o insatisfeito positivo do insatisfeito negativo. O negativo é um anarquista, que desagrega o ambiente de trabalho. O positivo é um idealista, que quer genuinamente melhorar as coisas. A empresa sabe que, no fundo, ele quer o que todos os funcionários também querem. O insatisfeito às vezes é chato, às vezes é folclórico, às vezes é exagerado. Na maioria das vezes, porém, é a voz dos que preferem ficar calados.

Ai, que preguiça! Síndrome de Macunaíma

Um tipo de funcionário que está cada vez mais na marca do pênalti é o que as empresas chamam de preguiçoso profissional. Ao contrário do preguiçoso amador, que curte merecido descansinho de vez em quando, já que ninguém é de ferro, o preguiçoso profissional vive atrapalhando o progresso, porque sempre dá um jeito de deixar as coisas para depois.

O que está por trás da preguiça profissional é um dos sentimentos mais antigos do mundo: o medo. Como durante milênios a humanidade foi dominada por déspotas, ter medo de tudo foi uma maneira prática que os mais sensatos encontraram para sobreviver. Foi no período de trevas que apareceram os velhos ditados populares, criados para transformar o medo em razão. Esses ditados sobrevivem até hoje e continuam a ser muito usados. Mas, agora, viraram sinônimos de atraso.

Os medos mais comuns são:

- *de correr riscos*. Típico de gente que diz: "Quem tudo quer nada tem" e "De grão em grão a galinha enche o papo". São pessoas que criticam qualquer idéia nova, antes mesmo de tentar entendê-la.

> O que está por trás da preguiça profissional é um dos sentimentos mais antigos do mundo: o medo.

- *de tomar a iniciativa*. Quem diz: "A pressa é inimiga da perfeição", ou "Devagar se vai ao longe", adora convocar reuniões, ou ficar pedindo mais dados, com o intuito de adiar uma decisão.
- *de falhar*. É o medo preferido de quem gosta de deixar tudo como está e adora rotina sem sustos. Os ditados favoritos dessa

turma são: "Seguro morreu de velho" e "Mais vale um passarinho na mão do que dois voando".

- *de ser mal-interpretado*. Muitos funcionários acreditam que, se nunca disserem nada, vão acabar sendo chamados de sábios. Por isso, o máximo que dizem é que "em boca fechada não entra mosca".
- de *ter subordinados inteligentes*. Comum em chefes que preferem contratar funcionários medíocres para não correr riscos. O ditado preferido deles é: "Em terra de cego, quem tem um olho é rei".
- *de se atualizar*. Gente que diz: "Cada macaco no seu galho". Deixa passar a chance de aprender idiomas, ou de entender de informática.

A preguiça sempre foi a mãe de todos os vícios. Nas empresas, a preguiça profissional vem sendo a madrasta de todas as derrapadas na carreira.

Funcionário-orelhão: sempre dá a vez

Há pessoas de quem todo mundo gosta. Recebem elogios dos colegas, têm a total confiança dos chefes, mas continuam ganhando o mesmo salário que ganhavam havia três anos, por exemplo. Jamais foram promovidas e desconfiam de que nunca serão. Por essas características, são conhecidas por um apelido: funcionários-orelhão. Basta olhar para um orelhão telefônico. É bonito, útil, apreciado, muito usado, mas nunca vai deixar de ser o que é e nunca vai sair do mesmo lugar.

O problema do funcionário-orelhão é que suas qualidades são também seus defeitos. O funcionário-orelhão é conciliador. Não briga, não discute, não polemiza. Para ele, o empate sempre é ótimo resultado. Sempre concorda com o que os outros falam, mesmo quando discorda. Por isso, é tão querido. O pior de tudo é que o funcionário-orelhão acredita que as pessoas são boas por natureza. No mercado de trabalho, não é necessariamente verdade. Não estou falando em desonestidade ou falta de ética. Estou falando em ambição, em superação e em confronto. Em doses cavalares.

Existem dois tipos de pessoas no mercado de trabalho: aquelas que saem de casa determinadas a matar um leão por dia e aquelas que ficam esperando o leão morrer de velho. Gente como o funcionário-orelhão é um bálsamo no ambiente competitivo das empresas. Gente que, ao dirigir, está sempre preocupada com os outros motoristas e, por isso, já evitou acidentes de trânsito. Isso é ótimo. A questão é que as empresas não promovem os que dão a vez. Promovem os que arriscam e ultrapassam.

Felicidade é...

...acordar de manhã com vontade de ir trabalhar.

...chegar ao trabalho e distribuir sorrisos.

...enxergar prazer em um trabalho rotineiro.

...enfeitar o dia com demonstrações explícitas de produtividade.

...acreditar que os colegas são bons e confiáveis.

...poder colaborar com quem precisa.

...ter paciência para entender os que dão a impressão de que não querem ser felizes.

...enxergar o lado positivo de uma situação, principalmente em momentos de grande pressão.

...achar que o chefe é uma maravilha.

No trabalho, quem faz aquilo que gosta, produz mais, é mais feliz. Só há dois pequenos inconvenientes em ficar transpirando felicidade pelos corredores da empresa. São os ambiciosos insatisfeitos que avançam mais rapidamente na carreira. Os alegres e felizes, que nunca reclamam de nada, invariavelmente ganham menos do que merecem. E sempre acabam sendo passados para trás na hora das promoções. A própria Bíblia diz que trabalhar é o mesmo que perseguir o vento. E ensina que a felicidade não está no trabalho. A felicidade consiste em poder desfrutar os frutos do trabalho. Ou seja, a felicidade começa quando acaba o expediente.

O Iago e a Desdêmona das empresas

Sempre há, em qualquer empresa, um grupinho que passe o dia fazendo a caveira dos outros. O ambiente de trabalho acaba se "infectando" e muita gente pede demissão. Tecnicamente falando, existe uma diferença entre puxar o tapete e fazer a caveira. O puxador de tapete tem objetivo profissional. Por exemplo, passar para trás um concorrente direto à promoção. Ele é calculista. O fazedor de caveira tem objetivo pessoal. O de se sentir melhor prejudicando os outros. Ele é mau por natureza. Essa parece ser uma tragédia dos tempos modernos. Mas não é.

Há quatrocentos anos, o poeta inglês William Shakespeare escreveu uma peça exemplar. Otelo amava Desdêmona, que amava Otelo. Mas Iago fez a caveira de Desdêmona para Otelo. E Otelo matou Desdêmona. Para que esse processo cruel funcione nas empresas, como funcionou no teatro, bastam três personagens:

- um invejoso, como no caso de Iago e de colegas maldosos com quem se tem que conviver.
- um inseguro, como no caso de Otelo e da diretoria da empresa, que faz vista grossa para o que ocorre nos departamentos.
- uma vítima inocente que só quer ser feliz, como Desdêmona, e os colegas bem-intencionados da empresa.

Quando a inveja de uns encontra abrigo na insegurança de outros, o resultado é sempre o mesmo: uma tragédia, que arrebenta do lado mais desprotegido do triângulo. É por isso que alguns profissionais pedem a conta. Já perceberam que estão no palco errado. Os incomodados devem fazer a mesma coisa. Se continuarem onde estão, correm sério risco de virar Desdêmonas.

O acusador que parece defensor

Dos muitos tipos contra os quais temos que estar bem precavidos em empresas, um dos que parecem mais inofensivos é o que mais estrago faz: o acusador que parece defensor. Como mundo corporativo também é cultura, vamos recordar por um instante as famigeradas aulas de análise sintática do segundo grau. Alguém lembra o que era oração coordenada sindética adversativa? Eram duas sentenças de sentido oposto, ligadas pelo advérbio mas. Por exemplo: "A Rosângela chegou atrasada de novo, mas ela deve ter uma boa explicação". Ou: "O Paulo toma todas, mas isso é problema dele".

É exatamente isso que o acusador que parece defensor faz nas empresas. É especialista em construir orações e destruir reputações. O que caracteriza o acusador que parece defensor é o fato de que ninguém pede a opinião dele. Ele chega de fininho e, sem ninguém esperar, solta o veneno. "Já ouvi vários comentários de que nossa área de compras é corrupta." Para, em seguida, isentar-se de qualquer responsabilidade. "Mas não acredito nesses boatos". Quem ouve, irá rapidamente esquecer da opinião do acusador que parece defensor. Mas sempre vai lembrar que a área de compras é suspeita.

Nem toda oração sindética adversativa é prejudicial. Por exemplo: "Acho que você tem razão, mas temos que tentar entender também as razões da outra pessoa". Esse é o defensor que age com bom senso e equilíbrio. Há também o modelo inverso de oração, aquele que começa com elogio e termina com crítica: "O Chico é esforçado, mas é lento". A intenção por trás da frase é clara: criticar. O que dificulta a punição do acusador que parece defensor é o fato de que ele sempre terá a desculpa de que sua opinião pessoal sobre alguém era positiva. Nesse caso, a culpa seria do ouvinte, que só registrou na memória a parte negativa. E o que é pior, o ouvinte inocente, quando for muito inocente, acaba se tornando o meio de propagação da intriga.

C de Currículo

ESTA É UMA MÁXIMA PARA VOCÊ nunca mais esquecer: currículo não é autobiografia. Não adianta escrever e encher páginas e mais páginas para tentar impressionar quem vai ler. Em um currículo, tamanho não é documento. Conteúdo é.

Currículo é lista da história escolar e profissional de um candidato a emprego. Breve lista. De uma página. Vejamos na prática, passo a passo:

❙ *Quem é você?*

Exemplo: Silva da Silva, brasileiro, casado, 43 anos, três filhos.

Elimine o que é óbvio. Estamos no Brasil, portanto já se supõe que somos brasileiros. Risque o brasileiro.

Coloque o CPF. Por meio dele, a empresa saberá que você não tem problemas com a Serasa (empresa de banco de dados sobre consumidores inadimplentes) ou o Serviço de Proteção ao Crédito (SPC).

A idade deve ser revelada no currículo? Deve. Se uma empresa já decidiu que não quer contratar alguém acima ou abaixo de determinada idade, é melhor que o candidato nem seja chamado – para não perder o tempo dele, nem o da empresa.

Escreva o telefone para contato. Não coloque seu endereço. Ninguém irá entrevistar você em sua casa. A cidade em que você mora já é suficiente. Assim, (41) 9999-8888 – Curitiba, PR.

❙ *Que tipo de vaga você procura?*

Exemplo: gerência de logística.

Pronto. A empresa já sabe quem você é e o que você quer.

❙ *Pretensão salarial?*

Esse é um assunto que deverá ser discutido na entrevista.

❙ *Corpo do currículo*

Liste as empresas em que trabalhou, as datas de entrada e

saída, as funções que desempenhou. Procure colocar do emprego mais recente para o mais antigo. Sobre o último emprego, escreva os dados mais relevantes. Nos demais, apenas o nome da função é suficiente.

Exemplo:

Multifracional S/A

Gerente de Expedição – abril 2003 a junho 2007

Doze subordinados diretos

Orçamento anual: 14 milhões de reais

Suporte técnico a oito filiais de vendas

Borges & Borges – abril 1980 a maio 1999

Encarregado de PCP

Apontador de produção

Office boy

Agora, liste os cursos que fez. Comece pelo mais recente:

Economista – Faculdades Riachuelo – formado em 1993

Técnico de Contabilidade – Colégio Rondon – formado em 1989

Mecânico – Escola Senai – diplomado em 1985

Caso tenha feito muitos cursos de aperfeiçoamento, de curta duração, saiba que uma lista enorme só dificulta a leitura. Coloque apenas o curso mais relevante e junte todos os outros em uma linha.

Exemplo: Processamento de Dados – 36 horas

E mais 28 cursos profissionalizantes, de 1990 a 2007, em um total de 860 horas

❙ *Idiomas*

Inglês fluente significa que o candidato é capaz de manter conversação. Inglês básico quer dizer que precisa tomar longo fôlego antes de cada frase até achar a palavra correta. Noções de inglês não quer dizer nada.

Pronto. Você já tem um currículo. Agora vem o mais importante. Cada empresa é única e diferente. Portanto, mandar o mesmo currículo para todas as empresas dá pouco ou nenhum resultado. Para que o currículo seja lido, é preciso que chame a atenção de quem vai ler. Mas como? Uma carta pessoal é bom atrativo. Uma carta bem simples, de um parágrafo. Nela, explique por que você quer trabalhar naquela empresa e em nenhuma outra do mundo. Por exemplo, porque você consome os produtos daquela empresa desde que nasceu. Se for um banco, porque sua família tem conta nele há 28 anos. Se for uma indústria farmacêutica, porque um medicamento que produz salvou a vida de um ente querido seu. Se não for nada disso, porque o nome daquela empresa foi a primeira palavra que você aprendeu a pronunciar. Antes mesmo de falar mamãe. Mas acredite. Sempre é possível achar uma ligação emocional entre você e a empresa.

Termine a carta dizendo que você vem se preparando, há anos, para trabalhar ali. E que esse é seu grande objetivo profissional. A chance de ser chamado para uma entrevista não é 100%. Mas vai ser muito maior se você mandar simplesmente um currículo igualzinho a tantos outros.

Para que o currículo seja lido, é preciso que chame a atenção de quem vai ler. Mas como? Uma carta pessoal é bom atrativo.

As desinformações

Como a função é apenas dificultar a leitura, oito coisas *não* devem constar do currículo.

- *Endereço*: rua, número, bairro. Nenhuma empresa faz entrevista de emprego em domicílio. O telefone de contato é suficiente.
- *Estado civil*: a não ser que o candidato tenha informação de que uma empresa dá preferência a solteiros, viúvos, ou separados.
- *Número de documentos*: como RG e carteira de habilitação, a não ser que a pessoa esteja pleiteando vaga de motorista.
- *Nome e idade dos filhos*: por que a empresa estaria interessada em saber que Andréa tem sete anos e Felippe, seis?
- *Escolas que cursou quando criança*: se alguém concluiu curso superior, supõe-se que também tenha feito ensino fundamental. A não ser que a escola tenha algo muito especial – por exemplo, o diretor da empresa que a pessoa está pleiteando o cargo também estudou nela.
- *Atividades de lazer*: em muitos currículos, aparecem *hobbies* – leitura e viagens. Duas ótimas coisas, mas que devem ser colocadas no currículo se tiverem a ver com a atividade da empresa. Por exemplo, o candidato é maratonista nas horas vagas e quer mandar o currículo para um fabricante de tênis.
- *Qualquer informação ligada à política, religião, ou raça*: nada disso influi no desempenho profissional.
- *Cursos com menos de trinta horas de duração*: são ótimos para criar rede de contatos, mas só poluem o currículo. O melhor é resumir tudo em uma linha: 82 cursos de especialização, em um total de 2.128 horas, por exemplo. Impressiona muito mais que duas páginas com nomes de cursos.

> Não é preciso colocar endereço, porque nenhuma empresa faz entrevista de emprego em domicílio. O telefone de contato é suficiente.

A regra básica é que empresas são diferentes e currículos também devem ser. Cada informação deve estar ali para responder a *uma* pergunta. Por que *eu* seria o candidato escolhido e não os outros mil candidatos que também estão mandando currículos?

Verbos impositivos? Esqueça!

Os currículos estão cada vez mais iguais. Há empresas especializadas em montar currículos que mudam apenas o nome da pessoa. Começam com verbos agressivos na primeira pessoa, como implantei, liderei, organizei, coordenei, e continuam com os resultados numéricos fantásticos que o candidato conseguiu em sua carreira.

Dois anos atrás, cheguei a uma conclusão interessante: todas as pessoas que poderiam salvar as empresas do buraco estavam desempregadas. Cheguei a esse resultado somando os números de cinqüenta currículos que recebi pelo correio em um só dia. Essas cinqüenta pessoas haviam economizado mais de 300 milhões de reais para as empresas onde trabalhavam, tinham aumentado o faturamento delas em 45% e coordenado investimentos que ultrapassavam 500 milhões de reais. Foram todas demitidas. O que me levou a pensar em um complô: será que as empresas estão despedindo os funcionários mais eficientes? Claro que não, salvo algumas exceções.

A verdade é que esses currículos cheios de superlativos não impressionam mais. Olhando pelo lado positivo, sua única utilidade é virar papel reciclado. Muito mais importante que o currículo em si é uma carta pessoal, feita sob medida para cada empresa que vai receber o currículo.

Uma vez recebi uma carta que começava dizendo: "Prezado

senhor, sou entregador de pizza". Era de um jovem que fazia "bico" como *motoboy* em uma pizzaria nas noites de sábado para poder pagar a faculdade. Pedi para contratar o sujeito imediatamente. Ali estava um exemplo de alguém com entusiasmo e determinação.

A carta personalizada é o que realmente faz a diferença. O currículo é apenas o anexo.

"Houveram" situações não existe

Muito cuidado com o português. Isso vale para qualquer profissional, mas principalmente para os mais jovens. Pessoas que ambicionam cargos gerenciais já não têm que fazer prova escrita para conseguir emprego. Mas os que se submetem a funções de menor nível hierárquico têm de escrever uma redação no processo de admissão. Por isso, não basta pedir a um professor revisar o currículo e corrigir os eventuais erros de grafia, ou de concordância verbal. Na hora do teste de redação, a verdade aparece.

Agências que selecionam candidatos avisam que mais da metade dos pretendentes acaba sendo eliminada já no primeiro parágrafo de uma simples redação. Isso chega a ser chocante em um momento em que o número de vagas é bem menor que o número de candidatos. Chocante porque um jovem, com diploma de curso superior, pode perder uma oportunidade simplesmente por não saber soletrar a palavra ascensão. Segundo as agências, sete, em cada dez, não sabem. Cinco, em cada dez, não têm idéia de que a forma "houveram" situações é incorreta.

Muito cuidado com o português. Isso vale para qualquer profissional, mas principalmente para os mais jovens.

Muitos educadores dizem que o sistema de ensino precisa de reformulação profunda, o que pode ser verdade, mas isso não vai resolver o problema de quem precisa fazer teste escrito na semana que vem. Por isso, fica aqui a sugestão: existem muitos livros, alguns deles vendidos a preços acessíveis, que mostram os principais erros de português. Vale a pena comprá-los, e aprender a redigir. Atualmente, três, de cada quatro livros vendidos no Brasil, são de auto-ajuda. Aqueles que ensinam que perseverança é fundamental. Mas, na hora de teste escrito, não basta ter perseverança. É preciso também saber se perseverança se escreve com "s", ou com "c".

Cursos são meros ingredientes

Se considerarmos que o candidato a um emprego é um produto que precisa ser vendido a uma empresa, a maioria dos currículos tem uma falha grave. Falam da composição do produto – o candidato – e não dos benefícios que ele pode trazer. Pense, por exemplo, em duas marcas de xampu. Um deles tem zinco piritona na fórmula, enquanto o outro tem concentrado ativo de frutas. Qual deles você compraria? Sua resposta deve ter sido "hã?", como a de 99% dos consumidores, que provavelmente comprariam o xampu mais barato se dependessem apenas desse tipo de informação. Não por acaso esses componentes aparecem em letrinhas tão miúdas que nem podem ser lidos direito.

> Currículos exatamente iguais, copiados às dezenas e enviados aleatoriamente para empresas de ramos diferentes, geralmente têm uma utilidade: tornam-se papel reciclado.

A propaganda é feita em cima do que todo mundo entende. O xampu A combate a caspa, o xampu B dá mais volume e brilho aos cabelos. No caso de um currículo, o que mais interessa é a contribuição prática que poderá ser dada aos negócios da empresa e não uma lista enorme de cursos – apenas os ingredientes. Para saber que contribuição prática será essa, é preciso conhecer um pouco da empresa, e isso quer dizer que cada currículo pode servir apenas a uma única empresa. Então, é preciso pesquisar em sites ou em publicações, conversar com alguém que trabalha ou já trabalhou na empresa e entender o que ela espera de um futuro colaborador.

Currículos exatamente iguais, copiados às dezenas e enviados aleatoriamente para empresas de ramos diferentes, geralmente têm uma utilidade: tornam-se papel reciclado. Logo, para quem está preparando um currículo, há apenas três coisas que precisam ser lembradas: você é único, a empresa é única e o currículo precisa ser único.

Nem pensar em escrever sobre salário

Sempre me perguntam se pretensão salarial é um item a ser colocado na hora de elaborar um currículo. A resposta é *não*. Por quê? Porque o salário recebido no final do mês é apenas uma parte do que se chama de pacote de remuneração. Uma pessoa pode ganhar mil reais por mês e aceitar um emprego de 900 reais se junto vier plano de assistência odontológica, por exemplo. Ou se a empresa financiar curso de longa duração.

Uma pessoa pode ganhar mil reais por mês e aceitar um emprego de 900 reais se junto vier plano de assistência odontológica, por exemplo.

Mas a maioria das pessoas não faz essa conta e algumas até saem perdendo na troca de emprego, porque se concentram apenas no dinheiro que entra no bolso. Pior ainda é escrever "salário a combinar". Salários não são mais combinados desde 1960. São oferecidos pela empresa e aceitos ou não pelo candidato. Em alguns casos, são negociados.

Outra pergunta muito comum é se a idade deve constar do currículo. A resposta também seria *não*, mas a prática de mencionar a idade está tão disseminada que a falta dela pode dar a impressão de que o candidato está querendo escondê-la. Então, é conveniente colocar.

Há uma série de outras informações que entrariam nessa mesma categoria, vagamente chamada "na hora a gente vê". Por exemplo, altura e peso. Se um candidato tiver 1m70 de altura e pesar 104 kg deve escrever esse dado? Não é uma questão de sonegar informações, é apenas não informar algo que possa ser mal-interpretado, porque quem lê um currículo não consegue adivinhar a intenção de quem o escreveu.

Há candidatos que colocam nomes de filhos, religião e até orientação sexual. Um currículo deve dizer o máximo, com um mínimo de palavras, sobre as aptidões estritamente profissionais do candidato. Se um currículo passar de três quartos de página, não é currículo. É autobiografia.

Um currículo deve dizer o máximo, com um mínimo de palavras, sobre as aptidões estritamente profissionais do candidato.

Papel na mão em vez de cadastro

Muitas pessoas reclamam de que sites de algumas empresas são tremendamente complicados, tanto para acessar, quanto para preencher a ficha cadastral. Para fazer o teste, entrei em três deles – o de uma montadora de automóveis, o de um banco e o de uma rede de supermercados. Não tive problemas para fazer os cadastros, mas percebi que os dados solicitados dizem muito pouco a respeito dos candidatos. Um dos sites, por exemplo, tinha a opção fumante ou não fumante, mas não perguntava quais cursos o cadastrado fez.

Decidi, então, conversar com a diretora de recursos humanos de uma grande empresa, e perguntei a ela se o cadastro do site é usado na hora de eventual contratação. Ela me disse que sim, que o objetivo é criar um banco de dados a ser consultado em momento oportuno. Ela me explicou que não é feita uma análise de cada cadastro inserido no site. Quando surge uma vaga, um funcionário da empresa digita os dados requeridos, e assim é feita uma busca no site para encontrar os candidatos que se encaixam naqueles parâmetros.

Disse à diretora que o cadastro não leva em conta características importantes, como espírito de equipe e liderança. Ela revelou que os cadastros servem para preencher dois tipos de vagas: aquelas muito específicas, que não precisam de detalhes – como, por exemplo, mecânicos –, ou aquelas para funções mais baixas. Funções em que a rua em que o cadastrado mora é mais importante que o curso de espanhol que tenha feito. Não foi a diretora quem me disse isso, eu é que deduzi. Minha conclusão é que, para poder ser notado, o candidato precisa entregar o currículo nas mãos de alguém que já trabalha na empresa. Não é fácil, mas é o que, de fato, funciona.

Duzentos nomes que não dizem nada

Agências especializadas na preparação e no envio de currículos para grandes companhias costumam cobrar uma taxa não muito camarada por seus serviços. Mas garantem ter uma lista com duzentos nomes de dirigentes de empresas e seus respectivos cargos – presidentes, diretores, gerentes. Se um currículo é endereçado somente a empresa tal, a chance de ser lido é praticamente zero. Mas se o currículo for enviado em nome do dirigente, a chance é muito maior, é o que asseguram essas agências.

O fato é que os currículos são mesmo enviados para duzentas pessoas, embora dificilmente sejam lidos. Por dois motivos: outros candidatos a emprego também mandarão seus currículos aos mesmos dirigentes. O resultado será uma pilha de documentos iguaizinhos, que pousarão na mesa da secretária do diretor e dali irão direto ao cesto de papel reciclado. O segundo motivo é ainda mais importante: a agência não conhece esses dirigentes. Qualquer pessoa pode fazer uma lista igualzinha, sem pagar nada por ela. Basta ler revistas de negócios. Cada edição traz reportagens nas quais aparecem nomes de diretores e de companhias em que atuam. Em um mês, juntam-se facilmente nomes de cem deles. Foi assim que as agências montaram suas listas.

O melhor que um candidato a uma vaga tem a fazer é pegar o dinheiro que gastaria com o currículo e se inscrever em um simpósio ou seminário, no qual possa se apresentar pessoalmente a um gerente de empresa. É muito mais eficaz entregar um único currículo a uma pessoa que ele conhece do que mandar duzentos para quem nunca ouviu falar dele.

Não seja "o" inocente

Cuidado com o golpe do emprego. A vítima pode ser você. Funciona da seguinte maneira: alguém está desempregado há alguns meses e decide colocar seu currículo em um site. Esse currículo pode ser visto por empresas sérias. O problema é que será lido também por gente sem escrúpulos. São as chamadas agências de recolocação. Na teoria, são intermediárias entre alguém que precisa de emprego e uma empresa que está procurando empregado. Mas só na teoria. Na prática, o emprego não existe. É um golpe, que começa quando a agência entra em contato com alguém que colocou o currículo em um site. Vamos chamar esse alguém de "o inocente".

O currículo já revela praticamente tudo o que a agência precisa saber sobre o inocente. O telefone, onde trabalhou, que cargos ocupou. E, muitas vezes, até quanto o inocente ganhava por mês. A agência liga para o inocente e diz que tem o emprego que ele está procurando. Marca uma entrevista pessoal. O inocente vai até a agência e fica encantado, porque parece que o emprego realmente existe. Vem o golpe. O inocente assina um contrato. Nele, está escrito que a agência não garante o emprego. Mas o inocente está tão entusiasmado que nem presta atenção a esse detalhe. É "convidado" a pagar uma taxa de serviços, que vai depender dos empregos que já teve. Caso tenha ocupado um cargo de gerência, a taxa pode chegar a 3 mil reais. O inocente paga e realmente faz uma entrevista com alguém de uma empresa. Mas não será contratado, porque esse alguém faz parte do esquema da agência. O inocente continua sem emprego e nunca mais verá o dinheiro que pagou.

Para quem for procurado por uma agência dessas, o conselho é um só: não seja inocente. Não pague nada adiantado. O que essas agências chamam de grande oportunidade, na verdade tem outro nome: grande picaretagem.

A oportunidade e a armadilha

Para você não se frustrar, nem se deixar enganar, aqui vão algumas dicas para detectar quando uma agência de recolocação é honesta e decente e quando tem a intenção de apenas tirar o seu dinheiro. São três as diferenças:

- *a agência picareta faz o contato com a vítima*. A decente é procurada por um profissional em busca de orientação.
- *a agência picareta menciona um emprego como se já estivesse praticamente certo*. Afirma que uma empresa está em busca de um profissional com o currículo e a experiência da vítima. A agência decente não promete nada. Ajuda na elaboração de um currículo e o envia às empresas. Algumas agências treinam a pessoa a se comportar bem em uma entrevista.
- *a agência picareta cobre taxa antecipadamente*. Afirma que o valor pago irá resultar em emprego em curtíssimo prazo. A agência decente assegura que, ao surgir uma empresa interessada – e não há data certa para isso acontecer –, o profissional será avisado.

Cabe a cada um perceber a diferença entre uma oportunidade e uma armadilha. O problema, infelizmente, está na proporção. Em uma situação como a atual, em que o número de boas vagas diminui, a ansiedade aumenta. E o número de armadilhas também.

Sem professor de carne e osso

Na hora de avaliar um currículo, as empresas ainda vêem com restrição os cursos de educação à distância. Para quem não está familiarizado com o tema, são cursos superiores, ou de pós-graduação, que podem ser feitos em casa, por meio da internet, ou em uma sala com videoconferência. O processo permite, por exemplo, que o mesmo curso seja acessível a alunos no Paraná, no Amapá, ou no Japão. As empresas ainda não dão valor a esse sistema, novo e revolucionário, igual ao que conferem a cursos regulares – em que é exigida a presença do aluno em sala, interagindo com o professor em carne e osso. Mas não há dúvida de que os cursos à distância vão ganhar cada vez mais espaço.

Em números redondos, existem no Brasil 2.400 instituições de ensino superior. Dessas, 150 são autorizadas pelo Ministério da Educação e Cultura a oferecer cursos à distância. As vantagens são óbvias: o custo é muito menor, tanto para as instituições, que não precisam investir em prédios, quanto para os alunos, que não têm de se deslocar de suas casas. Além disso, há uma socialização do ensino – jovens residentes em cidades afastadas dos grandes centros têm acesso a um diploma concedido por uma instituição de renome nacional. O lado negativo é que esse sistema afeta as faculdades das cidades menores, que perdem alunos para os cursos nacionais.

> As vantagens são óbvias: o custo é muito menor, tanto para as instituições, que não precisam investir em prédios, quanto para os alunos, que não têm de se deslocar de suas casas.

Nos próximos anos, haverá um consistente aumento de cursos à distância. E também uma depuração – alguns ganharão credibilidade, enquanto outros desaparecerão. Mas, para ganhar respeito, os cursos à distância dependem dos próprios formandos. Caberá a eles demonstrar ao mercado de trabalho que não existe diferença entre estudar de perto ou estudar de longe.

Enquanto o emprego não vem

Quem está desempregado sente enorme angústia de ficar parado. De sentir-se meio inútil. Em vez de apenas atualizar e enviar currículos para empresas, e entrar em contato com antigos colegas, há uma listinha de coisas que pode ser feita.

- *Matricule-se em cursos rápidos, de um dia.* Não importa muito o conteúdo. Você vai conhecer pessoas. É sempre importante conhecer gente.
- *Faça trabalho voluntário: procure uma* ONG *e dê sua colaboração.* Você vai melhorar seu currículo. As grandes empresas estão cada vez mais ligadas em responsabilidade social. E você poderá dizer em uma próxima entrevista, sem precisar inventar, que se dedica ao trabalho comunitário.
- *Cuide da saúde: faça um checkup e um tratamento dentário.* São cuidados importantes que a maioria dos executivos não tem porque dizem estar sem tempo.
- *Exercite-se: caminhe todos os dias.* Isso ajuda a relaxar. Como mandar currículos e ligar para quem não atende estressa ainda mais, uma coisa compensa a outra.
- *Leia muito: aproveite para se atualizar.* Se você tem um computador, descubra aquela infinidade de pequenos segredos dos programas que usa nas empresas, como Word, Excel e PowerPoint. A maioria das pessoas que utiliza esses programas não conhece nem 20% do que podem oferecer.

Hoje, ficar desempregado não é uma vergonha. É apenas uma circunstância. Ninguém está perdendo tempo, mas ganhando tempo para fazer coisas que nunca havia pensado em fazer. Ficar angustiado é a pior maneira de aproveitar esse tempo.

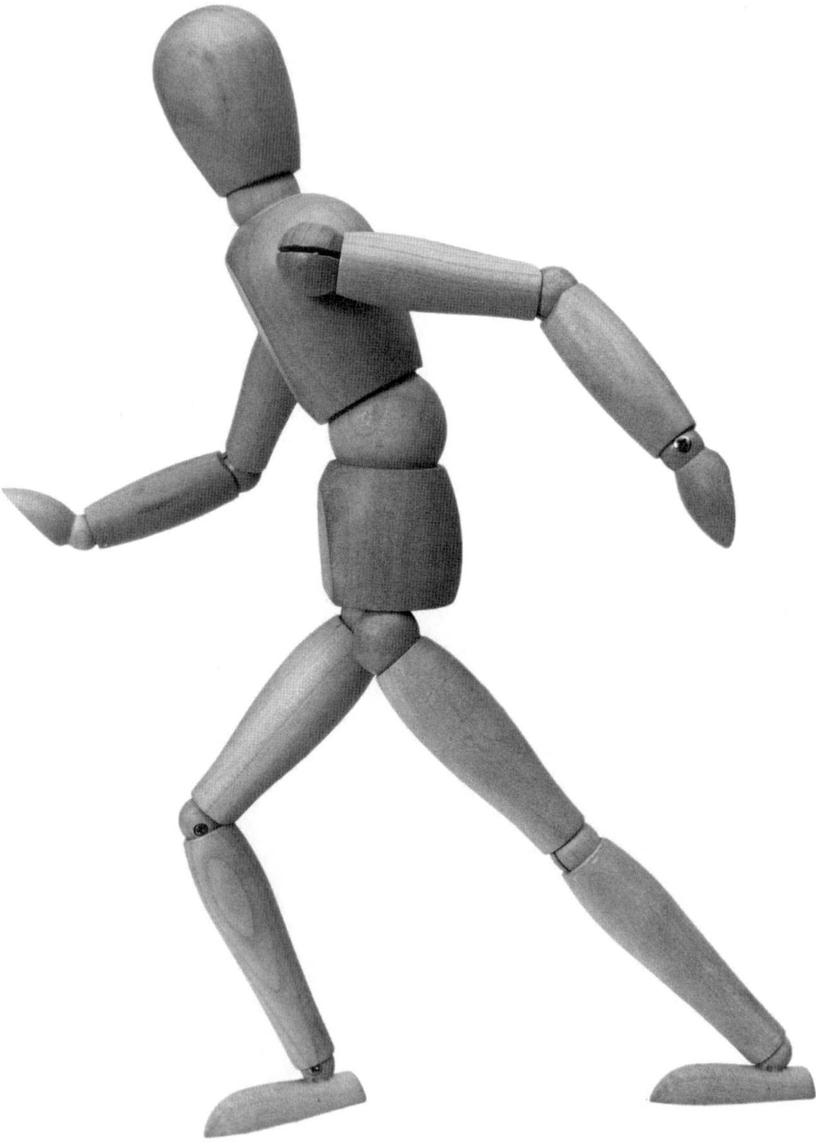

D de Demissão

QUAL É A HORA CERTA DE PEDIR A CONTA e partir para outra empresa? Eis a questão. Para quem está muito insatisfeito com o trabalho, já passou da hora. E quantas pessoas estão muito insatisfeitas com o trabalho? Segundo as estatísticas revelam, três de cada dez. Esse número não é apenas brasileiro, é universal. Os principais motivos são salário baixo, falta de reconhecimento e falta de oportunidades.

Mas não é só isso. Outras quatro pessoas pediriam a conta caso surgisse coisa melhor, elevando o número de potenciais demissionários para sete em cada dez. Essas quatro pessoas não estão desesperadas para sair, nem têm nada contra a empresa atual, mas sabem que a mudança seria proveitosa à carreira.

Trinta anos atrás, o tempo médio de permanência em uma empresa era alto, entre dez e quinze anos. No máximo, uma pessoa tinha três empregos durante a vida. Quem entra no mercado de trabalho hoje, vai mudar de emprego cinco ou seis vezes. Ou por decisão própria, ou por decisão da empresa. O tempo médio de permanência já caiu pela metade e vai continuar caindo.

Logo, pedir a conta deixou de ser uma decisão do outro mundo. É a mesma situação dos casamentos: antigamente, não acabavam de jeito nenhum. O casal, mesmo com problemas, continuava junto. Hoje, separa-se com mais facilidade. A sociedade aceita e entende. O casamento entre empresa e empregado é igual: está durando cada vez menos.

Mas isso não significa que pedir a conta é sempre uma decisão sensata. Ou correta. Ou inteligente. Em muitos casos, pedir demissão pode ser um erro enorme, difícil de consertar depois. Na hora de mudar de emprego, existem três fatores que devem ser levados em consideração:

1. um salário mais alto;

2. maiores oportunidades de desenvolvimento e de crescimento;

3. melhor ambiente de trabalho.

Para sair, é preciso que o novo emprego ofereça, no mínimo, dois desses três fatores. De preferência, os três. Sair por um só quase sempre provoca arrependimento. Por exemplo, a pessoa mudou para ganhar 10% mais. E descobre que caiu em um ninho de cobras venenosas. Ou que não terá tempo para estudar. Ou que não será promovida nos próximos cinco anos. De repente, começa a sentir saudade da antiga empresa, que oferecia os outros dois fatores esquecidos por causa do salário maior.

Para quem está muito insatisfeito, uma dica importante: paciência. Jamais peça a conta sem ter outro emprego. É mais fácil conseguir uma vaga estando empregado do que desempregado. Mas vamos dizer que a grande oportunidade apareceu e chegou a hora de pedir a conta. Como se pede a conta? Há pessoas que sonham em falar "um monte" ao chefe. Ou rasgar todos os papéis que estão na mesa dele. São erros imperdoáveis. É preciso sair bem da empresa.

Um pedido de demissão começa com uma carta. Bem curtinha, de um parágrafo, sem explicações. Apenas comunicando a decisão de sair e marcando a data de saída. Essa carta deve ser entregue ao chefe. Ao entregá-la, o demissionário dirá que lamenta ter que deixar uma empresa tão maravilhosa, mas que surgiu uma oportunidade que não dá para recusar. Nesse momento, o chefe pode reagir de várias maneiras: pode tentar convencer o empregado a mudar de idéia. Ou dizer ao empregado que está cometendo um erro. Ou ficar furioso e taxar o empregado de mal-agradecido, que não soube reconhecer tudo o que a empresa fez por ele. Nesse momento, o empregado não deve, nunca, "bater" de volta. Uma reação ruim da empresa não deixa de ser um elogio. Empresas detestam perder bons empregados. Por isso, quanto pior for a reação da empresa, melhor o empregado é.

Passada a cerimônia de demissão, a pergunta é: as portas ficarão abertas? Dificilmente. Muitas empresas não contratam funcionários que pediram a conta. A possibilidade de voltar é de uma em cem. Mas sair sem causar encrenca é muito importante. Um dia, o empregado poderá precisar de recomendação. Ou uma nova empresa irá ligar, pedindo informações. Sair com educação não é garantia de futuros elogios, mas sair sem educação é certeza de encrencas futuras.

Finalmente, uma observação: todo empregado tende a enxergar a empresa de forma bastante crítica. Tudo o que ela faz de bom é rapidamente esquecido. Benefícios se tornam rotina. Ótimo ambiente de trabalho começa a parecer a coisa mais natural do mundo e não exceção. Ao mesmo tempo, aquilo que falta, ou que não é tão bom como poderia ser, começa a aumentar de proporção. Até que o lado ruim parece muito maior que o bom. E surge a vontade de ir embora. Por qualquer oferta e para qualquer lugar. Acontece que um terço das pessoas que mudam de emprego se arrepende em menos de seis meses. Por isso, pense bem. Mudar é bom. Mas mudar só por mudar não é.

Muitas empresas não contratam funcionários que pediram a conta. A possibilidade de voltar é de uma em cem. Mas sair sem causar encrenca é muito importante.

Dinheiro guardado e plano B

Já houve tempo em que ser demitido era quase sinônimo de ser publicamente humilhado. Um funcionário dispensado, com ou sem justa causa, ficava marcado para o resto de sua carreira. Era o que se chamava, até 1980, de sujar a carteira. Mas até essa década demissões eram raras. Funcionários eram demitidos apenas por razões óbvias, como desonestidade comprovada ou tentativa de estrangulamento do chefe. Esse tempo acabou.

De dez anos para cá, as demissões se tornaram rotina. Grandes empresas mundiais anunciam cortes de dois, cinco, dez mil funcionários. E ainda recebem elogios de analistas de mercado. A conclusão é simples: funcionários bons e eficientes, que passaram anos recebendo elogios por seu desempenho, de uma hora para outra podem se ver sem emprego. Logo, uma salutar medida que qualquer pessoa que esteja empregada deve tomar é se preparar para a demissão. Se ela não vier, ótimo. Mas, se acontecer, quem estiver preparado vai se estressar menos e, com certeza, encontrar novo emprego mais rapidamente. Pouca gente se prepara. A maioria dos funcionários acha que as coisas ruins até acontecem, mas só com os outros.

Se você estiver empregado, há quatro coisas que precisa fazer já, se ainda não fez, porque se prevenir é melhor que remediar. É necessário ter:

1. um currículo atualizado. De cada dez pessoas que estão empregadas, oito não têm.

2. uma lista de contatos, com números de telefones e *e-mails*. A coisa mais chata que existe é alguém receber uma ligação e do outro lado da linha alguém dizer: “Lembra de mim? Estudamos juntos em 1989. E aí, tudo bem?”.

3. um fundo de reserva. Deixar um dinheirinho de lado mensalmente para passar, pelo menos, três meses sem a angústia de ter que arranjar novo emprego amanhã porque as contas estão vencendo.

4. um plano B para se tornar autônomo. Se ficar desempregado, e não aparecer nada, o que você pode fazer enquanto a situação não melhorar?

Finalmente, a regrinha de ouro: quem está bem preparado para ser demitido dificilmente é.

Insatisfeito? Peça transferência

Para um desempregado, qualquer emprego é ótimo. Mas muitas pessoas empregadas se mostram insatisfeitas com o trabalho atual. Se pudessem, largavam tudo agora mesmo. Se você está nessa situação, tem boa companhia, porque, de acordo com uma pesquisa, sete de cada dez pessoas demonstram insatisfação com o chefe, ou com a função, ou com o salário, ou com a falta de perspectiva, ou com tudo isso junto. Sem mencionar que o time de futebol do coração está na zona de rebaixamento. Nesses momentos de tensão, poucos funcionários sabem como proceder e, normalmente, tomam decisões precipitadas.

> Não enrole no trabalho. Dê o melhor de si até o último dia. A empresa pode não ser boa, mas você não precisa ser pior que ela.

Então, aqui vão três dicas para os insatisfeitos:

1. não peça a conta, por mais vontade que tenha de fazer isso, ou de dar um chute no cesto de lixo do chefe. Aproveite seus contatos para pesquisar o mercado.

2. não enrole no trabalho. Dê o melhor de si até o último

dia. A empresa pode não ser boa, mas você não precisa ser pior que ela.

3. antes de pensar em ir para fora, tente ir para o lado. Solicite transferência para outro departamento. Não porque você está entediado, mas porque gostaria de ter novas oportunidades nessa maravilhosa empresa. Pode ser que, mudando de setor, você descubra que a empresa não é tão ruim assim.

Para tudo nesta vida há esperança, desde que não haja afobação. Até, e principalmente, para seu time do coração.

Vantagens na hora da demissão

Há várias maneiras de reconhecer uma empresa que realmente se preocupa com seus funcionários. Uma delas, e talvez a melhor, é prestar atenção na maneira como demite seus profissionais. Tratar bem quem chega, e tratar bem quem faz parte do time, é uma coisa. Mas preocupar-se com quem está indo embora é outra bem diferente, e a maioria das empresas ainda não aprendeu, ou não está interessada em aprender, como se faz isso. Portanto, fique ligado no modo como sua empresa está agindo na hora de demitir alguém. Um dia, e esse dia pode estar mais próximo do que parece, esse alguém pode ser você.

Fique ligado no modo como sua empresa está agindo na hora de demitir alguém. Um dia, e esse dia pode estar mais próximo do que parece, esse alguém pode ser você.

Para começar, não se preocupe com a maneira como a demissão é comunicada. Até hoje ninguém descobriu um jeito de deixar um demitido feliz e satisfeito. Concentre-se no que a empresa oferece na hora da demissão. Ela paga salários adicionais, um por ano trabalhado? Não? Então, permite que o convênio de assistência médica seja estendido por seis meses? Também não? Quem sabe, oferece a possibilidade de recolocação em outra empresa por meio de agência especializada? Não? Opa! Esses são sinais mais que suficientes para ficar de antena ligada, porque, se a empresa não vem sendo boazinha com ninguém, com certeza não será com você.

No fim de semana, relaxe e comece a preparar um plano, caso seja demitido. Mesmo que você tenha certeza de que não será. Comece pelo óbvio: abrindo uma poupança para acumular recursos que permitam procurar novo emprego sem desespero.

De cada dez pessoas demitidas, sete dizem que não estavam esperando por essa zebra. Virar um número na estatística de desempregados até faz parte da vida. Mas não virar um número na estatística de surpresos, já é responsabilidade de cada um.

Soltar os cachorros

Uma empresa tem o direito de demitir um funcionário sem dar muitas explicações sobre os motivos da demissão? Infelizmente, tem. Mais que direito, tem poder. No serviço público, existem leis que preservam a estabilidade. Nas empresas privadas, um funcionário pode ser despedido apenas porque não é simpático ao chefe. Pode não ser ético, pode ser imoral, pode ser antiprofissional, mas, enquanto as regras do jogo forem essas, é assim que se joga.

Mesmo que você tenha certeza de que não será demitido, comece pelo óbvio: abrindo uma poupança para acumular recursos que permitam procurar novo emprego sem desespero.

Qual deve ser o comportamento de alguém que é demitido

sem motivos? A tentação é desfiar todo o vocabulário de palavrões aprendidos desde a primeira infância. E bem alto, para que todos os colegas possam escutar. Infelizmente, essa atitude não traz benefício nenhum e pode causar prejuízos à carreira. As regras do bom senso corporativo recomendam a tática do silêncio. Um chefe que demitiu alguém sem motivo ficará muito pior se o candidato silenciar. E encarar o carrasco sem ódio no olhar. Foi exatamente assim que os santos martirizados conseguiram a canonização. Um instante de silêncio tem mais conteúdo que cinco minutos de escândalo desvairado, que um momento de lágrimas sentidas, ou que uma tentativa inútil de engatar uma conversa informal e civilizada, como se nada tivesse acontecido.

Mas já se passaram setecentos anos desde que o último santo aceitou ser martirizado em silêncio. Pessoas normais devem agir normalmente na hora da demissão injustificada. Ou seja, soltar os cachorros e falar o diabo. Pode ser que isso tenha mesmo influência negativa no futuro, mas pode ser também que não. Os santos que nos perdoem, mas deixar de dizer a verdade para quem merece ouvi-la nunca fez ninguém se sentir nem melhor, nem superior, nem satisfeito. Além de causar gastrite, insônia e depressão. Há incontáveis momentos em que o silêncio é a opção mais sábia. Mas a hora da demissão injusta, definitivamente, não é um deles.

A empresa certa e a errada

Você está trabalhando em uma empresa. E não tem nada contra ela. Mas, de repente, recebe um convite. É uma boa oportunidade, e você se pergunta: como sua empresa atual irá reagir a um pedido de demissão? Nessa hora, é melhor considerar a pior das hipóteses. Ou seja, sua empresa vai reagir muito mal. Depois que você sair, acontecerá mais ou menos o seguinte:

- quando você ligar para os amigos do peito que tinha na antiga empresa, de cada dez, nove mandarão dizer que estão ocupados e não podem atender.
- palavras que você nunca tinha ouvido enquanto estava na empresa, como ingrato ou mercenário, passarão a acompanhar seu nome. E se você tiver ido trabalhar em uma empresa concorrente, a palavra será traidor.
- todas as coisas boas que você fez passarão a ser atribuídas a outros colegas, ou ao sistema. E suas eventuais falhas serão amplificadas. Ou seja, o mérito desaparece e a culpa transparece.
- sua ex-empresa estará torcendo pelo seu fracasso. Porque, se você fracassar, seu exemplo será usado para mostrar a todos que pedir demissão é um erro.

Digamos, então, que você saia e que tudo isso aconteça de fato. Qual a conclusão a tirar? Simples. Você estava em uma empresa que valorizava os que ficavam e desvalorizava os que saíam. Logo, sua única chance de nunca ser criticado seria a de passar a vida inteira trabalhando nela.

Agora, pense na melhor hipótese. A empresa aceitará sua demissão e ainda oferecerá a você uma bela festa de despedida. É raro, mas acontece. Logo, se você recebeu, ou receber, uma proposta muito tentadora, saia. Ao sair, você descobrirá em que tipo de empresa estava trabalhando. Se ela tratar sua decisão com respeito e dignidade, ótimo. E se você for tratado com desprezo, melhor ainda. Isso significa que você estava na empresa errada.

Remédio que pode curar ou matar

Existem profissionais que são tão bons no que fazem, mas tão bons, que acabam desempregados. Tenho um colega, o Clóvis, que passou por uma situação dessas. Em seu primeiro ano na empresa, como supervisor de vendas, o Clóvis começou a construir uma reputação muito positiva: superava qualquer desafio que aparecesse. O Clóvis era um líder que não tinha medo de cara feia, e foi um dos poucos supervisores a atingir seus objetivos anuais. Por isso, foi promovido, com méritos, a gerente de filial. Seu nome começou a ser falado na empresa inteira.

O Clóvis, todo mundo repetia, era capaz de enfrentar, peitar e derrubar qualquer empecilho que tivesse pela frente. No final do ano, o Clóvis foi promovido a gerente regional e se transferiu para o escritório central da empresa. Foi a vez das outras áreas sentirem na pele a enorme energia do Clóvis. Porque ele não pedia, mandava. Mas, como seus resultados continuavam excelentes, os outros gerentes não tinham muito do que reclamar. A princípio, o Clóvis impôs respeito, o que é bom. Depois, o respeito se tornou reverência, o que é ótimo. Em seguida, a reverência se transformou em temor, o que já não é tão bom assim. Porque o temor sempre gera conspirações silenciosas. Mas o Clóvis não estava nem aí com os conspiradores de corredor. O negócio dele era resultado e não simpatia.

O Clóvis manteve seu ritmo alucinado, e aumentou as críticas aos colegas mais lentos e menos comprometidos – na opinião dele, eram todos. Até que, finalmente, o Clóvis recebeu a notícia de que, infelizmente, a empresa estava redefinindo o perfil de seus gestores – desculpa meio sem pé nem cabeça. A verdade é que, mesmo sendo o mais eficiente gerente da empresa, o Clóvis perdeu o emprego. O problema foi não ter entendido que a fórmula do remédio que pode curar, e a do veneno que pode matar, é a mesma. A diferença está, simplesmente, na dose.

Afligir os confortados

Se alguém está seguro na empresa em que trabalha, e tudo indica que não há nenhum risco de perder o emprego, aqui vai uma historinha que serve de alerta. Durante séculos, os nobres senhores de terra da Europa construíram seus castelos nos lugares mais inacessíveis que podiam encontrar. O local perfeito era bem no alto de um rochedo, com penhascos por todos os lados. Lá em cima, atrás de muros altos, e protegido dos invasores, o castelo parecia inexpugnável. Todo mundo que vivia no castelo dormia tranqüilo e despreocupado, com a certeza de que nenhum bárbaro, com seu machadinho e suas cordas, iria conseguir chegar perto do portão. E, se chegasse, levaria um banho de óleo fervendo e fugiria rapidinho.

Lá pelo século XV, uma invenção chinesa chegou à Europa. A pólvora. Não demorou muito para que alguém inventasse uma geringonça prática para fazer uso da pólvora. O canhão. Da noite para o dia, os castelos passaram a estar na pior posição possível. Lá no alto, bem visíveis, fáceis de acertar, sem nenhuma proteção contra os tiros de longa distância e, o que é pior, sem nenhuma saída de emergência. Em curto período de tempo, a história mudou, e muitos nobres perderam suas posses, não raramente, suas vidas.

A história, tanto a do mundo quanto a das empresas, tem provado que não existem situações confortáveis. Existem apenas situações que parecem confortáveis. Os que se salvam são os que não acreditam na aparente segurança que as empresas parecem proporcionar. E estão sempre de olho em boas oportunidades fora dos muros da empresa. Os que sofrem são os tranqüilos, que não acreditam que alguém irá reinventar a pólvora. Como sabiamente diz a Bíblia, é preciso confortar os aflitos. Nas empresas, a sabedoria manda afligir os confortados.

Otimistas que não enxergam

Se você tem mais de dezesseis anos, é vacinado e trabalha, um dia será demitido. Não porque você seja ineficiente, ou anti-social, ou tenha hálito de jibóia. É porque nesta vida existem coisas que simplesmente acontecem, como a prisão de ventre, o Delúbio Soares e as demissões. A demissão já faz parte da paisagem corporativa. Até vinte anos atrás, a demissão era uma calamidade. O demitido era tratado, até pela própria família, como alguém que havia contraído doença contagiosa. Todo mundo cochichava, bem baixinho, que o fulano, que horror, foi mandado embora.

A demissão deixou de ser exceção para virar regra. Logo, é preciso estar preparado para ela. De duas maneiras: a primeira é como reagir à notícia. Evidentemente, qualquer demitido normal gostaria de dizer boas verdades a quem o demitiu, jurar vingança eterna, ou rasgar e incendiar os papéis que estão sobre a mesa do chefe. Isso seria saudável no curtíssimo prazo, mas é preciso tomar fôlego e pensar no futuro. E, com a maior cara-de-pau, dizer a seguinte

Até vinte anos atrás, a demissão era uma calamidade. O demitido era tratado, até pela própria família, como alguém que havia contraído doença contagiosa.

frase: "Entendo o ponto de vista da empresa. Em seu lugar, teria feito a mesma coisa". Pode ser mentira, mas, pelo menos, é uma mentira com causa justa.

A segunda maneira de se preparar para uma demissão é acreditar que ela irá acontecer. Uma estatística feita na cidade de São Paulo revelou algo incrível: quase 60% dos demitidos sabiam, ou imaginavam, que poderia haver demissões nas empresas em que trabalhavam. Mas tinham certeza de que não estariam nesse bolo. O mundo corporativo é como o célebre *Titanic*: quando o navio trombou com o *iceberg*, apenas os pessimistas se salvaram. Os otimistas, que acreditavam que o navio era inafundável, viram todo aquele gelo espalhado pelo convés, e gritaram: "Opa, gelo fresquinho! Garçom, traga um uísque!".

Presidentes na mira

Tempos atrás, tive a oportunidade de ler a exemplar carta de despedida do presidente de uma multinacional dos Estados Unidos. Lá é chamado de CEO, sigla que muitas empresas adotam no Brasil, porque CEO soa mais bonito que presidente. O CEO norte-americano havia sido dispensado. A múlti em que trabalhava fatura 12 bilhões de dólares por ano, estava dando lucro e não tinha nenhum grande problema. Na carta, o CEO dispensado explicava que havia gerado resultados acima do plano durante 31 trimestres. Mas, nos últimos quatro trimestres, os resultados haviam ficado abaixo do plano. O mais incrível é que o CEO concordava com a atitude da empresa de dispensá-lo. Como se fosse o técnico de um time de futebol que constrói uma série invicta de 31 jogos e perde quatro em seguida, é demitido e aplaude a decisão.

A conclusão é dolorosa, mas simples. São os resultados mais atuais, e não a história, que mantêm alguém empregado. Em anos recentes, 14% dos presidentes das 2.500 maiores empresas globais foram substituídos. Um número astronômico. Até o início da década de 1990, presidentes não eram despedidos. Estavam acima do bem e do mal. Os maus resultados eram sempre atribuídos à conjuntura, aos concorrentes, ou aos funcionários de nível mais baixo. Mas isso mudou. Não da água para o vinho, mas do vinho para a água. Ou seja, todo mundo, independentemente do cargo, ficou igual e sujeito aos mesmos riscos. Do jeito que a coisa vai, daqui a vinte anos, um presidente pode durar cinco horas no cargo. Para a imensa massa de aspirantes a cargos mais elevados nas empresas, a mensagem é clara. Esqueça o passado. Os méritos de ontem não garantem a segurança de amanhã. O calendário do mundo corporativo ficou reduzido a apenas um dia – hoje.

Gelado como o hemisfério norte

Demitir alguém é uma experiência angustiante. Não por acaso, quando um candidato a cargo de chefia é entrevistado, uma das perguntas que ouve é esta: "Quantas pessoas você já demitiu?". Demitir pessoas revela muita coisa sobre um candidato. Mostra sua disposição, sua eficiência, e sua resistência a uma situação de pressão. Se a resposta do candidato for "nenhuma", o entrevistador chamará um assistente para continuar a entrevista. Se for mais que dez, o entrevistador perguntará se o candidato aceita um cafezinho. Se for mais que cinqüenta, outro cafezinho, mas agora com direito à opção de açúcar ou adoçante. E, se for mais de cem, o entrevistador pedirá um chazinho. Para ele mesmo, com a intenção de aplacar sua ansiedade, porque sabe que está diante de um candidato diferenciado.

Existem até os chamados quatro passos para uma demissão eficaz.

1. Seja rápido. Não pergunte "tudo bem?", ou "como vão as coisas?" Diga apenas: "Fulano, você está demitido".

2. Pare de falar. Porque o demitido estará pensando "por que eu?", ou "o que será de mim?" E não vai escutar nada.

3. Chame alguém de RH para explicar a parte burocrática ao demitido.

4. Encerre o papo, sem palavras de conforto, porque são inúteis. Essa é uma técnica importada do hemisfério norte, onde o clima é frio e as pessoas também. No Brasil, é diferente. Somos um povo sentimental. Choramos, nos abraçamos e nos emocionamos.

A melhor resposta que ouvi até hoje quando perguntei a um candidato quantas pessoas ele havia demitido foi esta: "Nenhuma, graças a Deus. Mas demitiria, com imensa satisfação, o cara que inventou essa pergunta". Pedi dois chazinhos. E contratei o candidato. Infelizmente, no mercado de trabalho existem cada vez menos pessoas como esse candidato. A maioria prefere acreditar mais na frieza das regras importadas do que no calor da própria sensibilidade.

Teste do desemprego

Turnover é o termo usado pelas empresas para medir o entra-e-sai de seu quadro de funcionários. Em português, dizia-se rotatividade, mas a palavra deixou de ser usada porque lembrava mais motel do que empresa. *Turnover* é medido por ano. Por exemplo, uma empresa tem cem funcionários e um *turnover* anual de 30%. Isso quer dizer que, em um ano, trinta dos cem funcionários foram substituídos, ou porque pediram demissão ou porque foram demitidos. Parece muito, mas não é.

Ficar desempregado é uma situação cada vez mais normal. Qualquer funcionário, de uma hora para outra, pode virar estatística de *turnover*. Quando isso acontece, começa a busca, chata, por recolocação. O problema é que poucos profissionais estão preparados para enfrentar esse momento com a calma que a situação exige. A melhor maneira de se preparar é começar pelo teste do desemprego. É uma espécie de *checkup*, e funciona assim: um profissional bem-empregado faz de conta que acabou de ficar desempregado. A primeira providência a tomar é entrar em contato com profissionais que conheceu durante a carreira. E encaminhar a eles um currículo atualizado.

Nesse momento, ocorrem duas coisas: o currículo está desatualizado. E a lista de contatos está mais desatualizada ainda. Os telefones ainda têm seis números. Os *e-mails* são de provedores que nem existem mais. A maioria das pessoas da lista já mudou de emprego. Conclusão: o novo desempregado perde um tempo enorme tentando reencontrar gente que talvez nem se lembre mais dele.

Qualquer funcionário, de uma hora para outra, pode virar estatística de *turnover*. Quando isso acontece, começa a busca, chata, por recolocação.

O teste do desemprego é tão importante para a carreira como o *checkup* médico é para a saúde. O efeito das duas coisas é idêntico. Em ambos os casos, os que souberem se prevenir terão as melhores chances.

Transparência é bom e todo mundo gosta

Imagine que uma pessoa com emprego razoável recebe um convite para participar de um processo de seleção em outra empresa. Ela não está descontente com o emprego atual, mas o chamado parece bem interessante. Não custa nada ir e conferir. A pessoa faz a primeira entrevista e agrada. Se passar por mais duas ou três entrevistas, poderá conseguir um emprego melhor do que o atual. Quase sempre, esse profissional começa a ter problemas de consciência. Será que devia ter dito a sua empresa que iria participar da primeira entrevista? Agora que participou, e tem boas chances de ser escolhido, devia comunicar à empresa que talvez venha a pedir demissão dali a quinze dias? Ou é melhor ficar calado e aguardar o desfecho da situação? De certa forma, não seria traição à empresa que está pagando o salário?

Todas essas dúvidas têm a ver com uma palavrinha: transparência. Sim, a pessoa deve ser transparente. Mas há um porém. Ela tem de ser transparente se a empresa também for. E é fácil identificar se existe essa qualidade de fato. Basta lembrar dos colegas que foram demitidos nos últimos meses. A empresa avisou, antes da demissão, que esses profissionais estavam na marca do pênalti? Deu a eles oportunidades para reverter a situação? Ou os colegas foram pegos de surpresa e receberam o comunicado de que estavam demitidos? Neste último caso, a empresa não adota transparência quando decide mandar embora. E dá ao funcionário o direito de não ser transparente na hora de pedir demissão. A transparência é essencial e devia ser regra de relacionamento entre empresas e funcionários. Mas a transparência é rua de mão dupla. Que começa do lado de lá.

Viver melhor = trabalhar bastante?

Um colega de longa data, o Paulo, teve um desses estalos de lucidez que podem mudar a vida. Como muita gente por aí, o Paulo trabalhava demais. Quinze horas por dia. Em ritmo alucinado. Vivia estressado. Até que, um belo dia, o Paulo leu um artigo sobre qualidade de vida. Percebeu que, se persistisse na rotina paranóica de trabalho, iria acabar tendo um "peripaque". Assustado, o Paulo desligou o celular e o computador, pegou um papel e uma caneta, e se pôs a escrever o que precisava fazer para ter mais qualidade de vida. Quinze minutos depois, já havia produzido uma lista enorme. Correr de manhã. Ter tempo para a leitura e para um *hobby*. Praticar esportes. Fazer exercícios de meditação. Dedicar-se à família. Conversar com os filhos. Tirar férias. Viajar.

Para conseguir tudo isso, o Paulo tinha que gerar o óbvio: mais tempo livre. O que não seria assim tão difícil. Bastava que começasse a chegar e sair do trabalho em horários decentes. Limitasse o expediente a oito horas diárias. Parasse de trabalhar aos sábados. Não levasse trabalho para casa. Não assumisse responsabilidades que não faziam parte da descrição de sua função.

O Paulo sempre foi conhecido por sua persistência. Conseguiu mudar radicalmente o estilo de vida. Os resultados práticos não demoraram a surgir. Menos de seis meses depois, o Paulo foi despedido. Segundo a empresa, havia perdido o interesse no trabalho. Todas as empresas são a favor da qualidade de vida de seus funcionários. E apóiam essas iniciativas. Mas desde que ninguém confunda viver melhor com trabalhar menos.

Nada de encostar o corpo

Se a empresa em que você trabalha está terminando um plano geral de reestruturação – expressão cuja tradução corporativa é "muita gente vai dançar" –, e informações de quem vai ficar e de quem vai sair começarem a vazar, você pode ser um dos "saídos". Se for comunicado antes do dia D, pode ficar chateado e desmotivado. O que fazer, então, nesse período de suprema agonia?

Até que o plano seja colocado em curso, sugiro que você trabalhe muito mais do que trabalhou até agora. A rádio peão nem sempre acerta tudo e pode até ser que você não esteja no rol de dispensados. Mas, se encostar o corpo, poderá acabar entrando no rol na última hora. Supondo que você, mesmo trabalhando mais, seja de fato dispensado, e tenha que cumprir aviso prévio, minha sugestão é: durante o aviso prévio, além de trabalhar mais, trabalhe melhor ainda. Um dia, você precisará de recomendação para um futuro emprego. E o que fica na cabeça das pessoas que poderão recomendá-lo são esses momentos em que você superou todas as expectativas.

Já vi, diversas vezes, dispensas serem canceladas no último dia do aviso prévio. Porque as empresas se tocaram, antes tarde do que nunca, de que estavam dispensando a pessoa errada. Enquanto você continuar empregado, mostre que não merece ser dispensado. E, se for, mostre que não deveria ter sido. Talvez a empresa não mereça o esforço extra que você vai fazer por ela. Mas sua carreira merece o esforço que você vai fazer em seu próprio benefício.

Até que o plano de reestruturação seja colocado em curso, sugiro que você trabalhe muito mais do que trabalhou até agora.

É melhor manter a boca fechada

Quando a gente ouve, sem querer, uma conversa confidencial entre dois diretores da empresa, e descobre que um dos mais antigos gerentes será demitido, é inevitável ficar matutando sobre a melhor atitude a tomar. O gerente, que não desconfia de nada, continua trabalhando, cheio de entusiasmo. Enquanto acha que nunca perderá o emprego, uma consultoria externa já foi encarregada de procurar um substituto para ele. Quando alguém "descobre" uma informação desse tipo, não deve comentar nada sobre o assunto nem oficialmente, nem em bate-papos com colegas. Porque não deveria ter ouvido o que ouviu.

Certa vez, aconteceu de eu ficar sabendo que um colega iria ser dispensado. Então, inventei uma história. No meio de uma conversa, contei a meu colega que tinha um parente que havia sido dispensado. Expliquei que meu parente havia obtido várias concessões no momento da dispensa. Por exemplo, uma extensão do plano médico por um ano. Uma gratificação pelos anos de casa. Essas sugestões ficaram na cabeça de meu colega, e ele as usou quando foi dispensado.

Como não havia nada que eu pudesse fazer para evitar a demissão, tentei colaborar sendo útil, mas sem me comprometer. Depois do fato consumado, contei toda a verdade a meu colega, e ele entendeu minha posição.

Quando você, como eu, ouvir dois diretores confabulando, saia correndo. Evitará inquietações desnecessárias.

Estado de agonia em três tempos

Ao perder inesperadamente o emprego, qualquer pessoa passa por um processo estressante. Segundo os psicólogos, esse estado de agonia é comparável ao da morte de um parente próximo, ou do fim de um relacionamento amoroso. Ou seja, dói. Dói muito.

Existem quatro estágios pelos quais recém-desempregados têm de ultrapassar, como se fossem corrida de obstáculos:

1. *o do choque.* A pessoa fica tão desnorteada com a notícia da demissão que não consegue nem pensar direito. Isso dura um ou dois dias.

2. *o da procura dos culpados.* A pessoa começa a imaginar quem poderia ter sido responsável pela demissão e normalmente encontra um par de suspeitos. São muito raros os casos em que aceita a hipótese de que a culpa tenha sido dela mesma. A duração desse estágio varia muito e, em alguns casos, pode durar meses.

3. *o da depressão.* Ao perceber que a perda do emprego é mesmo irreversível, a pessoa começa a pensar em tudo o que sacrificou na vida para ser boa empregada. Vem à tona aquela sensação de que o mundo não é justo.

4. *o da aceitação da realidade.* É o momento em que a pessoa se dá conta de que não adianta continuar reclamando, ou procurando maneiras de se vingar do ex-chefe, ou de prejudicar a ex-empresa. Esse momento é o mais importante de todos. Porque é a partir dele que a pessoa deve concentrar suas energias na busca de novo emprego. Quem começa a procurar vaga enquanto ainda está revoltado, ou deprimido, normalmente não se sai bem em entrevistas. Porque, nelas, tenta descarregar a raiva ou a frustração que ainda está sentindo.

Faz tempo que perder o emprego deixou de ser vergonha. Tornou-se algo até normal no século XXI. A melhor coisa que um recém-desempregado pode fazer é dar um tempo. Não se expor. Descansar, para que os três estágios negativos passem o mais depressa possível. E, somente depois que estiver com pilha nova e velha confiança, botar o pé na estrada novamente.

Prepare-se: guarde uns trocados

Quem tem emprego deve estar preparado para viver na pele uma estatística. Durante a carreira, um profissional terá, em média, seis empregos. Passará cerca de cinco anos em cada empresa. Portanto, duas coisas são certas e inevitáveis: seis admissões e seis demissões.

Essas demissões podem ser por vontade própria, ou por decisão da empresa. Os mais afortunados pedirão demissão seis vezes. Os normais serão dispensados três ou quatro vezes. Logo, se as demissões são inevitáveis, é melhor estar preparado para elas. Como? Criando um pequeno fundo financeiro. Abrir uma conta separada e ir guardando uns trocados. O ideal é ter o equivalente a três meses de salário nessa conta. E isso não é tão complicado assim. Basta depositar apenas 5% do salário durante cinco anos. Parece difícil, mas não é. Para muita gente, a conta do celular corresponde a mais de 5% do salário.

> A melhor coisa que um recém-desempregado pode fazer é dar um tempo. Não se expor. E, somente depois que estiver com pilha nova e velha confiança, botar o pé na estrada novamente.

A segunda providência é manter uma agenda atualizada de contatos profissionais. Nela, deverá constar o cargo, a empresa, o telefone e o *e-mail* de pessoas a quem será possível recorrer no momento em que a demissão vier. Em 80%

dos casos de demissão, os demitidos saem procurando pessoas com as quais tiveram contato, pela última vez, dez ou vinte anos atrás. Qualquer profissional que ignore essa providência se sentirá, no momento da demissão, como se fosse um carro. Um carro moderno, com um motor maravilhoso, de última geração, mas sem os quatro pneus.

A terceira providência é sair sem brigar. Sorrir, apertar a mão de todos, e agradecer as oportunidades que teve. Como dizia Don Corleone, em *O Poderoso Chefão*, não se pode levar nada pelo lado pessoal. Demissões são decisões profissionais. Quem despediu hoje poderá ser a melhor referência amanhã.

Quer mudar? Aja racionalmente

Muitas pessoas gostariam de mudar de emprego. Porque não agüentam mais a empresa em que trabalham. Ou não suportam o chefe. Ou não apreciam as atitudes dos colegas. Ou estão meio paradas e sem perspectivas de futuro. Na prática, muita gente acaba mesmo mudando. E depois se arrepende. Porque, ao decidir pedir a conta, avaliam muito bem as coisas erradas que a empresa tinha. E dão pouca atenção às coisas boas.

Vamos, então, partir de dois princípios:

1. não existe emprego perfeito;
2. mudar de emprego nunca deve ser uma decisão emocional. Deve ser a mais racional possível.

Demissões são decisões profissionais. Quem despediu hoje poderá ser a melhor referência amanhã.

A diferença é que decisões emocionais costumam ficar apenas no pensamento, enquanto as racionais podem, e devem, ser escritas. Por exemplo: a empresa atual fica perto de minha casa? O horário de trabalho é conveniente? Estou realmente sendo maltratado ou ignorado, ou gostaria de ser tratado de modo diferente?

Qualquer funcionário, por mais magoado, frustrado, ou irritado que esteja, consegue fazer uma lista de coisas positivas sobre a empresa em que trabalha, caso deixe a emoção de lado. Mas, de modo geral, todos nós tendemos a minimizar o que a empresa oferece de bom e a exagerar um pouco ao avaliar as coisas que ainda não temos, ou temos e não gostamos.

Já vi um funcionário dizer: "Essa é a pior empresa do mundo. Até o café é indecente". Quando ponderei que a empresa tinha um razoável plano de benefícios, o funcionário disse: "O que uma coisa tem a ver com a outra?". De repente, o café adquiriu uma importância igual ao plano de assistência médica.

Evidentemente, sondar o mercado de trabalho é uma atitude positiva. Para quem está insatisfeito, é uma maneira de descobrir se existem opções mais viáveis lá fora. Para quem está satisfeito, e bem-empregado, não deixa de ser uma atitude prudente. Porque ninguém sabe o dia de amanhã.

A hora chegou

Qual é o momento certo para mudar de emprego? Existem dez sintomas que sinalizam que a hora da mudança chegou:

1. de manhã, ao acordar, você passa alguns minutos pensando como seria bom se fosse domingo?

> Já vi um funcionário dizer: "Essa é a pior empresa do mundo. Até o café é indecente".

2. ao chegar à empresa, você não vê nada que o agrade. Sua impressão é de que tudo é igual ao que era ontem, e igualzinho ao que será amanhã.

3. durante o expediente, você olha constantemente para o relógio. E tem a sensação de que o tempo demora a passar.

4. você não tem vontade de conversar com os colegas.

5. demonstra impaciência quando um colega se aproxima para jogar conversa fora.

6. na terça-feira, você já começa a pensar que a sexta-feira está chegando.

7. qualquer trabalho fora da rotina você interpreta como mais serviço, e não como oportunidade de fazer algo diferente.

8. recebe qualquer crítica como se fosse ofensa pessoal. E fica irritado porque só você é criticado, quando seus colegas são mais incompetentes.

9. você faz tudo bem-feito, mas isso não lhe dá nenhum prazer.

10. fora da empresa, com amigos, você o-d-e-i-a conversar sobre trabalho.

Se tiver seis desses dez sintomas, a hora chegou. Se tiver mais que seis, a hora passou. Se tiver nove ou dez, corre o risco de ter úlcera. De qualquer forma, você tem razão. Não saia só por sair. E nem saia sem avaliar bem para onde irá. Antes de sair, tente achar alguma coisa para fazer, fora da empresa, que dê satisfação. Muitas vezes, o problema não está no trabalho em si, mas no fato de não enxergar nada além dele. Está na Bíblia: só é feliz no trabalho quem consegue aproveitar seus frutos. Pode ser que você seja infeliz porque está tentando comer a casca da árvore.

Sem cólicas ou dores de cabeça

Esta é uma pergunta muito apropriada, e muito sensível: como se demite um funcionário? Há quem já tenha demitido vários deles, mas, sempre que precisa comunicar o fato, acaba se colocando no lugar da pessoa que será dispensada. E começa a sofrer com uma semana de antecedência. Perde o sono. Tem dores de cabeça. Cólicas. Na hora H, sua frio. Acha até que sofreria menos se estivesse sendo demitido. De todos os momentos ruins na vida profissional, esse é mesmo o pior. Só um chefe muito sádico, ou muito insensível, consegue demitir um funcionário como se fosse a coisa mais natural do mundo. O que existe é a possibilidade de transformar um ato emocional em ato mais racional.

O processo começa com uma frase simples e direta: "Fulano, infelizmente, você está sendo demitido". A maioria das demissões se torna um parto porque quem demite demora a entrar no assunto, e o demitido deduz que está sendo dispensado antes de receber a notícia. Isso provoca raiva. A comunicação tem de ser feita rapidamente. É claro que quem demite precisa estar bem preparado, com números e fatos, para esclarecer o motivo da demissão. Quanto mais objetivo for o chefe, mais rapidamente o demitido entenderá que não adianta discutir, ou reclamar.

Uma demissão não deve, nunca, pegar o demitido de surpresa. É necessário que ele tenha recebido sinais, avisos, e advertências, de que a demissão seria uma possibilidade concreta. É exatamente isso que a maioria das empresas não faz. Cerca de 60% das pessoas são demitidas de surpresa. E isso, realmente, produz dores de cabeça e cólicas. Em quem é demitido e em quem demite. É um sofrimento desnecessário, porque quem demite poderia ter se preparado. Quem é demitido poderia ter sido preparado.

Contestar ou se fingir de morta

Uma profissional foi dispensada de uma empresa por ser contestadora. Quando recebia ordens do chefe, queria saber se aquele determinado trabalho não poderia ser feito de outra maneira, ou até deixar de ser feito. Um dia, o metódico chefe se cansou dos questionamentos, que, achava, desafiavam sua autoridade. Demitiu a profissional.

No emprego seguinte, ela parou de questionar. Fazia apenas o que mandavam, e quando ninguém mandava ficava quietinha, em estado zen, aguardando a próxima ordem. Em menos de um ano, perdeu novamente o emprego. Segundo o chefe, por falta de pró-atividade. Ela ficou em dúvida entre falar ou se calar. Agir ou se fingir de morta. Contestar ou concordar.

Uma situação não tem uma única resposta, como se fosse equação matemática. No mundo corporativo, a mesma situação pode ter dez respostas, e todas certas. O que a profissional fez foi bater de frente com dois sistemas: foi moderna em uma empresa conservadora e conservadora em uma empresa moderna. O único erro foi de avaliação. Se tivesse feito o contrário – se tivesse sido passiva na primeira empresa e ativa na segunda –, teria se dado bem nas duas.

Para ter sucesso é preciso usar o "radar", a intuição, a capacidade de observação. A pessoa não precisa deixar de ser o que é, mas parecer com o que a empresa espera que ela seja.

Para ter sucesso é preciso usar o "radar", a intuição, a capacidade de observação. A pessoa não precisa deixar de ser o que é, mas parecer com o que a empresa espera que ela seja. Uma das coisas mais difíceis de se aprender no mercado de trabalho é como fazer aquilo que se quer dando a impressão de que está fazendo o que os outros querem. Quem aprende isso conserva o emprego e ainda chega rapidinho a gerente.

A primeira vez a gente nunca esquece

Nunca pediu demissão na vida? É a primeira vez e você não sabe o que fazer? Como pedir a conta sem causar aborrecimentos e ainda deixar as portas abertas?

Escreva uma carta, comunicando que está se demitindo. Uma carta bem simples, de um parágrafo, sem detalhes, nem explicações. Entregue a seu chefe. E diga a ele, sem enrolar, que você está saindo porque decidiu aceitar uma proposta que será melhor para sua carreira. Elogie o chefe e agradeça tudo o que a empresa fez por você. Depois de ouvir você falar, o chefe poderá ter várias reações. Você gostaria que ele agradecesse sua cooperação, elogiasse seu trabalho e desejasse boa sorte. Mas isso acontece em um de cada mil casos. O mais provável é que ele faça uma porção de perguntas. Para onde você vai, quanto vai ganhar, por exemplo. Responda a tudo com paciência, e evite fazer qualquer crítica ou comparação.

Pode ser que seu chefe fique irritado, como se o pedido de demissão fosse uma ofensa pessoal contra ele. Pode ser também que tente convencer você a mudar de idéia, dizendo que você seria promovido dali a dois meses. Agradeça e responda que sua decisão já está tomada. O mais importante é não tentar provar para o chefe que você tomou a decisão correta. Esse é o tipo de conversa que não leva a nada.

Nenhuma empresa gosta de perder um bom funcionário. E você, por melhor que se comporte em sua saída, poderá ser usado como exemplo negativo, de traidor e carreirista, para que outros funcionários não se sintam tentados a pedir a conta. Por isso, um minuto antes de falar com o chefe, respire fundo e pense o seguinte: quanto pior for a reação dele, melhor funcionário você é.

Família é para sempre

Muitos executivos aceitam o desafio de mudar de estado para assumir um cargo melhor. O problema é que a família não se adapta à nova cidade. E para não ter de continuar ouvindo as intermináveis queixas de quem não se adaptou, o executivo pensa em pedir para voltar a seu estado original. Mas provoca uma sinuca de bico: não há vaga em aberto. Acha melhor, então, mandar a família de volta para casa e permanecer no novo endereço até que surja uma oportunidade de transferência. É o mais correto a fazer?

Claro que não. É melhor perder o emprego e conservar a família. Executivos, quando são transferidos, tendem a minimizar o impacto que suas famílias terão com a mudança. E usam frases do tipo: "Tenho certeza de que vocês vão gostar de lá", sem ter dados confiáveis para saber se isso é verdade. Ou, então, tentam convencer a família de que um salário maior compensará qualquer sacrifício. É verdade que a possibilidade de acumular bens materiais tem influência direta no lado emocional. Também é verdade que há famílias que se adaptam mais facilmente a novas situações. Outras não. O retorno imediato da família que não vive bem no novo estado é válido, até porque se previne que a situação chegue a um ponto de ebulição. O problema é que os filhos podem se acostumar a viver sem o pai e o casamento pode ir para o vinagre. Mesmo com todos os riscos que um desemprego tende a significar, é melhor que todos voltem juntos. Empregos são temporários, famílias são para sempre.

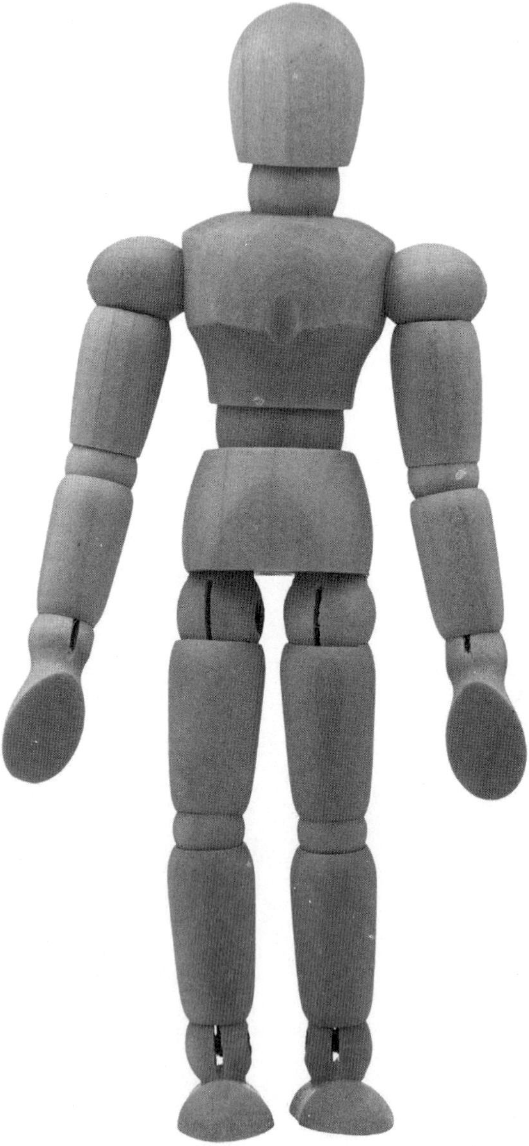

E de Entrevista

NÃO ESTÁ FÁCIL CONSEGUIR EMPREGO. Mas difícil mesmo é conseguir entrevista. Por isso, é natural que um candidato, de qualquer idade, fique nervoso quando finalmente aparece a chance de ser entrevistado. Em um processo de seleção, o escolhido é aquele que responde o que o entrevistador quer ouvir. Em entrevistas, há respostas verdadeiras e respostas adequadas. O candidato ideal é o que consegue fazer as respostas adequadas soarem verdadeiras.

Algumas dicas básicas:

- *usar a roupa apropriada.* O candidato deve se vestir como a empresa se veste. Cada empresa tem seu traje. Chegar à entrevista se parecendo com a empresa já é grande começo.
- *levantar todas as informações que puder sobre a empresa.* Por exemplo, se no site estiver escrito que a empresa valoriza o trabalho em equipe, o candidato deve levar exemplos práticos de resultados que obteve trabalhando em grupo, e evitar o máximo possível a palavra "eu". Outro exemplo: se a empresa tiver programas de responsabilidade social, o candidato deve mencionar casos em que participou de trabalhos comunitários. Mesmo que tenho sido a doação de uma blusa velha para a campanha do agasalho.
- *decorar a história e os números da empresa.* E mencioná-los durante a entrevista. Quando aparece a famosa pergunta "por que você gostaria de trabalhar conosco?", quase todo candidato dá uma resposta vazia, do tipo: "Acredito em mim e sei que posso contribuir". Poucos são os que respondem: "Quero fazer parte de uma organização que vem crescendo 12% ao ano nos últimos cinco anos". São essas respostas que fazem os olhos do entrevistador brilhar.

▌*dar respostas curtas.* Um minuto cada uma, no máximo. Se o entrevistador quiser saber, vai perguntar. Muita gente se perde logo no começo quando o entrevistador diz: "Fale um pouco sobre você". E o candidato conta a história de sua vida, começando pelo dia em que a mãe engravidou.

▌*não falar mal de ninguém.* Nem das empresas em que trabalhou, nem dos antigos chefes. Entrevistador pensa o seguinte: "Se esse candidato fala mal dos outros para nós, um dia vai falar mal de nós para os outros". Mesmo que tenha sido injustamente demitido de uma empresa anterior, o melhor é dizer que respeita a posição de quem tomou a decisão. Em uma entrevista, respostas positivas sempre agradam mais que respostas negativas.

▌*desligar o celular.* Se você esqueceu, e o celular tocar durante a entrevista, não atenda. Nem olhe para o celular para ver quem ligou. Se o entrevistador disser: "Pode atender, não tem problema", responda que "nenhuma ligação é mais importante do que esta entrevista".

▌*lembrar-se de que a entrevista não acaba na despedida.* No dia seguinte, é importante mandar uma carta, ou um *e-mail*, agradecendo a oportunidade e dizendo que aprendeu muito durante a entrevista. Só isso. Esse pequeno gesto pode fazer grande diferença.

Essas dicas ajudam muito, mas não são garantia de que o candidato será contratado. O importante é não desanimar. Se você for autêntico e sincero na entrevista, se não exagerar e não mentir, disser coisas nas quais acredita, e mesmo assim não conseguir a vaga, não significa que não serve para aquela empresa. Significa que aquela empresa não serve para você.

Mãos sob controle

Em entrevistas, um fator muito importante é o que se chama de gestual do candidato. Como senta, onde põe as mãos, se apóia os cotovelos na mesa, se cruza as pernas, ou se cobre a boca com a mão quando fala. A lista é enorme. Entrevistadores profissionais estão sempre muito atentos a essa coleção de pequenos gestos, que dizem muito sobre um candidato antes mesmo que comece a abrir a boca.

Pelo menos uma dúzia de vezes, entrevistei pessoas que me impressionaram profundamente. Para começar, entravam na sala com o que chamamos de postura vencedora. O corpo reto, a cabeça erguida, os passos firmes. Em seguida, apertavam minha mão com confiança. E sentavam-se com a coluna reta, sem se esparramar na cadeira ou se curvar sobre a mesa. Depois, durante a entrevista, adotavam o método do contato visual contínuo e prolongado. Quer dizer, encaravam-me o tempo todo. Jamais olhavam para o chão ou para o teto. E, principalmente, mantinham as mãos sob controle, sem ficar recolhendo os clipes que estavam espalhados sobre a minha mesa. Cada frase dita era acompanhada de um gesto adequado, sem economias nem exageros. Assim que a entrevista terminava e essas pessoas saíam da sala, eu pensava: "Uau". Imediatamente, jogava os currículos no lixo. Ficava pensando: se forem assim mesmo, não vou gostar nem um pouco de trabalhar com elas. Se estiverem apenas encenando, vou gostar menos ainda.

> Nas entrevistas de emprego, surge sempre aquela pergunta marota: "Qual é seu maior defeito?" A maioria dos candidatos tem a resposta na ponta da língua: "Ah, sou muito ansioso".

Mais tarde, ao conversar com colegas que também haviam entrevistado aquelas pessoas, concordávamos que os "manuais de como se comportar adequadamente em uma entrevista" ensinam tudo, menos duas coisinhas que queremos em alguém com quem vamos conviver dez horas por dia: sinceridade e autenticidade.

Ansiedade não é defeito

Nas entrevistas de emprego, surge sempre aquela pergunta marota: "Qual é seu maior defeito?" A maioria dos candidatos tem a resposta na ponta da língua: "Ah, sou muito ansioso". Do ponto de vista corporativo, ser ansioso não é defeito. É virtude. E não é virtude nova, porque os homens das cavernas já eram ansiosos. Se não fossem, teriam sido extintos.

A ansiedade é uma reação química quando o organismo pressente perigo. Que pode ser, por exemplo, uma apresentação para a diretoria. Ou a necessidade de ter que explicar um relatório de despesas onde constam dezoito caipirinhas. O que acontece a partir desse instante? O cérebro manda as glândulas dos rins liberarem adrenalina. A adrenalina é uma espécie de garoto de recados que alerta o corpo para ficar em estado de alerta. O corpo obedece. O coração acelera as batidas. O sangue se concentra nos músculos, e isso faz as mãos ficarem geladas e o rosto pálido. O cérebro pede mais oxigênio, e por esse motivo o ritmo da respiração aumenta. Com a ansiedade a mil, o corpo inteiro pode entrar em ação.

Quem é muito ansioso deve parar de se preocupar, porque foi graças à ansiedade que a raça humana conseguiu sobreviver aos predadores. E continua sendo por causa da ansiedade que funcionários conseguem sobreviver aos predadores do escritório.

Então, voltando ao seu maior defeito... Defeito é ficar tranqüilo e sossegado na hora do perigo. Porque, aí sim, o bicho pega.

Perfeccionismo é defeito

Nenhum candidato a uma vaga iria querer confessar, à pergunta "qual é seu maior defeito?", que escreve você com c cedilha. Então, vai logo dizendo: "Sou perfeccionista", a segunda resposta mais comum dada a entrevistadores, depois daquela que o sujeito revela ser ansioso. A maioria dos candidatos escolhe essa alternativa pelo mesmo motivo da anterior: pensa que perfeccionismo é qualidade.

Mas, para o mundo corporativo, perfeccionismo é mesmo tremendo defeito. O perfeccionista tem problemas para se adaptar a uma empresa em que todos dependem de todos para que um trabalho saia bem-feito. Para um legítimo perfeccionista, nenhum trabalho está bom. Nem o dele, nem o dos colegas. Tem dificuldade para delegar tarefas, porque não acredita nos outros. Está sempre precisando provar que é o melhor, mesmo quando isso não é necessário. Demonstra baixíssima tolerância a críticas e, por isso, tem dificuldades de relacionamento com o chefe e com os colegas.

> O perfeccionista tem problemas para se adaptar a uma empresa em que todos dependem de todos para que um trabalho saia bem-feito.

Ao preparar qualquer plano, o perfeccionista não consegue pensar em alternativas no caso de algo sair errado. Acredita que seu plano seja perfeito. O pior mesmo é que o perfeccionista, por natureza, é mais preocupado com os detalhes do que com o resultado final. E isso acaba atrasando o trabalho de todo mundo.

Um recrutador me contou que a melhor resposta que ouviu à pergunta sobre o maior defeito foi esta: "Não sou perfeccionista". E o recrutador perguntou se o candidato considerava aquilo um defeito. Ele respondeu: "Deve ser. Porque todo mundo que está ali fora, esperando para ser entrevistado, está falando que é perfeccionista". O candidato conseguiu a vaga. Foi o único capaz de pensar em uma resposta inesperada, diferente e criativa.

Cada nome estranho...

Vale a pena fazer cursos com nomes esquisitos, como por exemplo MBA com especialização em gestão interpessoal? Ajudam a deslanchar a carreira, ou são pura perda de tempo? Para simplificar, gostaria de contar uma historinha. Há três décadas, todos os cremes dentais, também conhecidos como dentifrícios ou pastas de dentes, eram iguais. Uma pasta não se diferenciava da outra. Um dia, o pessoal da Colgate teve uma grande idéia. Lançou o Colgate com gardol. E o Colgate com gardol foi sucesso instantâneo. Da noite para o dia, o Colgate com gardol se tornou líder do mercado de cremes dentais. É claro que essa atitude forçou o segundo colocado, a Kolinos, a reagir. E surgiu o Kolinos com clorofila, que também fez enorme sucesso. Mas nada que se comparasse ao Signal. Por que o Signal tinha hexaclorofeno.

Um recrutador me contou que a melhor resposta que ouviu à pergunta sobre o maior defeito foi esta: "Não sou perfeccionista".

Nenhum consumidor tinha a menor idéia do efeito que qualquer um desses ingredientes exercia sobre seu teclado dentário na hora de escovar os dentes. Mas também é verdade que, a partir dali, ninguém mais queria consumir pasta de dentes que não oferecesse, digamos assim, algo a mais. Esse *plus* passou a ser regra do mercado. É assim até hoje.

Pois o que um curso de nome esquisito, como esses ingredientes pomposos das pastas de dentes, faz por seu currículo é exatamente diferenciar você de seus concorrentes. O resultado é óbvio. Esses cursos são a sua garantia de que, na hora da entrevista, você não vai precisar dar aquele sorriso amarelo.

"Olhos nos olhos, quero ver o que você diz..."

Na época em que Pelé reinava nos gramados, embora ninguém conseguisse marcá-lo, qualquer time, até os mais insignificantes, achava-se no direito de ter um jogador considerado "o melhor marcador de Pelé". E a seleção da Alemanha também tinha o seu, o zagueiro Schultz. Pelé, como mostra o filme *Pelé Eterno*, era bom em tudo. Chutava, driblava, cabeceava, batia falta. Foi o primeiro a dar paradinha em pênalti, o primeiro a tentar fazer gol do meio do campo. Era criativo até para bater arremesso lateral.

Um belo dia, depois de encerrar sua carreira, o alemão Schultz foi entrevistado, e quando lhe perguntaram qual daquelas tantas habilidades de Pelé mais temia, Schultz deu uma resposta que ninguém esperava: "O olhar". E explicou: quando Pelé encarava seu marcador, o marcador sempre ficava amedrontado. E desviava os olhos por uma fração de segundo. Quando o marcador levantava novamente os olhos, Pelé já havia passado faz tempo.

> Em uma entrevista, em uma negociação, ou em uma apresentação, manter os olhos fixos na pessoa com que se está falando é meio jogo ganho.

Nas empresas, existe uma lista de mais de cem características desejáveis em um funcionário, que vão desde o jeito como combina as cores da roupa até a lista de cursos com nomes estranhos que freqüentou. Diante de tantos atributos, muita gente esquece o mais elementar deles: o olhar. Em uma entrevista, em uma negociação, ou em uma apresentação, manter os olhos fixos na pessoa com que se está falando é meio jogo ganho. E olhar para o teto, o sapato, ou a parede, é marcar gol contra. Entrevistadores têm mania de achar que o candidato que desvia o olhar ou é inseguro, ou está escondendo alguma coisa. Pelé sabia disso e encarava antes de ser encarado. E, por onde passou, foi rei.

Gordinhos sem disfarce

Que o cigarro faz mal à saúde, todo mundo já sabia desde a década de 1950. Mas nem por isso os fumantes foram perseguidos, como são hoje. Até 1990, fumar ainda era chique, ou, pelo menos, socialmente aceito. O divisor de águas na luta contra o fumo foi a entrada em cena de um médico chamado Everett Kopp, ex-fumante que ocupava nos Estados Unidos uma posição equivalente à do nosso ministro da Saúde. Mas a campanha de Kopp contra o cigarro só começou a funcionar, de fato, quando as empresas se engajaram nela. Muita gente decidiu parar de fumar não porque o cigarro era prejudicial à saúde, mas porque poderia ser prejudicial à carreira.

No Brasil, apenas quinze em cada cem executivos fumam. Chutaria que a maioria deles trabalha na área de vendas, sempre a mais estressada. Estou dizendo isso porque nos Estados Unidos já está a todo o vapor a campanha contra a obesidade. E a história se repete. Todo mundo sempre soube que excesso de peso é prejudicial à saúde. Mas ninguém nunca fez muita coisa a respeito, porque comer sempre foi considerado um dos bons prazeres da vida. Mas, se o Tio Sam decidiu que não é mais, então tudo muda.

Quem tem quilinhos a mais e está empregado vai começar a ser convidado a participar de campanhas de fitness ou receber sugestões de dietas de emagrecimento. Os que estiverem sem emprego vão perceber que ficará cada vez mais difícil conseguir uma vaga. Pode parecer discriminação, e é mesmo, mas no começo da campanha contra o cigarro também se dizia que fumar não era imoral nem ilegal, e não adiantou.

Quem se confessa fumante em uma entrevista de emprego já reduz pela metade as chances de ser contratado. Mas sempre há quem disfarce e esconda o vício. Já os simpáticos gordinhos corporativos terão mais dificuldade de convencer o entrevistador de que, no íntimo, são magros.

Criatividade não é sinal de genialidade

Quando um candidato a emprego é entrevistado, há uma palavrinha mágica que sempre é mencionada na entrevista. Criatividade. É quase impossível encontrar algum candidato que não se ache criativo. Mas existe um par de perguntinhas práticas que resolvem a situação. Se você está empregado, este é um bom exercício para testar sua criatividade.

Qual foi a última idéia que você teve e que foi aprovada e implantada? Quando isso aconteceu? Caso tenha sido há mais de três meses, já está na hora de ter outra idéia. Se já fizer um ano, das duas uma: ou você está em um período de crise criativa, ou está trabalhando em uma empresa que não gosta de novas idéias. Existem empresas assim? Claro que não.

Existem, sim, empresas mais conservadoras, que têm pavor de idéias radicais. Mas isso está longe de ser problema. Porque criatividade não é ter uma grande idéia que vai mudar o mundo. É ter idéias pequenas e simples, mas constantes, que vão mudando a empresa sem que ninguém quase perceba o que está acontecendo.

Na maioria das empresas brasileiras, ser criativo não é ser gênio. É ser só um pouquinho diferente. É olhar para as mesmas coisas de sempre, para a velha rotina, de um jeito novo. É saber questionar sem assustar. Logo, vamos voltar às perguntas iniciais: Você é criativo? Qual foi a última pequena idéia que você teve e que foi aprovada e implantada? Quando isso aconteceu?

De quanto vai ser o bônus

Na hora de atrair candidatos, muitas empresas oferecem uma cenoura que dá água na boca: o bônus. No fim da entrevista, o candidato fica sabendo que, além dos treze salários normais, pode vir a ganhar, no final do ano, mais um caminhão de dinheiro. Cinco, dez, quinze salários adicionais. É muita tentação. E embolsar essa nota preta vai depender de apenas duas coisinhas: que a empresa consiga superar suas metas e que o funcionário consiga atingir seus objetivos. Parece fácil.

Conheço muita gente que deixou um bom emprego para ganhar mais ou menos a mesma coisa, ou até menos, em outra empresa. A diferença é que, na nova empresa, havia o apelo do bônus. Mas a vida prática tem ensinado que o bônus está mais para sonho do que para realidade. Empresas que acenam com "até cinco salários extras" acabam pagando, na média, apenas um salário a mais. Empresas que acenam com dez, pagam em média dois. Alguns funcionários, é claro, acabam mesmo ganhando os tais cinco ou dez salários, mas são gloriosas exceções. E é a exceção que as empresas fazem questão de divulgar e de enfatizar na hora de atrair candidatos. É preciso, então, ter muito cuidado para não cair no canto da sereia do bônus. Ele não é dinheiro no bolso.

Na hora da entrevista, o candidato pode e deve perguntar ao entrevistador qual foi a média de bônus que a empresa pagou nos últimos três anos. Aí, sim, vai poder fazer suas contas como devem ser feitas: com base na realidade e não no entusiasmo. Em latim, bônus quer dizer bom. Antes de aceitar uma proposta tentadora, é bom abrir o olho.

Falar... muito e, depois, pouco

Quem está tentando encontrar bom emprego em uma grande empresa sabe que existem muitas etapas a ser ultrapassadas. Uma delas chama-se dinâmica de grupo. Funciona assim: uma dúzia de candidatos senta em formato de semicírculo, um mediador faz perguntas e anota o que cada um responde. Mas repara também como cada um se comporta, se rói as unhas, se usa gíria – coisas que a gente faz e não percebe.

Quem passa por dinâmica de grupo sempre sai dela achando que fez muita coisa errada. Alguns acreditam que poderiam ter falado mais, outros que deveriam ter falado menos. Então, aqui vão algumas regrinhas básicas:

1. encontrar sempre um alvo prático para qualquer comentário. Por exemplo, quem pratica alpinismo, ou toca guitarra, deve dizer como essa habilidade poderá ser útil no trabalho.

2 e 3. falar muito. E falar pouco. Parece contraditório, mas

não é. Falar muito é não deixar nenhuma oportunidade para dizer alguma coisa. Em dinâmicas de grupo, o silêncio não é visto como sinal de sabedoria, mas como falta de assunto. Por isso, interrompa quem estiver falando. Educadamente, mas interrompa. E aí fale pouco. O que você tem a dizer deve caber em trinta segundos. Porque você também será interrompido por alguém. E não se deve desperdiçar esse precioso tempo dizendo coisas como "com certeza", "tipo assim" ou "vou procurar dar o máximo de mim", a não ser que a dinâmica seja para escolher um novo lateral direito.

4. estar atualizado. Leia dois ou três jornais do dia antes de sair de casa. Alguém pode se perguntar o que a invasão do Afeganistão tem a ver com uma vaga de assistente administrativo. A resposta é: absolutamente nada. Mas não faço regras de dinâmica de grupo. Tento apenas explicá-las.

Atendeu o celular? Adeus vaga

O uso do telefone celular alterou radicalmente a vida das pessoas. Superou, de longe, a revolução causada por microcomputadores, que foram inventados trinta anos atrás. Hoje, apenas 7% dos brasileiros têm microcomputadores, enquanto 30% têm celulares, aparelhinhos que entraram no mapa havia pouco mais de dez anos. A fixação pelo celular é tanta que muita gente pronuncia a frase "acabou a bateria do meu celular" com o mesmo desespero com que diria "fui atropelado por um ônibus".

Se o celular trouxe uma série de vantagens, como a de permitir total mobilidade dos profissionais, por outro lado o apego exagerado ao aparelhinho simpático e companheiro pode trazer problemas. O pior deles é atender a uma ligação na hora errada. Um recrutador de executivos me contou que estava entrevistando um candidato a uma vaga importante. No meio da entrevista, o celular do candidato tocou. E o candidato parou de falar e olhou para o entrevistador. E o entrevistador olhou para ele. E o celular ali, tocando. A solução era simples e rápida. Bastava desligar o celular. Mas o candidato, como que impelido por uma força sobrenatural e fora de seu controle, atendeu a ligação. E perdeu a vaga.

O celular é fantástico, mas não elimina uma secular regra básica de convivência entre seres humanos. Interromper uma conversa profissional para atender a uma ligação é algo que se chama, como sempre se chamou, falta de educação. E dizer desculpe, depois de desligar, só piora a situação. É como dizer "desculpe, era engano, mas o engano era mais importante que você".

Na hora H, jingle e promessas

O horário político obrigatório é educativo. Um candidato nada mais é que alguém em busca de emprego. Não seria maravilhoso se, na hora de fazer uma entrevista de emprego, pudéssemos fazer a mesma coisa que os candidatos fazem? Por exemplo, começaríamos a entrevista com um jingle. "Senhor diretor, não fiz faculdade, mas ando em busca... de oportunidade. Não falo inglês, não entendo de informática, mas tenho muita prática e nunca bobeei. Para que MBA?".

Depois, passaríamos às promessas. "Se eu for contratado, senhor diretor, prometo aumentar as vendas da empresa em 180% e o lucro em 350%. Vou reduzir as despesas e criar mais quatrocentos empregos diretos. Prometo transformar esta companhia em líder de mercado e vou criar o melhor ambiente de trabalho do mundo." Tudo isso, claro, com a maior seriedade e sem corrupção. Para terminar a entrevista, daríamos a relação das nossas referências. Coligação Terezinha, Fernandão, Fabiana e Serginho da Cueca.

Nesse momento, o diretor chamaria a segurança e nos botaria para fora da empresa. Além de ameaçar chamar a polícia, caso retornássemos. Parece ridículo, mas é assim que elegemos as pessoas que vão cuidar de orçamentos de nossas cidades e de nossos estados, muito maiores que os orçamentos das empresas.

Durante minha carreira de administrador, cansei de ouvir uma sugestão que muita gente ouve todos os dias: "Você precisa ser mais político". Mas basta a gente olhar a situação das empresas e a do país para perceber que é exatamente o contrário. Os administradores já aprenderam a ser políticos. Os políticos é que ainda não aprenderam a ser administradores.

Seja diferente

Entrevista de emprego é aquela cerimônia em que o entrevistador faz sempre as mesmas perguntas, e o entrevistado dá sempre as mesmas respostas, e os dois fazem de conta que nunca tinham ouvido nada daquilo antes.
Uma resposta diferente é algo que a gente não esquece jamais.

> Os administradores já aprenderam a ser políticos. Os políticos é que ainda não aprenderam a ser administradores.

Estava certa vez entrevistando um candidato e perguntei a ele: "Qual é o nível de seu inglês?". Ele respondeu: "Sou capaz de pensar fluentemente em inglês. Meu problema é na hora de verbalizar". Estendi, então, uma folha de papel em branco ao candidato e pedi que pensasse alguma coisa em inglês e depois escrevesse no papel. Ele me disse que aquele era o problema: ele só pensava fluentemente em inglês, mas não conseguia falar nem escrever. Pensei: "Esse cara é um blefe, um mentiroso que está me fazendo perder tempo". Disse a ele: "Certo. Qual é mesmo sua formação acadêmica?". Ou seja, havia pensado fluentemente em português, mas havia verbalizado meu pensamento de maneira completamente diferente. Nem ouvi a nova resposta que o candidato deu, porque algo importante estava acontecendo em minha cabeça. De repente, havia percebido que eu era também fluente não só em inglês, mas em qualquer língua do mundo, incluindo o chinês, o latim e o sânscrito. Mais que isso, eu era fluente em qualquer filosofia e sabia a resposta para qualquer pergunta. Mas só em pensamento. Na hora de dizer o que havia pensado, sempre saía outra coisa, como se minha laringe e minhas cordas vocais tivessem vida própria e independente.

Ouvi milhares de respostas de candidatos na vida, mas lembro exatamente daquela. Acabei contratando o candidato, porque ele me havia ensinado uma grande lição: se você não puder ser o melhor, ao menos, seja diferente.

Uma coisa que poucos fazem

Meu avô Antonio, que Deus o tenha, era mecânico. Conseguiu seu primeiro emprego na década de 1920, quando tinha dezesseis anos de idade. Em uma seleção em que havia uma dúzia de candidatos mais velhos e mais experientes que ele, meu avô se destacou por um simples motivo: sabia ler e escrever. Na época, só um, de cada mil brasileiros, sabia ler e escrever. Meu pai, que também era mecânico, conseguiu o primeiro emprego porque, além de ter o primeiro grau completo, sabia ler manuais em inglês. Só isso o tornava diferente dos outros pretendentes à vaga.

Consegui meu primeiro emprego porque tinha curso universitário. Cursei uma escola sem nome e sem prestígio, mas – e daí? –, naquela época, pouca gente tinha formação superior, e minha formação me diferenciava.

Hoje, para quem ambiciona uma carreira de sucesso, ter diploma universitário deixou de ser diferencial. É apenas mais um passo escada acima, mas passou a ser um degrau intermediário, porque a escada aumentou de tamanho. E continua aumentando a cada ano que passa.

Quando alguém pergunta que curso deveria fazer, respondo: chinês. "Por que a China será a grande potência mundial do século XXI?". Não, respondo, porque só um em cada cinco milhões de brasileiros sabe falar chinês. Em um processo de seleção, se todos os candidatos tiverem faculdade, souberem falar inglês, tiverem conhecimento de informática, e se apenas um souber falar chinês, a chance desse um ser admitido é enorme.

O mercado de trabalho não mudou desde os tempos de meu avô Antonio, e a regrinha básica continua a mesma: faça o que todo mundo está fazendo, mas faça pelo menos uma coisa que só poucos fizeram.

Atenção focada nos detalhes

Empresas sempre têm uma pegadinha na hora da entrevista de emprego. Algumas delas são muito criativas. Por exemplo, ter atenção aos detalhes. Uma regra básica diz que os funcionários capazes de perceber pequenos detalhes, que os outros não percebem, irão ter desempenho melhor. O problema é que se o entrevistador perguntar se o candidato é atento aos detalhes, ele vai responder que sim, claro. Para impressionar, ainda vai citar Einstein, que disse que "Deus está nos detalhes".

Uma empresa transformou a pergunta em uma pegadinha interessante. O candidato aguarda a entrevista em uma salinha de espera. Depois, é conduzido à sala do entrevistador. Que pede ao candidato para descrever os detalhes da salinha de espera. Alguns mal conseguem se lembrar da cor da parede, ou de dizer quais revistas estavam sobre a mesa. Outros se lembram de tudo, até que a salinha tinha cinzeiro, embora na parede estivesse um aviso de proibido fumar. Em um mundo em que as informações estão rapidamente disponíveis a todos os concorrentes, leva vantagem quem vê primeiro o que os demais vão enxergar depois.

Atenção a detalhes é uma questão de curiosidade e de treino. Perceber detalhes significa manter o cérebro trabalhando o tempo todo, sem que haja concentração em um único ponto. A maioria dos detalhes talvez nem tenha importância, mas só percebe isso quem tem visão periférica. Não por acaso, presidentes de empresas são pessoas que têm, entre outras habilidades, incrível percepção para detalhes. Por isso, além de dar respostas corretas, fazem perguntas inesperadas. São sujeitos diferentes, que chegaram aonde chegaram porque, ao contrário da maioria, conseguem perceber um universo em cada migalha. Uma sinfonia em cada ruído. Uma eternidade em cada instante perdido.

Reprovação: o mundo não acabou

Uma palavrinha que já me incomodou muito, e que ainda incomoda muita gente, é reprovação. Não só incomoda, como causa danos enormes ao ego. Porque, nesta vida, todos nós somos mais reprovados do que aprovados. Cada reprovação faz a confiança que temos em nós mesmos encolher mais um pouquinho. Ser reprovado na escola é uma vergonha. Ser reprovado em um exame de motorista é uma humilhação. Ser reprovado em uma entrevista de seleção é uma frustração sem tamanho.

Para minha sorte, fui reprovado logo na minha primeira tentativa de conseguir emprego. Tinha dezesseis anos e me apresentei junto com outros vinte e tantos candidatos para uma vaga em uma fábrica de sapatos. Ensaiei direitinho tudo o que tinha que falar para convencer o entrevistador de que era o candidato ideal. Até bolei uma frase que, na época, me pareceu genial: meu sonho sempre foi trabalhar aqui, porque esta empresa produz o sapato que vai me conduzir pela estrada do sucesso.

Nem cheguei a ser entrevistado, porque fui reprovado antes, no teste numérico. Graças a meu nervosismo, demorei demais para completar quatro continhas de multiplicação e fui expurgado do processo. Disse que essa tinha sido a minha sorte? Disse. Porque, quando já ia saindo, cabisbaixo e achando que nunca mais iria conseguir um emprego na vida, o gerente de recrutamento veio conversar comigo e explicou que reprovação não era bem o que eu pensava que era. A palavra reprovação não significava eliminação. Significava, em bom latim, provar novamente. E ele disse uma frase que acompanhou minha carreira: "Uma reprovação não é o fim. É um novo começo". Hoje, ele me disse à época, "você não provou que é ruim. Você ganhou uma nova chance de provar que é bom".

Cada reprovação faz a confiança que temos em nós mesmos encolher mais um pouquinho.

Honestidade? Nem sempre

Mudei de emprego quatro vezes durante a carreira. Na primeira vez em que mudei, cometi um erro descomunal. Fui totalmente honesto e transparente. Recebi um convite para fazer uma entrevista e, imediatamente, comuniquei o fato a meu chefe. Fui, fiz a entrevista e, quando voltei, meu chefe avisou que já havia solicitado a contratação de meu substituto. Disse a ele que ainda não estava nada certo, que era apenas um dos candidatos, e que teria que passar por mais algumas entrevistas. Mas meu chefe foi irredutível, e eu fiquei em uma situação terrível. Se não fosse contratado pela nova empresa, ficaria sem emprego. Felizmente, tudo deu certo e consegui a vaga.

Seis anos depois, quando mudei da segunda para a terceira empresa de minha carreira, fiz tudo diferente. Só comuniquei minha saída quando já estava contratado pela nova empresa. Isso é desonesto, imoral ou antiético? Não. Se uma empresa resolve contratar alguém para substituir um funcionário, não vai avisar o funcionário que o processo está em andamento para que ele não fique desmotivado ou desesperado. O funcionário só vai saber da demissão no momento em que for demitido, embora a decisão já tivesse sido tomada dois meses antes. Logo, a contrapartida é o funcionário proceder da mesma maneira.

> Se uma empresa resolve contratar alguém para substituir um funcionário, não vai avisar o funcionário que o processo está em andamento para que ele não fique desmotivado ou desesperado.

Há algumas medidas profissionais que devem ser tomadas por quem sai. Por exemplo, indicar três possíveis candidatos à vaga. Entregar um relatório por escrito, bem detalhado, para que o novo ocupante da vaga possa se orientar em seus primeiros dias. Se a empresa quiser, até treinar o substituto. A regra número um da mudança de emprego é simples. O emprego pertence à empresa, mas a carreira pertence ao funcionário.

Começo e fim

Tive o prazer de conhecer um grande entrevistador, um renomado *head hunter*. Se não for o maior entrevistador da história do Brasil, está bem perto disso. Em 34 anos de carreira, já entrevistou 25 mil candidatos a emprego. Ele me revelou algo que só se aprende com muita prática: as duas questões que mais complicam a vida dos candidatos são exatamente as que parecem mais inofensivas – a primeira e a última.

A primeira é mais um pedido: "Fale um pouco sobre você". Segundo o entrevistador, raros candidatos parecem se dar conta de que, entre o "fale" e o "sobre você", existe uma expressão adverbial temporal: "um pouco". Muito candidato cai na armadilha de querer resolver a briga com um golpe só. E se põe a contar sua autobiografia, desde o tempo em que era um espermatozóide à procura de um óvulo. Dá a cronologia de seus empregos, cursos, experiências e realizações, diz o nome de seu restaurante favorito, explica os livros que leu, menciona os *hobbies*, e, finalmente, perde o fio da meada.

Em entrevistas, diz o grande entrevistador, "um pouco" se traduz em "no máximo dois minutos". E "fale um pouco sobre você" serve apenas para iniciar a conversa e não para encerrá-la.

A última pergunta: "Mais alguma coisa que você gostaria de acrescentar?", dá a entender que o entrevistador já está satisfeito. Se não estivesse, continuaria fazendo perguntas. Mas muito candidato sente-se na obrigação de acrescentar a tal "alguma coisa". Ou repete, sem necessidade, o que já foi dito, ou contradiz coisas que disse antes. Segundo o grande entrevistador, a melhor resposta é: "Não, obrigado pela oportunidade". De resto, diz, a entrevista é fácil. Difícil mesmo é saber começar e terminar.

Duas idéias, uma conclusão errada

Em qualquer processo de seleção, sempre existem muitos postulantes a uma vaga. No final, só um é escolhido. Aquele felizardo que postulou melhor que os outros. O que ele tinha que os outros não tinham? Argumentos.

Argumentos são frases compostas de duas ou mais premissas e de uma conclusão. O problema com os argumentos é que muita gente parte de premissas certas, mas chega a uma conclusão errada.

Premissa um: pássaros voam.

Premissa dois: pássaros não têm dentes.

Premissa três: vovó não tem dentes.

Conclusão: vovó pode voar.

Nas entrevistas, é a mesma coisa. Os postulantes criam premissas em que acreditam, mas a conclusão não sensibiliza o selecionador. Algumas premissas muito usadas, mas pouco eficientes, são de três tipos:

- *a premissa subjetiva.* Tenho força de vontade. Vou dar o máximo de mim. Tenho espírito de liderança. O problema da premissa subjetiva é ser apenas uma opinião pessoal e não um fato.

- *a premissa acusatória.* Minha ex-empresa não permitia que usasse minha criatividade. Meu ex-chefe impedia meu progresso.
- *a premissa de auto-indulgência.* Infelizmente, não tive condições de estudar. Perdi muito tempo, mas agora quero recuperar o atraso.

Não que essas premissas sejam falsas, até são verdadeiras. Apenas não são eficazes para sustentar a conclusão de que aquele é o candidato ideal.

Em um processo de seleção, existem três premissas que funcionam:

1. o que o candidato já fez de prático e mensurável na carreira;
2. o que sabe sobre a empresa que o está entrevistando;
3. qual será sua contribuição em curto prazo, caso consiga a vaga.

Conclusão: aquele é um candidato que sabe o que é postular.

Entre o paraíso e o inferno

As dinâmicas de grupo em entrevistas de emprego estão cada vez mais criativas. Lá pelas tantas o entrevistador faz uma pergunta um tanto quanto diferente para descobrir qual dos candidatos pensa e responde mais rápido. Por exemplo: "Se você pudesse levar só três coisas para uma ilha deserta, o que levaria?". Na quase totalidade dos casos, essas pegadinhas não são muito inteligentes e revelam muito pouco sobre o candidato. Porque não há respostas certas ou erradas e o resultado vai depender de uma avaliação subjetiva do entrevistador.

Existem exceções. Poucas, mas existem. Uma delas é uma

historinha que mostra a capacidade de o candidato usar o raciocínio lógico. A historinha é a seguinte: imagine que você está em uma cela, que tem duas portas. Uma delas conduz ao paraíso. A outra conduz ao inferno. Você tem que escolher uma das portas. Cada porta tem um guarda. Um dos guardas sempre diz a verdade. O outro sempre mente. Você pode escolher um dos guardas e fazer apenas uma pergunta a ele. Ao ouvir a resposta, deve escolher uma das portas e sair. Qual guarda você escolheria e que pergunta faria? Pense bem, porque só existe uma solução lógica. Pensou? Então, a resposta é: escolha qualquer um dos guardas, tanto faz. E pergunte a ele o seguinte: "Amigo, se perguntar ao seu colega qual porta me leva ao paraíso, qual porta ele vai me indicar?". Ao ouvir a resposta, você sai pela outra porta. Se o guarda que você escolheu for o mentiroso, ele indicará a porta errada. Se for o guarda sincero, também indicará a porta errada, porque essa é a resposta que o mentiroso daria.

Um degrau abaixo do entrevistador

Não é novidade para ninguém que para se sair bem em uma entrevista, um candidato precisa estar muito bem preparado. O que pouca gente sabe é que muitos candidatos, extremamente bem preparados, acabam não sendo contratados. Por um motivo muito simples: não prestam a devida atenção ao entrevistador. Por exemplo, à pergunta: "O que você sabe sobre nossa empresa?". O candidato responde: "Li o relatório anual e os indicadores financeiros revelam crescimento orgânico sustentável". Essa é uma resposta brilhante. E péssima. Porque o candidato bem preparado invadiu uma área perigosa, chamada "região de ignorância do entrevistador". Que pode não ter lido o relatório anual da própria empresa. E começa a ficar com raiva do candidato.

Segunda pergunta: "Se você vier a trabalhar conosco, quais são suas expectativas?". Resposta: "Quero, um dia, ser o presidente da empresa". Uma resposta ambiciosa. E péssima. Porque o entrevistador nem sonha em ser presidente da empresa. Aliás, pode ocupar a mesma função há dezoito anos, e ainda usar o mesmo grampeador que requisitou no almoxarifado em 1991. Agora, aparece um chato bem preparado dizendo que quer ser chefe do chefe do chefe do entrevistador.

A mesma coisa acontece quando o candidato menciona, só por mencionar, que fez MBA, sem saber se o entrevistador nem sequer concluiu a faculdade. Por mais bem preparado que o candidato esteja, não pode esquecer que o poder de contratá-lo, ou não, está inteiramente nas mãos do entrevistador. Por isso, em entrevistas, o candidato sempre deve, antes de mais nada, dar a impressão de que o grande sonho de sua vida é ser um pouquinho *menos* que o entrevistador.

A menos imperfeita

Quem já não perdeu boas oportunidades de emprego porque derrapou na mesma pergunta durante as entrevistas? A pergunta é até fácil: "Por que você quer sair de sua empresa atual?". Se a pergunta é fácil, a resposta também deveria ser. Não necessariamente. Muitas pessoas vão logo dizendo a verdade. E com detalhes. Contam que a ex-empresa não tinha bom ambiente de trabalho, não oferecia muitas perspectivas de futuro, e os chefes eram meio quadrados, contrários a qualquer novidade. Logo, levam "bomba".

Na segunda tentativa, mudam o discurso. Dizem ao entrevistador que estavam em busca de novos desafios. Novamente são descartadas. Qual seria, então, a resposta correta? Na primeira resposta, há sinceridade demais. Na segunda, artificialidade demais.

Não sei se existe "uma" resposta correta, mas sei qual foi a melhor resposta que ouvi até hoje. Há alguns anos, estava entrevistando uma candidata e fiz essa mesma pergunta a ela. Sua resposta: "Adoro a minha cidade, mas sei que existem cidades melhores. Adoro a casa onde moro, mas sei que existem casas melhores. Adoro a minha empresa, mas sei que, neste momento, estou diante de uma empresa melhor que aquela".

A resposta parece meio poética, mas é verdadeira e prática. Na mesma resposta, a candidata falou bem de nossa empresa e não falou mal da empresa em que trabalhava. Duas coisas positivas que todo entrevistador aprecia. O que a candidata quis dizer é que não existe empresa perfeita. Mas sempre existem algumas que são menos imperfeitas que outras.

Como nossos pais

Na primeira entrevista que fiz para conseguir meu primeiro emprego, ouvi a seguinte pergunta do encarregado: "Você é filho de quem?". Disse o nome de meu pai. Veio, então, a segunda pergunta: "Onde seu pai trabalha?". Disse o nome da empresa. Terceira pergunta: "Há quanto tempo seu pai trabalha lá?". Meia dúzia de perguntas depois, não havia respondido nada sobre mim mesmo. Apenas sobre meu pai. Comecei a desconfiar que o encarregado queria contratar meu pai. Ou, então, estava confundindo competência profissional com genética. Notando meu desconforto, o encarregado perguntou se eu não queria ser igual a meu pai. Disse que não. Não que quisesse ser melhor que ele, mas queria ser diferente. Seguir meu próprio caminho. No final, consegui o emprego.

Quando cheguei em casa, contei sobre a entrevista a meu pai e achei que ele iria ficar irritado. Não ficou. Disse apenas: "Se você quisesse ser o que consegui ser, teria sido um fracasso como pai". Hoje, as empresas não perguntam mais nada sobre os pais dos candidatos. Mas queiram ou não os filhos, os pais continuam a ser a primeira e a maior influência na vida profissional de seus filhos. Ou as mães, já que há, cada vez mais, mãe acumulando a função de pai.

No livro *Aprendi com meu pai*, artistas, escritores e profissionais de várias áreas relatam as primeiras e fundamentais influências paternas. Os filhos vão descobrir que todos os pais são mais ou menos iguais. E que, no fundo, os pais querem apenas uma coisa: que os filhos aprendam a fazer as escolhas certas. As discussões entre os dois acontecem porque o que um acha certo, o outro não acha. Como dizia uma velha canção, ainda é melhor brigar juntos do que chorar separados.

Hoje, as empresas não perguntam mais nada sobre os pais dos candidatos. Mas queiram ou não os filhos, os pais continuam a ser a primeira e a maior influência na vida profissional de seus filhos.

Melhor zebra que abelha

Em uma dinâmica de grupo para uma vaga na área de marketing, uma coordenadora pediu que cada participante pensasse bem e respondesse à pergunta: "Se você fosse um bicho, que bicho gostaria de ser?". Uma das candidatas respondeu que preferia ser uma abelha, porque ela tem tudo o que uma empresa quer de um funcionário. É organizada, sabe trabalhar em grupo, respeita a hierarquia e é muito produtiva. A coordenadora anotou o que cada participante disse, sem fazer nenhum comentário. E a candidata não conseguiu a vaga. O que a coordenadora estava avaliando era a capacidade de todos de formular boa resposta. E, principalmente, a habilidade de argumentação e de convencimento dos candidatos na hora de cada um justificar a escolha que fez. A abelha seria ótima resposta se a vaga fosse para a área de vendas e não de marketing, como era o caso.

Por coincidência, uma empresa em que trabalhei usava essa mesma pergunta nas dinâmicas de grupo. Lembro de uma resposta incrível, dada por um candidato à área de marketing. Depois que os outros já haviam escolhido os melhores bichos, o último candidato respondeu: "Só existe uma maneira de conseguir esse emprego. Como todo mundo aqui é melhor do que eu, queria ser a zebra". Ele foi contratado. Porque a resposta tinha o ingrediente mais valorizado em marketing: a criatividade.

Agressivo, bonzinho ou enigmático

Entrevistadores são diferentes e podem reagir de maneira diferente a uma mesma resposta. Por isso, a primeira coisa que um candidato deve fazer é decifrar o entrevistador. Existem três tipos de entrevistadores:

1. *aquele que parece ser contra o candidato.* Suas perguntas são agressivas: "Por que você quer sair de seu emprego atual?". Ou: "Você já teve algum problema de relacionamento?". Alguns tentam até desconcertar o candidato. Se ele cursou uma faculdade pouco conhecida, o entrevistador diz que nunca ouviu falar

dela e pergunta onde fica. Resultado, o candidato está sempre na defensiva.

2. *o que deixa o candidato à vontade.* Passa a impressão de que o candidato está praticamente contratado. É o entrevistador boa gente, que sorri, diz ao candidato que pode pensar o tempo que quiser antes de responder e ainda ajuda em uma ou outra resposta.

3. *o enigmático.* Faz perguntas curtas, ouve as respostas sem demonstrar qualquer reação e provoca longas pausas durante a entrevista. No primeiro caso, o candidato acha que foi mal. No segundo, acha que foi bem. No terceiro, sai na dúvida.

Nos três casos, há uma coisa que o candidato deve evitar: falar demais. Quando o entrevistador é amigão, o candidato faz confidências que não deveria fazer. Quando é enigmático, o candidato tenta preencher as pausas da conversa, mesmo quando não tem o que acrescentar. O candidato deve ter em mente que o entrevistador é como a esfinge, que dizia: "Decifra-me, ou te devoro".

Parado há meses: como explicar?

Quem está desempregado tem cada vez mais dificuldade para explicar, em uma entrevista de emprego, por que está parado há tantos meses. Por algum motivo, as empresas preferem profissionais que já estão empregados. Ou que estão sem emprego há pouco tempo. Por isso, quanto mais os meses forem passando, mais diminuirão as chances de o candidato conseguir um emprego equivalente ao que tinha antes.

Existem duas coisas possíveis de se fazer em uma situação dessas. Na verdade, três. A terceira, e a pior delas, é aceitar qualquer emprego com um salário muito mais baixo que o anterior. Essa opção é válida apenas em caso de desespero. A melhor opção é preencher o tempo com atividades sociais. Por exemplo, procurar uma ONG e fazer trabalho voluntário. Além de pegar bem em currículos e em entrevistas, isso demonstra que a pessoa está sabendo aproveitar o tempo de descanso, entre aspas, que o destino lhe proporcionou.

Outra opção, pouco usada, mas bem interessante, é abrir uma empresa. O custo de manter uma empresa é relativamente baixo. Um amigo meu fez isso. Abriu uma consultoria. E começou a atender gratuitamente entidades filantrópicas. Essa atitude permitiu a meu amigo não ter de explicar, sempre que era entrevistado, por que estava desempregado. Tecnicamente, ele não estava. Melhor ainda, era empresário, disposto a retornar ao mercado de trabalho. Como abrir uma empresa no Brasil demora, uma boa dica para quem está empregado é fazer isso. Já. Custa pouco, mas, no futuro, pode ajudar muito.

E o retorno que não vem

Quando participa de um processo de seleção, e não recebe nenhuma resposta da empresa, qual atitude deve tomar o candidato? Pega mal ligar para a empresa e perguntar como está o processo? Ou perguntar por que não foi o escolhido? Pense por alguns minutos.

> Uma opção é abrir uma empresa. O custo é relativamente baixo. Essa atitude permite não ter de explicar por que ainda se está sem emprego.

Chegou a uma conclusão? Pois o melhor a fazer, no momento em que colocar o pé para fora da sala do entrevistador, é esquecer a entrevista. Se a pessoa está empregada, deve se concentrar em seu trabalho atual. Caso esteja desempregada, deve se concentrar na próxima entrevista. Praticamente ninguém faz isso. Parece que o cérebro vira um bipe que fica mandando sempre a mesma mensagem a cada dois minutos: "E a entrevista? E a entrevista? E a entrevista?". Isso gera um estado de ansiedade, tira o foco, e não resolve nada. Salvo raríssimas exceções, as empresas se comportam, depois das entrevistas, como um juiz se comporta depois de marcar um pênalti. A decisão está tomada e não tem conversa.

Mesmo as poucas empresas que se preocupam em dar retorno bem-educado, não fornecem os reais motivos. Seria bom se uma empresa dissesse: "O problema é que você criticou sua empresa anterior". Ou, melhor ainda, "seu problema é que você não mostrou entusiasmo para trabalhar em equipe". Nada disso. A explicação é sempre vaga. Porque empresas não têm interesse em desenvolver bons candidatos para outras empresas.

O melhor é pensar que o processo acabou quando a entrevista terminou. Um amigo meu ignorou essa lógica. Ao fim da entrevista, já no aperto de mão, perguntou ao entrevistador: "Caso não venha a ser contratado, posso ligar para receber *feedback*?". Parece boa pergunta. Mas o entrevistador respondeu: "Por que você acha que não será contratado?". Meu amigo, até hoje, acredita que perdeu a vaga por causa daquela pergunta.

> O melhor é pensar que o processo acabou quando a entrevista terminou.

Três erros básicos

Qualquer que seja a idade do candidato, e qualquer que seja

o cargo em questão, uma entrevista de emprego sempre gera tensão. Por mais autocontrole que um candidato tenha, ficará nervoso como um artista que entra em um palco. Porque ali, naqueles quinze minutos, ou naquela hora, pode ser decidido o futuro. Ou, pelo menos, o futuro próximo. Muitas vezes, um candidato pode dar uma derrapada antes mesmo de entrar na sala do entrevistador. São pequenas mancadas que acabam tendo influência na escolha final. Aqui vai uma lista delas:

- *usar a roupa errada.* Cada empresa tem suas normas, e o candidato deve seguir o padrão dela. Nem que seja para, no dia anterior ao da entrevista, postar-se na rua em frente à empresa e observar as pessoas que entram e saem.
- *chegar na hora errada.* Muito antes da hora marcada, vinte ou trinta minutos antes, passa a impressão de desespero para conseguir o emprego. Chegar em cima da hora provoca a idéia de desinteresse, ou de falta de planejamento. Chegar atrasado não tem desculpa. O ideal é chegar dez minutos antes.
- *não ser cordial.* A simpatia deve começar na portaria, continuar na recepção e se propagar com pessoas no elevador e com qualquer um que cruze o caminho do candidato. Como ainda não sabe quem é quem na empresa, alguém que o candidato ocasionalmente encontrou pelo caminho pode influir na decisão da contratação com um simples comentário.

Passar a imagem de simpatia ajuda muito. Mais importante, estar vestido adequadamente, chegar no horário correto e ser cordial com todo mundo são coisas que ajudam o candidato a ficar mais tranqüilo. Como se estivesse pensando: se tudo deu certo até agora, nada mais vai dar errado. Essa atitude positiva diminui a tensão. E os mais relaxados sempre se saem melhor em entrevistas.

Quanto você quer ganhar?

Qual é sua pretensão salarial? Essa perguntinha tem incomodado muita gente na hora de preencher uma ficha de emprego. Ou na hora de elaborar um currículo. Ou na hora de uma entrevista. O receio é de pedir muito e ser eliminado do processo. Ou de pedir pouco e ser contratado por um salário indecente. Se a pergunta foi feita, quem perguntou espera ler, ou ouvir, algum número. Logo, a resposta não pode ser "a combinar". Também não faz muito sentido responder "aberto a negociação", porque emprego não é barganha em feira livre. Há também quem responda: "Depende das demais condições oferecidas". Isso é verdade, porque uma empresa pode oferecer benefícios que outra empresa não oferece. Mas, mesmo assim, não responde à pergunta básica, que é: "Quanto você quer ganhar?".

A melhor maneira de responder a essa pergunta é lendo jornais. Pelo menos uma vez por mês, e normalmente em um domingo, os maiores jornais publicam pesquisas salariais. Essas pesquisas são divididas pelo tamanho das empresas: pequena, média e grande. E listam uma razoável quantidade de cargos e funções. Cada uma das funções traz um valor médio. Então, é preciso saber qual é o tamanho da empresa que está interessada em nós. Pode-se saber isso pelo faturamento da empresa, ou pelo número de empregados. Basta pegar o valor que está na pesquisa, subtrair 10% e somar 10%. Chega-se a uma faixa. Essa faixa deve ser a pretensão salarial.

É bom lembrar que empresas não perguntam sobre pretensão salarial para contratar os candidatos mais baratos. A pergunta é feita para que a empresa possa ter certeza de que irá contratar pessoas que ficarão satisfeitas com o salário oferecido.

A galinha: o que fazer com ela?

Um jovem de dezenove anos participou de uma dinâmica de grupo para uma vaga de *trainee* em uma grande empresa. A psicóloga que estava conduzindo a dinâmica fez, a certo momento, uma pergunta bastante esquisita: "Se você ganhasse uma galinha viva, o que faria?". Provavelmente, a psicóloga queria descobrir em qual área da empresa cada um dos candidatos se encaixaria melhor. Alguém de recursos humanos daria a galinha de presente a uma pessoa necessitada. Alguém da área comercial venderia a galinha. Alguém da área financeira começaria a pensar nos custos que iria ter para manter a galinha. Alguém de marketing visualizaria uma campanha publicitária, porque a galinha é símbolo de fertilidade. Alguém com espírito empreendedor começaria a pensar em ter mais galinhas para abrir uma granja. Alguém de sistemas e métodos tentaria fazer a galinha botar o dobro de ovos por dia. Pessoas práticas simplesmente responderiam que comeriam a galinha no almoço.

O mais importante é que os jovens saibam que não existem regras, muito menos cursos que ensinam como se comportar em uma dinâmica de grupo. Como há muitos candidatos iguais, esse processo é a maneira de identificar aqueles poucos que são diferentes. O objetivo é descobrir quem consegue dar respostas lógicas para perguntas absurdas. Ou respostas criativas para perguntas banais.

E o candidato fica a ver navios

Muita gente se queixa de que, depois de uma entrevista de emprego, as empresas não têm qualquer consideração para com os candidatos rejeitados. Algumas ligam para dizer apenas que o processo foi encerrado. Outras deixam os candidatos em uma dúvida cruel durante semanas. As que ligam, nunca sabem responder quais foram os motivos do "corte", já que a pessoa que liga diz que é apenas a encarregada de dar a notícia.

Uma empresa deveria ser obrigada a informar um candidato por que não foi escolhido? Assim, ele poderia se preparar melhor para a próxima entrevista? Obrigação, a empresa não tem. Poderia ter cortesia. Mas existem dois motivos para que não dê informações detalhadas ao candidato. O primeiro motivo é que a empresa não sabe. Nenhum entrevistador anota cada resposta que o candidato deu, ou cada movimento que fez. O bom entrevistador enxerga o conjunto da obra e chega a uma conclusão com base na experiência que tem. Quinze dias depois, é impossível lembrar o que cada candidato respondeu.

O segundo motivo é que não existem candidatos ruins em um processo. Existe candidato muito bom. Na entrevista, demonstra ter, além da parte técnica e da formação escolar, algo que as empresas chamam de "o perfil". Explicar para um candidato não-aprovado o que é "o perfil" é muito difícil. E, mesmo que a empresa tente explicar, ele vai pedir detalhes e mais detalhes. Se a resposta fosse "você não usa desodorante", seria fácil. Mas nunca é. Além disso, a explicação não servirá para nada, porque "o perfil" varia de empresa para empresa. É por isso que as empresas escolhem o caminho mais fácil. Não dizer nada. Ao candidato, resta pensar que não foi rejeitado. Apenas desta vez não foi o escolhido.

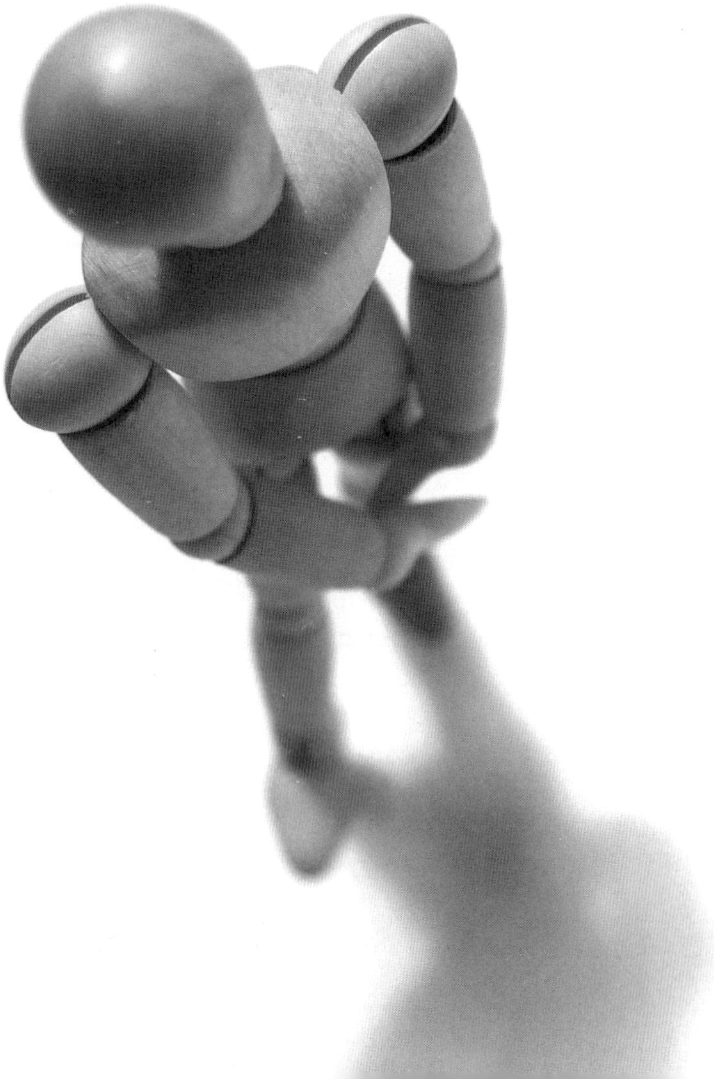

F de Fobia de férias

Mais do que necessárias, férias são indispensáveis. É o que dizem os médicos. Férias eliminam o estresse acumulado. Ajudam a esquecer as preocupações. Muitas pessoas acham que onze meses de trabalho e apenas um mês de descanso é uma crueldade e que deveria ser o contrário.

Para quem trabalha, tirar férias uma vez ao ano parece ser a coisa mais natural do mundo. Mas não é bem assim. A obrigatoriedade de uma empresa conceder férias para seus empregados começou no século XX. Antes, as pessoas trabalhavam doze meses por ano, seis dias por semana, doze horas por dia. Nunca saíam de férias. Mas agora o mundo mudou, certo? Não. Na China, por exemplo, ainda não existem férias. As empresas param apenas dez dias por ano, divididos em três períodos fixos. Um de quatro dias e dois de três dias. Quatro desses dez dias são feriados nacionais. É o que chamamos de feriadão e não de férias.

Como o Brasil não é a China, por que muitas pessoas não saem de férias? Todos nós conhecemos alguém que diz, com orgulho, que não tira férias há cinco anos. Como tudo tem explicação, os médicos já encontraram uma: isso se chama fobia de férias. Esse medo ocorre por vários motivos, o primeiro é a insegurança. E se a empresa, de repente, descobrir que o empregado não faz falta? E se um colega com salário menor fizer o trabalho de modo mais eficiente? O segundo motivo é a impressão que algumas pessoas têm de que são mais importantes do que realmente são. Gente assim costuma dizer: "Se sair, a empresa pára". O terceiro motivo – esse é real – é que empresas vêm cortando seus quadros de funcionários. Isso faz a pessoa acumular o trabalho que antes era feito por dois ou três empregados. Se ela sair de férias, é como se a empresa ficasse sem três funcionários ao mesmo tempo. Então, essa pessoa é vista pela empresa como "dedicada".

Tirar férias não é uma decisão do empregado. Conceder férias é uma obrigação da empresa. Está na lei. E aí surge a fobia. As pessoas saem de férias como se fossem obrigadas, sentindo-se culpadas. Não conseguem se desligar da empresa e levam trabalho para fazer nas férias. Deixam o número do celular com dezenas de colegas para casos de emergência. Quando ninguém liga, a preocupação aumenta ainda mais. No quinto dia de férias, a pessoa já está falando em voltar para ver como andam as coisas.

Quem tem fobia de férias gosta de dizer que se sente de férias quando está trabalhando e perdido quando está longe do trabalho. Na pior das hipóteses, para aqueles que se encaixam nessa condição, a recomendação é quebrar as férias. Tirar férias chinesas, em quatro períodos de cinco dias por ano, de segunda a sexta. Juntando dois sábados e dois domingos, antes e depois, cinco dias viram nove. São 36 dias de férias por ano em suaves prestações.

Fazendo assim, dá para relaxar? Não totalmente. Mas já é um começo. Pessoas que nunca saem de férias são mais sujeitas a problemas cardíacos e hipertensão. Por isso, a recomendação é simples: em caso de fobia de férias, não fique em dúvida. Consulte o médico. De preferência, um médico que costume sair de férias.

Quem tem fobia de férias gosta de dizer que se sente de férias quando está trabalhando e perdido quando está longe do trabalho.

Doente por trabalho

Existem pessoas que trabalham doze, treze, catorze horas por dia. Mesmo nos raros momentos de lazer, o assunto favorito delas continua sendo trabalho. Esse trabalhador compulsivo tem nome em inglês: *workaholic*. A palavra é junção de *work*, trabalho, com *alcoholic*, alcoólatra. As empresas norte-americanas gostaram da palavra. Mas, convenientemente, deturparam o sentido. Um *workaholic* que trabalhava catorze horas por dia, incluindo finais de semana, tornou-se o modelo de funcionário superprodutivo, que coloca os interesses da empresa acima até de sua vida pessoal. É por isso que qualquer *workaholic* descreve sua condição com orgulho e não com preocupação.

No começo dos anos 1990, a empresa em que trabalhava se deu conta de que alguns gerentes, na faixa dos trinta a quarenta anos, demonstravam preocupantes sinais de desgaste físico e emocional. E encomendou um estudo. Resultado: esses gerentes teriam uma carreira mais curta, porque seriam incapazes de manter aquele ritmo alucinado por muito tempo. O *workaholic*, prevenia o estudo, logo perderia o pique e teria que ser substituído. O que os gerentes fizeram depois de ler o resultado? Imediatamente, deixaram de trabalhar catorze horas por dia e passaram a trabalhar quinze para demonstrar que a empresa não tinha com o que se preocupar.

> Esse trabalhador compulsivo tem nome em inglês: *workaholic*. A palavra é junção de *work*, trabalho, com *alcoholic*, alcoólatra.

Um legítimo *workaholic* é assim mesmo. Sem limites, focado apenas no que está acontecendo agora. Mas e amanhã? Bom, diria qualquer *workaholic* que se preze, amanhã é desculpa de quem não tem o que fazer hoje.

O termo *workaholic* surgiu em 1971, nos Estados Unidos, em um artigo escrito por um professor de psicologia, chamado Wayne Oates. Já no primeiro parágrafo, Oates deixava claro que o *workaholic* não é um exemplo a ser seguido. É um doente que precisa de tratamento.

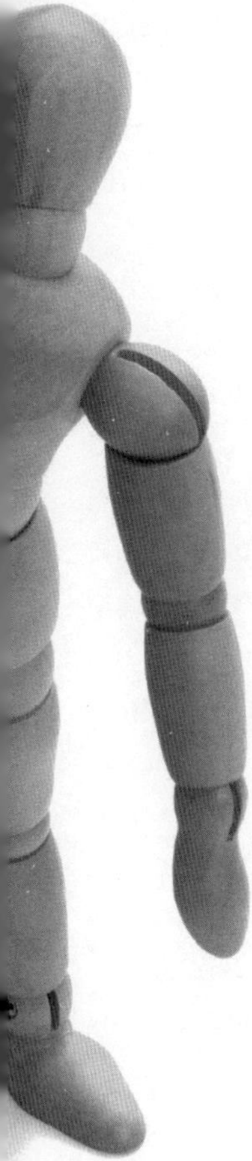

F de Festa

HÁ QUEM GOSTE, HÁ QUEM DETESTE e há quem faça de conta que sente prazer em ir à festa de fim de ano da empresa. Quem gosta chama de confraternização. Quem detesta, de encheção. Quem faz-de-conta começa perguntando se é mesmo obrigado a comparecer.

Toda festa de fim de ano se divide em três partes: o antes, o durante e o depois. Respectivamente, o planejamento, a execução e as explicações. O grande momento da festa é uma cerimônia chamada amigo-secreto. Para evitar que alguém fique sem presente é feito um sorteio. Algumas pessoas são obrigadas a comprar um presente para um colega a quem jamais pensariam em dar um presente. Para os mais azarados, o amigo-secreto do final do ano pode ser o inimigo declarado do ano inteiro.

A parte mais importante do amigo-secreto não é o presente, é um pequeno discurso. Quem vai dar o presente começa a dar dicas de quem é o amigo. E o restante das pessoas fica tentando adivinhar. O restante, no caso, é aquele grupo chamado "tem quem goste", que demonstra enorme empolgação. Porque o grupo "tem quem deteste" se isola em um canto, olha o relógio a cada instante e exercita a virtude da paciência. Já o grupo faz-de-conta fica imaginando como seria bom se alguns chefes e colegas fossem atenciosos o ano inteiro e não apenas um dia por ano.

Outra parte essencial da festa de fim de ano é o coquetel. E as conseqüentes explicações, que serão dadas depois. Porque, conforme o coquetel avança, as pessoas vão se revelando. Os emotivos choram. Os contidos abraçam e beijam. Os calados contam segredos. Os felizes ficam muito mais felizes, os chatos se tornam ainda mais chatos.

Para quem tem amor à carreira, aqui vão quatro dicas:

1. Não exagere na bebida. Encha uma taça, tome um gole e fique circulando com ela.

2. Escute muito e fale pouco.

3. Concentre-se nos elogios. Não critique nada nem ninguém, e jamais concorde com quem está criticando alguém.

4. No momento em que pensar se já está na hora de ir embora, é porque a hora de ir embora já passou.

A festa do elefante branco

Toda empresa tem duas ou três pessoas que ficam entusiasmadas com a estranha festa de amigo-secreto. Depois de alguma pressão, conseguem convencer o restante a participar. Todos os anos, quando a cerimônia se aproxima, pessoas sensatas se perguntam: quem foi que teve essa infeliz idéia?

Resposta: os americanos do norte. No final da década de 1960. Nos Estados Unidos, o amigo-secreto, embora seja usada a expressão *secret friend*, é mais conhecido como a "festa do elefante branco". Lá no começo, a festa era bem mais engraçada do que é hoje. Cada funcionário escolhia alguma coisa que tinha em casa e não usava, ou detestava. Por exemplo, um par de pantufas douradas. Que levava para o escritório bem embrulhadinho. Cada pacote era numerado, e cada funcionário sorteava um número de um saquinho, ganhando, por assim dizer, um presente de um amigo-secreto. Secreto mesmo, porque ninguém se identificava. Como resultado, os mesmos presentes passavam de mão em mão, ano após ano. E todo mundo se divertia.

Um dia, alguém resolveu organizar a coisa. Criar regras. Escrever um manual de amigo-secreto. Com preço máximo para os presentes e com sorteio feito antecipadamente para que a pessoa soubesse quem iria presentear. Foi nesse momento que a "festa do elefante branco" chegou ao Brasil, no fim da década de 1970. Aqui, incluímos uma novidade: um discurso prévio, pretensamente divertido, que começa com a frase: "Meu amigo é...". A pessoa vai dando dicas do tipo: "Ele só usa desodorante uma vez por semana". O grupo tenta adivinhar quem é o amigo. Esse exercício de constrangimento coletivo dura de trinta a 45 minutos. Pensando bem, há uma vantagem: ajuda a matar o tempo. Ou será que alguém está a fim de trabalhar na antevéspera de Natal?

Réveillon é para reviver

Durante as centenas de festas de *réveillon*, por volta das onze e meia da noite, quando todos os bons assuntos já estiverem se esgotando, um curioso certamente irá perguntar: "Alguém sabe o que significa *réveillon*?". Normalmente, ninguém sabe, nem está interessado em saber. Talvez o Brasil seja o único país do mundo em que a pergunta "onde você vai passar o *réveillon*" queira dizer "em que lugar você estará, exatamente à meia-noite, no dia 31 de dezembro?". Em qualquer outro país cristão, a mesma pergunta terá como resposta: "Qual?". Porque existem vários *réveillons*, o mais importante deles acontece em 24 de dezembro, véspera de Natal.

A tradição nasceu na França, e o verbo francês *réveiller* significa acordar, ou reviver. Desde o século XVII, na noite do dia 24, depois da missa de Natal, celebrada sempre à meia-noite, as famílias se reuniam em suas casas para a ceia. O objetivo era reviver o nascimento de Jesus e acordar para o lado espiritual de seu significado. Com o tempo, a tradição foi se esticando em várias outras ceias menores, estas já reunindo amigos de outras famílias, entre os dias 26 de dezembro e 6 de janeiro. Uma delas era a ceia de 31 de dezembro, chamada *réveillon* de São Silvestre. E foi essa que pegou no Brasil.

Por aqui, o *réveillon* tradicional, a ceia de Natal, nem existe. Existe, sim, a maior celebração coletiva de *réveillon* do mundo, na praia de Copacabana, no dia 31. O brasileiro tem pouco, ou quase nada, a ver com o sentido espiritual do nascimento de Jesus. O importante mesmo é festejar a chegada do ano-novo. Que será lindo, perfeito, maravilhoso. Pelo menos da noite do dia 31 até o fatídico momento da volta ao trabalho.

Ato banal

A festa de amigo-secreto, ou amigo-oculto, começou havia quarenta anos, na segunda metade da década de 1960. Naquela época, o mercado de trabalho era bastante diferente do que é hoje. As pessoas passavam a vida inteira em uma única empresa. A ambição de ser promovido era bem menor. Portanto, havia menos competição entre colegas de trabalho e mais espírito de camaradagem. Atualmente, o funcionário se tornou mais individualista. E isso fez a festa de amigo-secreto se tornar, em muitas empresas, uma cerimônia de faz-de-conta. Ou seja, durante meia hora, as pessoas fazem de conta que são

O importante mesmo é festejar a chegada do ano-novo. Que será lindo, perfeito, maravilhoso. Pelo menos da noite do dia 31 até o fatídico momento da volta ao trabalho.

todas amigas. Embora, no restante do ano, um "amigo" não hesite em puxar o tapete do outro.

Muitos funcionários sentem-se obrigados a fingir sinceridade quando presenteiam alguém de quem não gostam. E muitos não têm a espontaneidade de elaborar um discurso positivo, homenageando alguém com quem raramente conversam durante o expediente. Muitas dessas pessoas não teriam amizade fora do ambiente de trabalho e, caso se cruzassem na rua, nem sequer se cumprimentariam. Pior: inimigos declarados precisam fingir que são grandes amigos.

Em diversas empresas, o amigo-secreto é um ato mecânico e banalizado. Que poderia muito bem ser chamado de a hora da falsidade. Se uma empresa quisesse mesmo encontrar maneiras de promover a integração e a união de seus funcionários, deveria fazer uma pesquisa secreta sobre o amigo-secreto. Sem que fosse necessário se identificar, cada um responderia se queria ou não participar. E sem ter que oferecer justificativas, caso não queira. Essa simples pesquisa revelaria muito mais sobre o ambiente de trabalho do que meia hora anual de abraços e discursos.

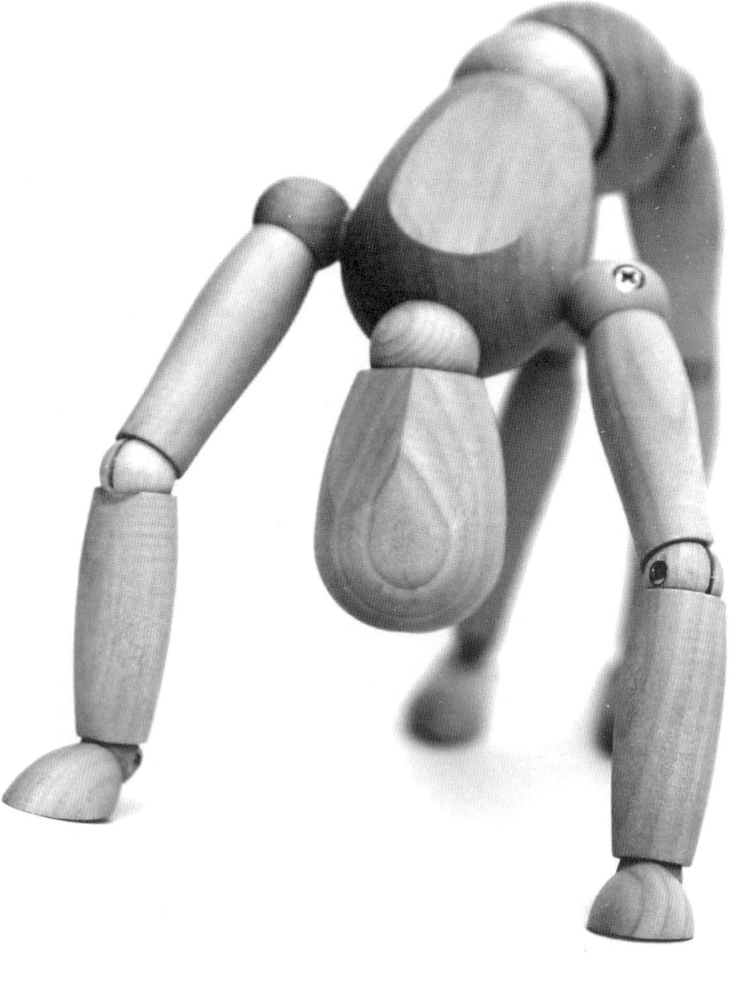

F de Formação

QUANTO VALE UM DIPLOMA? E quais diplomas valem mais? Estas são perguntas que atormentam os jovens, os pais dos jovens, e muita gente que já não é tão jovem. Para entender melhor a situação, vamos voltar um pouco no tempo. Cem anos atrás, oito, de cada dez brasileiros, eram analfabetos. O simples fato de saber ler e escrever já garantia emprego razoável em uma repartição ou em um escritório. Foi a partir da década de 1940 que as empresas passaram a exigir diploma do curso primário nas contratações. Quinze anos depois, a exigência passou a ser ginásio completo, ou oito anos de estudos. E o que fazia a diferença, naquela época, era o diploma de datilografia. Hoje, as crianças, que aprendem a digitar em casa, e sozinhas, talvez não entendam por que seus avós tiveram que aprender a digitar em um curso com duração de seis meses. O motivo é simples: as empresas faziam questão do diploma de datilografia. Ter a prática não era diferencial. Mostrar o diploma era.

Lá pela metade da década de 1960, de cada cinco mil brasileiros apenas um tinha curso superior. Era chamado de doutor, ainda que não fosse. A partir da década de 1970, começou a proliferação de faculdades no Brasil. E os filhos da classe média puderam tirar o diploma de curso superior. De repente, um diploma – de qualquer faculdade, mesmo desconhecida – tornou-se grande diferencial e garantia de bom emprego.

Isso durou quinze anos. Na década de 1980, quando a faculdade já havia deixado de ser privilégio de uma minoria, as pessoas com curso de inglês eram vistas com outros olhos. Na década de 1990, com conhecimento de informática. Nos últimos dez anos, com pós-graduação. Ou MBA, pós-graduação que tem uma sigla mais sonora.

Se fizermos uma continha simples, vamos chegar a uma conclusão meio absurda: na década de 1960, um jovem que tivesse três mil horas de estudos conseguiria emprego ganhando três salários mínimos por mês. Atualmente, para ganhar os mesmos três salários mínimos, um jovem precisa de doze mil horas de estudos. Quatro vezes mais tempo estudando para ganhar a mesma coisa. Isso é justo? É a realidade do mercado de trabalho.

Hoje, de cada 150 brasileiros, um tem diploma de faculdade. É ótimo. Porém, nos últimos vinte anos, o Brasil formou mais jovens do que criou empregos para jovens bem-formados. Isso levou a outra situação absurda: um marceneiro está ganhando mais que um dentista. Um mecânico que sabe falar inglês encontra emprego mais facilmente do que um engenheiro que sabe falar inglês. Porque, nas empresas, existe carência de bons mecânicos e excesso de engenheiros.

Então, não vale mais a pena ter diploma de curso superior? Claro que vale. A falta dele fecha as portas de grandes empresas para jovens que querem construir uma carreira. Mas é preciso ir além desse diploma. Estudar sempre, aprender muito. Quem não tem condições de fazer MBA caríssimo, pode freqüentar cursos de curta duração. Isso mostra interesse e disposição de aprender. E as empresas valorizam esse esforço.

Quem não tem condições de fazer MBA caríssimo, pode freqüentar cursos de curta duração. Isso mostra interesse e disposição de aprender. E as empresas valorizam esse esforço.

Mas as empresas apreciam também a experiência prática. Um jovem perguntaria: se preciso estudar tanto, como vou achar tempo para adquirir experiência prática? Uma dica é prestar trabalho voluntário em uma organização não-governamental, mesmo sem ganhar nada. As ONGs precisam de colaboradores, e esse trabalho terá peso importante na hora da entrevista de emprego. Principalmente nas grandes empresas, cada vez mais preocupadas com responsabilidade social.

Estudar é preciso. Essa é a regra do mercado de trabalho no século XXI. Vale para quem tem quinze anos. E também para quem tem cinqüenta.

Curso superior serve para que mesmo?

Um levantamento do IBGE mostrou que, no Brasil, 73% dos ocupantes de cargos de chefia, em empresas públicas ou privadas, não têm curso superior. Muita gente ficou estarrecida ao saber disso. Mas também houve quem tenha se animado. Que pensou seriamente em trancar a matrícula na faculdade. Quem ponderou que o principal mandatário do Brasil, responsável por um orçamento de "zilhões" de reais, não tem curso universitário. Logo, conclui-se, para que estudar, se ele pode ser chefe sem ter feito faculdade? Conclusões precipitadas, diria.

Eleição não pode ser confundida com contratação. Chefes de empresas não são contratados pelo voto direto e secreto dos funcionários. A pesquisa deve ser entendida como uma foto, que registra um instante no tempo. Essa foto apenas revelou que 73% dos chefes são remanescentes de uma época em que o curso superior ainda não era necessário. Se todos esses chefes, por qualquer

> No Brasil, 73% dos ocupantes de cargos de chefia não têm curso superior.

motivo, perdessem o emprego hoje, teriam muitas dificuldades de conseguir empregos semelhantes.

Em concursos públicos, boa parte das vagas disponíveis não exige curso superior. A diferença está no salário inicial. Vagas que exigem nível médio pagam entre 2 mil reais e 2.500 reais por mês. Vagas que exigem nível superior pagam o dobro. O que está acontecendo é que pessoas com nível superior concorrem a vagas que exigem nível médio. E têm mais chances de consegui-las. No final das contas, o estudo acaba fazendo diferença. Essa é uma verdade mundial.

Na média do mercado de trabalho, quem estuda mais, ganha mais. O que a pesquisa dos 73% mostra é que 27% dos chefes têm curso superior. Trinta anos atrás, eles eram menos de 15%. Daqui a trinta anos, serão mais de 50%. Algum dia, serão todos.

Estudar cada vez mais

Educação continuada é vital, porque, por meio dela, os profissionais conseguem outra coisa, também vital, chamada atualização. Gente que entrava no mercado de trabalho até a metade da década de 1980 não tinha essa preocupação, já que não era preciso ter. Foi uma geração que não se incomodou demais em aprender idiomas. Nem em entender as imensas possibilidades da informática. Nem sequer em continuar freqüentando escolas.

Vagas que exigem nível médio pagam entre 2 mil reais e 2.500 reais por mês. Vagas que exigem nível superior pagam o dobro.

Não é que aquela geração fosse preguiçosa. É que, na época, o acúmulo de conhecimento era mais luxo que necessidade.

Arranhar inglês já era algo acima da média. Confesso que fui admitido por uma multinacional que exigia inglês fluente, mas sabia falar apenas *yes* e mais dez palavras. Não que meu *yes* fosse assim tão convincente, é que os outros candidatos sabiam falar *yes* e somente mais cinco palavras.

A partir da metade da década de 1990, começou a chegar ao mercado uma nova geração, de jovens estupidamente bem preparados. Uma moçada que via no micro um *hobby* e não um milagre eletrônico. Uma moçada que tinha uma batelada de cursos, muitos com nomes impronunciáveis. Uma moçada que aprendeu inglês surfando na internet. Uma moçada disposta a ganhar bem menos do que a geração anterior ganhava.

De repente, todo mundo descobriu que não podia mais parar de aprender. As filas do mercado de trabalho ficaram maiores. E suas portas, menores. O que hoje se chama de educação continuada foi o reflexo desse choque. Um choque que, na hora da contratação, ou da promoção, tirou parte do peso da experiência e a transferiu para o conhecimento. A regrinha da educação continuada é até bem simples: quem não estiver matriculado em algum curso, qualquer um, no mês que vem, está ficando desatualizado.

> A partir da metade da década de 1990, jovens bem preparados chegaram ao mercado de trabalho. Uma moçada que aprendeu inglês surfando na internet.

Marcas famosas

Quem não tem condições de freqüentar uma universidade famosa tem uma dúvida cruel: isso pode atrapalhar a carreira? Atrapalhar não atrapalha, mas não ajuda, caso a pessoa pretenda concorrer a uma vaga em uma empresa de grande porte. Empresas famosas gostam de faculdades famosas. Por exemplo, sem desmerecer outros cursos e outras universidades também importantes, mas Engenharia é no ITA. Administração, na GV. Economia, na USP. Basta o candidato mencionar isso, e não é preciso explicar mais nada.

Na cidade de São Paulo, devem existir quase três milhões de pessoas com curso superior. A maioria trabalha. E a grande maioria dessa maioria não se formou em universidades famosas. Portanto, se um profissional não conseguir emprego em uma grande empresa logo depois de formado, não deve desistir. Deve aceitar a melhor proposta que conseguir e não parar de estudar. E, no momento em que for possível, inscrever-se em pós-graduação, MBA, cursos de especialização. Tudo para enriquecer o currículo e colocar a pessoa em condições de competir por melhores vagas.

Outro aspecto importante é que uma faculdade de grife ajuda a conseguir bom emprego, mas não garante a permanência nele. No dia-a-dia, são os resultados práticos, e não os cursos, que impulsionam a carreira. Na cidade de São Paulo, há cerca de quatrocentos mil profissionais com cargos de gerência para cima. Nem 10% deles vieram de escolas famosas. Portanto, existe espaço para quem é bom. No começo, a escola ajuda. Depois, é uma questão de persistência e competência. E isso vale para São Paulo e para todas as cidades do Brasil.

Na cidade de São Paulo, há cerca de quatrocentos mil profissionais com cargos de gerência para cima. Nem 10% deles vieram de escolas famosas.

Como receita de bolo

Conheço muita gente que não pára de fazer cursos e mais cursos. Basta aparecer um com título estranho, como "pulverização estratégica macroglobalizada", e o pessoal já se matricula. Para que vai servir, não interessa. O que interessa é a quantidade.

Isso me lembra de uma lição que aprendi havia muito tempo sobre administração da própria carreira. É mais ou menos como fazer bolo. Quem já leu alguma receita de bolo, sabe que existem duas partes: a lista de ingredientes e o modo de preparar. No mercado de trabalho, parece que muita gente está dando mais atenção à lista de ingredientes do que ao modo de preparar.

No mundo corporativo, um bom bolo de carreira se faz com meia dúzia de ingredientes básicos, que todo mundo já tem – uma colherinha de talento, um punhado de integridade, uma porção de entusiasmo. Quando o bolo parece que não está agradando – ou seja, não gera promoções, ou propostas de empregos –, a pessoa sempre imagina que precisa de mais ingredientes. E sai fazendo cursos. No fim, o bolo terá tantos ingredientes que nem caberão na forma, quando tudo o que a pessoa precisaria ter feito era dosar os ingredientes, e não aumentá-los.

> É bom lembrar de um ingrediente essencial, pouco usado, e que não está disponível em nenhum curso. O bom humor.

É bom lembrar de um ingrediente essencial, pouco usado, e que não está disponível em nenhum curso. O bom humor. Muita gente acha que o bom humor deveria ser o prato principal em uma empresa, quando é apenas um ingrediente secundário, mas que muda completamente o gosto. Sem bom humor, o bolo azeda. Ou fica mais seco. Ou mais ácido. É incrível que, com tantos cursos que existem por aí, não haja um que ensine a sorrir de manhã e a dizer bom-dia.

Para não ser igual

Muita gente pergunta o que é MBA, qual é a importância do MBA e para que, afinal de contas, serve MBA. A sigla é americana, então comecemos pelos Estados Unidos. Nos States, ao concluir um curso universitário, o jovem formando recebe um *degree*. Se o curso concluído for ligado à área de administração de negócios, esse *degree* é chamado de *Business Administration*. Ou, abreviando, Beá. Em inglês, BA. *Degree* quer dizer grau. É por isso que, quando alguém se forma no Brasil, existe uma cerimônia chamada colação de grau. Essa colação não quer dizer que o aluno colou para conseguir o grau. Colação vem do latim e significa comparação. Quem recebe o diploma pode ser comparado, ou equiparado, aos profissionais da área de administração.

Acontece que, hoje, ser igual a tantos outros não tem nenhuma vantagem. Então, os americanos criaram outro curso, mais avançado, para diferenciar os que não querem ser iguais. Esse curso permite colocar a letra M, de *Master*, antes do BA. E daí surgiu a sigla MBA. No Brasil, até pouco tempo atrás, esse curso era chamado pós-graduação. Mas, como nomes em inglês impressionam bem mais, os cursos de pós-graduação em administração fizeram uma jogada de marketing e mudaram de nome. Agora, a maioria deles atende pela sigla MBA. E qual é a importância do MBA? Se um candidato a uma vaga mandar seu currículo para várias empresas, vai querer que esse documento sobressaia na pilha e impressione a quem o lê. Com uma faculdade de administração, o currículo vai ter *degree*. Já com MBA, o currículo muda de status e vai ter *pedigree*.

Aumento de salário depois de MBA

Fazer MBA ajuda mesmo a carreira? Na opinião quase unânime de quem não fez um, nem está pensando em fazer, MBA serve menos para adquirir novos conhecimentos e mais para inflar o ego. Essa percepção é confirmada toda vez que alguém consegue encaixar, em uma conversa sobre qualquer assunto, seu MBA. Menção absolutamente desnecessária.

A maioria das pessoas que cursou, ou está cursando MBA, não consegue resistir à tentação de transformar esse fato em notícia que precisa ser compartilhada com o restante da humanidade. Mas existe o lado sério revelado por pesquisas. O resultado de uma delas, em que foram entrevistados três mil profissionais, mostrou que o MBA teve belo impacto na carreira: 57% dos participantes disseram que a remuneração aumentou depois da conclusão do curso. Melhor ainda, 58% deles disseram que o MBA permitiu que conseguissem novo emprego. E espantosos 84% responderam que, depois de concluído o curso, seus superiores passaram a tratá-los melhor, com mais respeito, e a delegar mais responsabilidades.

No Brasil, há perto de mil cursos de MBA. Para todos os bolsos. Um curso completo pode variar entre 5 mil e 50 mil reais. Quais são os melhores? Os que não aceitam qualquer candidato. Aqueles que fazem processo seletivo, que incluem entrevistas, análises de currículo e vários testes práticos. Quem está pensando em cursar MBA, deve começar tomando cuidado. O de evitar escolas cuja única exigência é o preenchimento de um cheque.

I de Idade

QUAL É O FUTURO PROFISSIONAL DAS PESSOAS que já passaram dos cinqüenta anos? Para a maioria delas, o futuro é um enorme ponto de interrogação. Estamos vivendo uma situação nova. Quando os planos de aposentaria foram criados, na década de 1940, a expectativa de vida do brasileiro mal chegava aos cinqüenta anos. Então, tudo era simples. Na média, uma pessoa se aposentava aos 48 e se conformava em ficar esperando o chamado do Criador. Aposentadoria, naquela época, era sinônimo de velhice.

Hoje, a expectativa de vida do brasileiro já passou dos setenta anos. Dentro de dez anos, no máximo, chegará aos oitenta. Por isso, pessoas com cinqüenta ou sessenta anos de idade se ofendem quando são chamadas de idosas. Porque, de fato, não são. Têm saúde e entusiasmo. Têm muita experiência e se sentem dispostas para continuar trabalhando por mais vinte ou trinta anos. O problema é: trabalhar onde?

Nas grandes empresas, a idade-limite para contratações está beirando os quarenta anos. As exceções são poucas. Como essa é uma decisão empresarial, não adianta discutir se é justa ou não. O mundo não é justo, a vida não é justa e as empresas também não são.

Para quem tem mais de cinqüenta, e está procurando emprego, a primeira coisa a fazer é exame de consciência. "Não estou conseguindo emprego por causa de minha idade?" Ou "não estou conseguindo emprego porque não estou atualizado? Tenho o mínimo de estudo que as empresas agora estão exigindo? Entendo de informática? Arranho outro idioma?" Em mais da metade dos casos, a desatualização é o problema, não a idade.

Para quem é um jovem de cinqüenta e poucos anos, e está

atualizado, o melhor é esquecer as grandes empresas. Vamos, então, às outras opções:

▌ *procurar emprego em pequenas empresas*. Nelas, experiência ainda é mais valorizada que diplomas. A sabedoria vale mais que a teoria. Para donos de pequenas empresas, um bom conselheiro tem mais valor que dez palpiteiros. Pequenas empresas não oferecem todos os benefícios que as grandes oferecem, mas pagam salários decentes.

▌ *trabalhar como consultor e não como empregado*. Não é muito fácil de entender, mas, para as empresas, um empregado com 55 anos é velho, um consultor de 55 anos não é. Transmite experiência e conhecimento. Na Europa e nos Estados Unidos, existem muitas empresas de consultoria formadas por veteranos aposentados que ainda têm muito a ensinar. Principalmente a empresas pequenas, que não podem pagar uma consultoria de grande porte. Por que lá essas consultorias existem e aqui não? Porque europeus e americanos envelheceram antes de nós. E começaram a resolver o problema antes também.

▌ *não ficar parado esperando para ver o que acontece*. Enquanto o emprego não aparece, uma alternativa é trabalhar em organizações não-governamentais (ONGS). Uma ONG precisa de pessoas com tempo e experiência. E mesmo que o salário não seja alto, ainda é emprego.

▌ *tentar um concurso público*. Um cargo público oferece estabilidade e aposentadoria integral – duas coisas que mais estão preocupando a geração que bateu nos cinqüenta anos. Muitos concursos não têm limite máximo de idade. Só exigem a idade mínima de dezoito anos. Além disso, o grau de escolaridade é menor do que o pedido pelas empresas. Quem tem acesso à internet pode visitar muitos sites que indicam vagas disponíveis e o que é preciso fazer para se inscrever.

Essas dicas também são válidas a quem está entrando na casa dos quarenta anos. Não como alternativa para amanhã cedo, mas como algo a pensar com carinho. Daqui a quinze anos, o número de brasileiros entre cinqüenta e oitenta anos ultrapassará os trinta milhões. Ou seja, a concorrência só irá aumentar. Por isso, é bom começar a se preparar desde já.

Barrado por ser maior de 45

Algumas empresas não contratam pessoas com mais de 45 anos. Isso é preconceito. E preconceito não é proibido por lei?, perguntariam os interessados na questão. Realmente, essa atitude é preconceituosa. Mas, para que seja considerada crime, é preciso que haja uma lei específica, como no caso da discriminação racial. E na questão da idade, não existem leis.

Por que muitas empresas fazem isso, embora jamais confessem publicamente que adotam essa prática? Primeiro, por uma questão de custo. Quanto maior for a idade, mais o funcionário precisará de assistência médica, e mais dias de trabalho perderá. Isso é o que diz a estatística. Segundo, porque as empresas imaginam que funcionários com mais idade têm vícios profissionais e demoram mais a se integrar em novo ambiente de trabalho. Terceiro, pelo retorno dos investimentos que a empresa tem em vista – vale mais a pena investir em um jovem de vinte anos, que terá uma vida útil profissional muito mais longa, do que em um de quarenta.

> Minha sugestão a pessoas com mais de quarenta é "tirar do radar" as empresas maiores e começar a se concentrar nas médias e pequenas empresas.

Evidentemente, é possível listar uma série muito maior de argumentos a *favor* de quem tem quarenta anos. Por exemplo, experiência, estabilidade, maturidade, passado confiável e resultados concretos. Estou deixando de lado outros motivos que nada têm a ver com idade. É o caso da desatualização. Alguém com quarenta anos que não fez faculdade não está sendo discriminado pela idade. Porém, é mais fácil jogar a culpar sobre esse fator.

Minha sugestão a pessoas com mais de quarenta é "tirar do radar" as empresas maiores e começar a se concentrar nas médias e pequenas empresas. São elas que dão oportunidades para quem pode contribuir com os conhecimentos adquiridos durante duas ou três décadas de carreira. Essas empresas estão certas e as que limitam a idade, erradas. Mas isso não é algo que possa ser mudado. Pelo menos não de imediato.

Lei para "cartão vermelho"

Quem tem mais de cinqüenta anos e está empregado costuma perguntar se existe lei no Brasil que proíba a empresa de demitir um funcionário em função da idade. A resposta é sim. É a lei 9.029, promulgada em 1995, que relaciona uma série de práticas discriminatórias. Uma pessoa não pode deixar de ser contratada, ou de ser promovida, ou ser demitida, por razões ligadas a sexo, orientação sexual, idade, raça, religião, ou qualquer outro fator que possa ser entendido como discriminação.

No caso da idade, porém, existe a dificuldade de comprovar a discriminação. A empresa pode alegar que a demissão se deu em função do desempenho do funcionário, por exemplo. Cabe a ele mover um processo contra a empresa na Justiça do Trabalho e apresentar provas de que foi discriminado. Essas provas podem ser testemunhais. Um colega que tenha ouvido o chefe comentar: "Tivemos que substituir o fulano por alguém mais jovem".

Nos Estados Unidos, essa lei existe. Embora tenha quarenta anos, já que foi promulgada em 1967, parece que seu texto foi escrito hoje. Seus três primeiros artigos dizem o seguinte:

- Artigo 1. Em razão de programas de aumento de produtividade, cidadãos com mais idade estão encontrando dificuldade para manter seu emprego, ou para encontrar novo emprego.
- Artigo 2. Está ficando comum a fixação de limites arbitrários de idade, que independem do desempenho do ocupante da função.
- Artigo 3. Está aumentando o desemprego entre pessoas de idade, com reflexos em suas habilidades e em sua moral.

Nos Estados Unidos, essa lei é respeitada não porque as punições são severas, mas porque os julgamentos são rápidos. No Brasil, ainda falta uma lei específica e algum dispositivo judicial que apresse o julgamento. Por exemplo, reclamantes com mais de cinqüenta anos terão prioridade em seus processos, já que dispõem de menos tempo para esperar o resultado.

> O risco é de o profissional ficar ultrapassado. Obsoleto. E obsolência não tem a ver com idade.

Estar por fora não tem relação com idade

Um dos grandes riscos que um profissional corre é o de ficar obsoleto. Ultrapassado. Anacrônico. E obsolescência, ao contrário do que parece, não tem nada a ver com idade. O clipe, aquele pedacinho de arame dobrado oito vezes, já tem mais de cem anos e até agora ninguém inventou alguma coisa melhor para prender papéis. A Coca-Cola também tem mais de um século de vida e continua mantendo uma imagem jovem. Já o telefone celular de dez anos atrás, do tamanho de um tijolo, ficou tão obsoleto que parece ser coisa da idade da pedra.

No trabalho, a coisa funciona do mesmo jeito. Conheço pessoas com trinta anos que já ficaram obsoletas. Mas também conheço pessoas com trinta anos de carreira que estão sempre recebendo novas propostas de emprego. Por isso, a frase "meu problema é que passei dos quarenta anos" quase sempre é incorreta. Porque confunde duas coisas bem diferentes, idade e atualização.

A palavra obsoleto significava, no antigo latim, ficar acostumado. Naquela época, ficar acostumado não era grande problema, porque as novidades eram raras e qualquer coisa nova que aparecesse permaneceria inalterada durante séculos. No início do século XX, a mesma bicicleta passava de pai para filho porque ninguém conseguia inventar um modelo melhor. Hoje, a situação mudou. É preciso acompanhar a evolução da informática, que apresenta uma novidade a cada semana, é preciso fazer sempre cursos de aperfeiçoamento, aprender idiomas, conhecer gente e manter boa rede de relacionamento profissional. E é preciso ler muito para se manter atualizado. Ou, em outras palavras, no mercado de trabalho, acostumou, dançou.

É preciso acompanhar a evolução da informática, que apresenta uma novidade a cada semana, é preciso fazer sempre cursos de aperfeiçoamento, aprender idiomas, conhecer gente e manter boa rede de relacionamento profissional.

Jovens de sessenta anos a mil por hora

Em 18 de junho, Paul McCartney, dos Beatles, a banda mais bem-sucedida da história do rock, faz aniversário. O bom e velho Paul completou, em 2007, 65 anos. Lá por 1967, na flor de seus 25 anos, Paul escreveu uma canção chamada *Quando eu tiver 64 anos*, o que, na época, parecia que jamais iria acontecer. Na música, Paul retratava o que seria o destino cruel de quem conseguisse passar dos sessenta. Conformado e já com os cabelos ralos, previa Paul, aos 64 anos estaria brincando com os netinhos, passaria o dia arrancando grama do jardim e teria uma esposa caridosa que lhe daria comida na boca. Evidentemente, nada disso aconteceu. Paul McCartney está em ótima forma. Conservou não só a cabeleira, mas também a vontade de continuar trabalhando, apesar de rico, e não quer nem ouvir falar em se aposentar. Paul parece ser uma exceção, embora não seja.

Em 18 de junho, Fernando Henrique Cardoso também faz aniversário. Em 2007, completou 76 anos. E Maria Bethânia, que é da mesma data, chegou aos 61 anos. Um dia depois, em 19 de junho, Chico Buarque de Holanda incorporou mais três anos a seu sexagésimo aniversário de 2004 – fez 63 anos. FHC, Bethânia e Chico são três dignos representantes brasileiros de uma geração que está ajudando a mudar o sentido da palavra aposentadoria. Ela deixou de ser aquele momento em que uma ave pousava pela última vez na vida, já cansada de tanto voar – porque foi exatamente essa imagem poética e trágica que deu origem à velha palavra *apousentar*.

A grande lição que sexagenários – e até septuagenários – estão ensinando para quem hoje está ralando no mercado de trabalho é que a aposentadoria já não precisa mais ser o que foi, a condenação definitiva a um estado de imobilidade física e mental. No século XXI, o final da vida produtiva não é mais determinado pela idade, mas pela perda do prazer de continuar voando.

E jovens de 25 desempregados

As estatísticas do mercado de trabalho quase sempre são perversas. Durante as últimas quatro décadas, nos acostumamos a ver uma estatística que discriminava as pessoas com mais de quarenta anos. Agora, estamos começando a perceber outra, talvez mais cruel ainda. É a que está afetando os jovens. O número absoluto de vagas para jovens entre 18 e 25 anos, atualmente, é o mesmo número absoluto que há quinze anos. Como a população nessa faixa etária aumentou quase 40% nesses quinze anos, o resultado é o que se vê cada vez mais: o jovem desempregado.

Do atual contingente de desempregados no Brasil – cerca de sete milhões de pessoas –, os jovens já representam a metade. E aí vem a perversidade. A faixa etária entre 18 e 25 tem só sete anos. A outra metade de desempregados está espalhada por uma faixa muito maior, que vai de 25 a 60 anos. Se considerarmos que existe muito mais gente na segunda faixa do que na primeira, a pergunta é: qual é o problema do jovem? É a mesma situação do cachorro correndo atrás do rabo. Jovens desempregados fazem cursos para não continuar desempregados. Mas, enquanto estão nos cursos, mantêm-se desempregados. Perguntam aos pais o que está acontecendo, e eles não sabem responder porque jamais enfrentaram uma situação parecida. Começaram a trabalhar em uma época em que, bem ou mal, havia emprego para jovens. Em casos extremos, os pais duvidam até da capacidade, da competência, ou da vontade dos filhos. Nesses casos, filhos, perdoem seus pais, porque eles não sabem o que dizem.

Hoje, o mercado de trabalho é como um time de futebol: trinta querem jogar, mas só cabem onze. Para um entrar, outro tem que sair. E ninguém está disposto a ceder o lugar. Os filhos precisam de apoio da família para que façam o que os pais não precisaram fazer: ter negócio próprio. Em um país que não gera empregos suficientes, os pais precisam compreender. E os filhos, empreender.

Do tempo do saquinho de leite

Em um momento de raiva, um jovem funcionário de uma empresa se referiu a um funcionário mais antigo usando a seguinte frase: ele é do tempo do saquinho de leite. E o funcionário mais jovem seria, então, do tempo da embalagem longa vida. Essa é uma comparação muito mais profunda do que a maioria das pessoas imagina. A embalagem longa vida é um avanço apenas no sentido da comodidade do consumidor. Em termos de conteúdo, não é. O leite em saquinho, conservado sob refrigeração controlada, é um produto melhor.

> Muita gente dá mais importância ao aspecto externo de um funcionário do que a seu conteúdo.

Apesar de sua evidente cara de avanço tecnológico, a embalagem longa vida foi criada tendo em vista os países subdesenvolvidos. O leite, um produto altamente perecível, que degrada rapidamente, não pode ser transportado por longas distâncias. Mas a maioria das empresas dos países do Terceiro Mundo não tem caminhões refrigerados. E a maioria das famílias não tem geladeiras. Para resolver esse problema, foi preciso inventar uma embalagem que conservasse o produto durante meses. Nasceu, assim, a embalagem longa vida, que resolveu sério problema dos pobres.

Nos países ricos, o leite continua sendo vendido em vários tipos de embalagens plásticas, conservadas em balcões frigoríficos. Quem for a um supermercado, nos Estados Unidos, ou na Europa, não vai encontrar leite em embalagem longa vida. Por isso, quem diz que um funcionário antigo é do tempo do saquinho de leite, talvez esteja fazendo um elogio, embora querendo fazer uma crítica. O veterano pode não parecer muito atualizado por fora. E isso tende a dar a impressão de que também não é atualizado por dentro.

A embalagem longa vida é o exemplo de uma transformação que se vê todos os dias, e cada vez mais, no mundo corporativo. Muita gente dá mais importância ao aspecto externo de um funcionário do que a seu conteúdo.

Aos 61, o que vale mais?

Há determinadas mensagens que, de tão interessantes, não precisam nem sequer de comentários. Como esta que recebi certa vez. Abre aspas. Meu nome é Sérgio. Tenho 61 anos e pertenço a uma geração azarada. Quando era jovem, as pessoas diziam para escutar os mais velhos, mais sábios. Agora, dizem que tenho que ouvir os jovens, mais inteligentes.

Li em uma revista um artigo no qual jovens executivos davam receitas simples e práticas para qualquer um ficar rico. Aprendi, por exemplo, que se tivesse simplesmente deixado de tomar um cafezinho por dia, nos últimos quarenta anos, teria economizado 30 mil reais. Se tivesse deixado de comer uma pizza por mês, 12 mil reais. E assim por diante.

Impressionado, peguei um papel e comecei a fazer contas. Para minha surpresa, descobri que hoje poderia estar milionário. Bastaria não ter tomado as caipirinhas que tomei, não ter feito muitas das viagens que fiz, não ter comprado algumas das roupas caras que comprei. Principalmente, não ter desperdiçado meu dinheiro em itens supérfluos e descartáveis.

Ao concluir os cálculos, percebi que hoje poderia ter quase 500 mil reais na conta bancária. É claro que não tenho esse dinheiro. Mas, se tivesse, sabe o que esse dinheiro me permitiria fazer? Viajar, comprar roupas caras, me esbaldar com itens supérfluos e descartáveis, comer todas as pizzas que quisesse e tomar cafezinhos à vontade. Por isso, me sinto muito feliz em ser pobre. Gastei meu dinheiro com prazer e por prazer. E recomendo aos jovens e brilhantes executivos que façam a mesma coisa que fiz. Caso contrário, chegarão aos 61 anos com uma montanha de dinheiro, mas sem ter vivido a vida. Fecha aspas.

Persistência ou teimosia

A persistência é uma grande virtude, ou um tremendo defeito. Tudo depende dos resultados. Outro dia, li a história de um jóquei espanhol, chamado Beltrán de Rivera, que em 1952 botou na cabeça que iria ganhar a corrida de cavalos mais famosa da época, o Grande Prêmio da Inglaterra. A tentativa acabou com Beltrán sendo levado ao hospital, depois de cair do cavalo e ter uma vértebra esmagada. Mas Beltrán era persistente e não desistiu. Durante os 25 anos seguintes, fez mais doze tentativas, com resultados impressionantes: doze quedas do cavalo, sete costelas fraturadas, oito vértebras rachadas e uma perna quebrada, além de uma dezena de escoriações menores.

Em 1977, aos 57 anos, Beltrán anunciou que iria tentar de novo, e as casas de apostas de Londres registraram algo inédito em corridas de cavalo: de cada 67 apostadores, apenas um apostava que Beltrán conseguiria terminar a corrida em cima do cavalo. Os organizadores do evento tomaram a salutar decisão de cassar a licença de jóquei de Beltrán, atitude sensata que provavelmente salvou a vida dele.

Beltrán nunca mais correu. E passou vários anos se lamentando. Não por não ter chegado ao fim de nenhuma corrida, mas por não ter aproveitado o tempo, o entusiasmo e a juventude para tentar fazer outra coisa em que pudesse ter tido mais êxito. A lição dessa história é que tentar é bom, persistir é ótimo, e cair do cavalo de vez em quando é normal, faz parte do aprendizado. Mas sempre há um ponto, depois de algumas tentativas malsucedidas, em que é preciso parar, pensar, colocar as idéias em ordem e, quem sabe, tentar outra alternativa. É exatamente nesse ponto que começa a diferença, que muita gente ainda não consegue perceber, entre a saudável persistência e a pura teimosia.

Peixe de aquário e peixe de rio

Este é um cenário bastante comum: uma empresa tradicional é comprada por uma multinacional e, como era de se esperar, parte do quadro de funcionários foi mantido e parte, trocado. Acontece que duas gerações bem diferentes acabam convivendo diariamente – de um lado, o pessoal antigo, com média de quarenta anos de idade e vinte de casa; de outro, o pessoal jovem, entre vinte e trinta anos. O resultado é um choque cultural.

O pessoal antigo costuma ser mais tranqüilo, mais consciente. Os mais jovens são mais apressados, falam alto e querem chegar logo a conclusões, como se o mundo fosse acabar amanhã. Os mais jovens acham os mais velhos lentos. Os mais velhos acham os mais jovens afobados. Embora os dois grupos possam apresentar resultados semelhantes, e esperados pela direção da empresa, a diferença de comportamento tende a criar atritos.

Como dar um fim a esse tumulto é o "x" da questão. Nas empresas, há dois grupos de pessoas: aquelas que vêem o mercado de trabalho como um aquário e aquelas que vêem o mercado de trabalho como um rio. Um peixe de aquário se movimenta dentro daqueles limites que já conhece, e sabe que não adianta dar cabeçada no vidro. Um peixe de rio nada contra a correnteza, corre mais perigo e tem a impressão de que seus limites são infinitos. Se um pudesse dar um conselho ao outro, o peixe de aquário diria que o peixe de rio não precisa ser tão estressado. E o peixe de rio diria que o peixe de aquário deve se arriscar mais para expandir seus horizontes.

Nas empresas, acontece o mesmo fenômeno. É o choque natural entre quem já viu muita coisa e quem ainda tem muito a ver. Nas boas empresas, os peixes aprendem a se respeitar, porque já entenderam que aquário não é sinal de prisão. Nem rio é sinal de liberdade.

Um ou trinta anos no mesmo lugar

Tudo na vida tem um ciclo. Ele pode ser longo, como o ciclo do domínio dos dinossauros sobre a Terra, que durou quase duzentos milhões de anos. Muito provavelmente, por um simples motivo: os dinossauros não faziam planejamento estratégico. Para os seres humanos, a coisa é um pouquinho diferente. As pessoas já chegam ao mundo precisando de certidão para comprovar que nasceram e dão adeus à vida precisando de atestado para provar que partiram. Entre esses dois momentos, passam longos anos correndo atrás de documentos, atestados, registros, carteiras, cadastros e outros documentos. No tempo que sobra, os humanos se dedicam a ter uma coisa chamada "sucesso na vida", conceito que os dinossauros desconheciam simplesmente porque não tinham a consciência de que sua existência era finita.

Para se tornar sucesso, cada ser humano sabe que precisa dividir sua vida útil em pequenos ciclos profissionais. Cada ciclo começa com a fase do entusiasmo, durante a qual tudo é maravilhoso; passa pela fase da estabilidade, durante a qual tudo é normal e previsível; termina com a fase da frustração, durante a qual tudo é chato.

O segredo do sucesso é justamente eliminar dessa equação a terceira fase, a da frustração. Quando uma tarefa começa a se tornar frustrante, é preciso partir imediatamente para o ciclo seguinte. Muita gente consegue viver feliz com apenas um ciclo na vida, trabalhando por trinta anos na mesma empresa, e mudando pouco de função, mas sem nunca cair em frustração. Há pessoas, porém, que acham que um ciclo já está encerrado depois de um ano fazendo a mesma coisa. Perceber quando um ciclo terminou é muito fácil. Basta olhar o calendário e o

Muita gente consegue viver feliz com apenas um ciclo na vida, trabalhando por trinta anos na mesma empresa, e mudando pouco de função, mas sem nunca cair em frustração.

relógio. Na fase da frustração, os meses passam muito depressa, mas as horas, muito devagar.

Duas bênçãos

Muita gente que já passou dos cinqüenta anos continua fazendo a pergunta mais filosófica da vida profissional: é melhor fazer o que se gosta, ou o que se sabe fazer bem-feito, embora não se goste muito? A opção correta é a segunda. Fazer o que se sabe fazer melhor. Porque existe grande diferença entre gostar e fazer. Por exemplo, alguém pode gostar muito de viajar e, por isso, decide se tornar guia turístico. Vai descobrir que a função exige uma série de obrigações. A burocracia. A agenda. Os horários. A segurança do grupo. Essas obrigações acabam tirando o prazer puro e simples de viajar.

Quando um gosto pessoal precisa ser enquadrado dentro de regras profissionais, a satisfação diminui muito. De cada cem pessoas que adoram cozinhar, 99 não teriam paciência ou competência para administrar um restaurante. Na atual situação do mercado de trabalho, em que existem muitos candidatos para poucas boas vagas, a opção mais sensata é procurar empregos que nos permitam fazer o que fazemos com mais competência. Com o tempo, virá o reconhecimento pelo trabalho bem-feito. E a competência profissional poderá se transformar em gosto pessoal. É por isso que muita gente diz que faz o que gosta, quando na verdade aprendeu a gostar do que faz.

A pior situação é aquela em que um empregado nem faz o que gosta, nem gosta do que faz. Pessoas que estão nessa situação trabalham apenas em troca de salário. E o estado de espírito oscila entre a resignação, a desmotivação e a vontade de começar tudo de novo. Nos dias atuais, ter bom emprego e gostar do que faz não é uma bênção. São duas.

Há hora para tudo: fugir, adaptar-se ou morrer

Desde que o mundo é mundo, para qualquer situação na vida, só existem três alternativas: adaptar-se, fugir, ou morrer. Isso valia para os dinossauros havia cem milhões de anos e continua valendo para os executivos do século XXI. A terceira – morrer – no sentido profissional da palavra, aparece em frases como "O especialista está morto" ou "Fulano morreu, mas esqueceu de deitar". E essa é uma alternativa mais comum do que parece: em empresas, há muita gente que já morreu e ainda não percebeu.

Pessoas que estão bem vivas, e com vontade de continuar vivendo por muito tempo, sempre se deparam com alguns obstáculos. O chefe ranzinza e inseguro. O colega invejoso. A empresa que não reconhece o talento e não dá oportunidades. Uma alternativa válida é fugir. Pedir a conta e ir embora para outro lugar, ou dizer adeus a uma empresa e abrir o próprio negócio. Essa é uma alternativa que requer coragem para correr riscos. Foi ela que, por exemplo, fez o ser humano migrar e povoar o mundo. Fugir nem sempre dá certo, mas quando dá o sucesso é garantido.

A última alternativa, e a mais fácil delas, é a adaptação. É o que se chama de pragmatismo, palavrinha complicada, com origem simples: no antigo grego, *pragma* queria dizer obrigação. Quem diz "não fiz nada mais que minha obrigação" é pragmático. Ser pragmático significa aceitar a hierarquia e obedecer às regras. Fazer o que devemos fazer, e não o que gostaríamos de fazer.

Qual seria a melhor alternativa para o funcionário do século XXI? As três. Mas uma de cada vez e no momento certo. Pessoas de sucesso são as que têm sabedoria para perceber a hora de concordar e a hora de contestar. A hora de ficar e a hora de ir embora. Nos momentos mais confusos e conturbados, que não são poucos nas empresas, sempre resta a velha alternativa que já salvou a vida de muita gente: fingir-se de morto.

Vida-limite

Tudo o que existe foi criado para ser extinto um dia. O sol se extinguirá em cinco bilhões de anos. De todas as espécies animais que existiram sobre a Terra, 95% já estão extintas. Um ser humano, tecnicamente, nasce com um prazo de validade de 122 anos. Mas, nos tempos antigos, as catástrofes e as doenças reduziram consideravelmente esse número mágico. Felizmente, nos últimos cem anos, a ciência vem conseguindo esticar a expectativa de vida.

É possível também disfarçar a idade. Fazendo luzes em cabelos grisalhos, aplicando *botox* na testa, eliminando rugas. Apesar de todos esses esforços, a vida continuará a ter um limite, de 122 anos. Pensando bem, isso é tempo de sobra. Vai dar para brincar com os tataranetos.

O século XX trouxe, porém, um fenômeno novo na história da humanidade. A obsolescência forçada. Ou seja, a substituição de algo que ainda funciona bem. Enquanto a vida está durando cada vez mais, todo o resto está durando cada vez menos. A cada quatro meses, um celular é substituído por outro com mais recursos tecnológicos. A mesma coisa acontece com os computadores. Com os eletrodomésticos. Com os funcionários.

Empregados que estão funcionando bem vêm sendo substituídos por outros, que funcionam melhor. Ou por outros que funcionam igualmente, mas que parecem mais avançados, porque têm pós-graduação, MBA, e falam três línguas.

A regra da vida biológica vale para a profissional. Um dia, a carreira vai acabar. É inevitável. Mas algumas carreiras vão acabar mais cedo que outras. Ou mais cedo do que deveriam. E o principal motivo será a obsolescência forçada. Algo que não tem a ver com a natureza, ou com fatores externos. Tem a ver com a atualização, que é responsabilidade de cada um. Um funcionário que se mostre perfeitamente satisfeito e tranqüilo com sua situação atual estará obsoleto daqui a três, cinco anos. E será substituído. E ficará reclamando que a vida não é justa. E, o que é pior, não será respeitado pelos tataranetos.

de Intriga e de inveja

TODA EMPRESA QUER TER UM BOM AMBIENTE DE TRABALHO. A maioria acha que tem. Algumas até acreditam ser como uma grande família. Essa é ótima definição para qualquer empresa: uma grande família! Porque em toda família há sempre aquele parente chato, insuportável ou fofoqueiro. Gostaríamos de nos desvencilhar dele, mas não conseguimos. Assim como as empresas jamais se livram dos fofoqueiros.

A fofoca pode ter vários nomes. Do simples mexerico, que não prejudica ninguém, até intriga, pesada e maldosa, que pode destruir uma carreira.

A intriga é uma das perversidades mais antigas do mundo. Começou, provavelmente, no tempo das cavernas. Intriga é a arte de destruir a reputação de outra pessoa por meio de mentiras ou de meias-verdades. O pior é que isso pode ser feito de modo mais cruel, com elogios e sorrisos. No trabalho, a pessoa que quer puxar o tapete de outra pode ser aquela que vive elogiando pela frente, enquanto espalha veneno pelas costas.

Intriga é falta de ética. É uma atitude condenável e imoral. Não dá para fazer de conta que a intriga não existe. Seria a mesma coisa que ignorar a segurança pessoal. Seria como alguém imaginar que jamais vai sofrer um assalto apenas porque é uma pessoa honesta e de boa índole. Da mesma maneira que cercamos nossas casas para proteger nossas famílias, no trabalho precisamos montar nossos esquemas de segurança para escapar das intrigas. Isso não quer dizer que o mundo está contra nós. De cada mil brasileiros, talvez apenas um seja bandido. No trabalho, de cada cem colegas, apenas um tem duas-caras. Se a maior parte dos outros 99 estiver do nosso lado, qualquer intriga morrerá no ninho. Por isso, não adianta sofrer calado, nem sair no braço com quem faz intriga, nem tentar combater intriga com outra intriga. Isso seria jogar no campo do inimigo, que ele conhece melhor do que nós.

O melhor antídoto para a intriga é o marketing pessoal. A nossa capacidade de divulgar o que temos e o que fazemos de bom. É isso que vai neutralizar a intriga e isolar o fofoqueiro. Quem é bom precisa demonstrar, todos os dias e publicamente, que é bom. Mostrar como foi difícil conseguir um resultado. Valorizar o próprio trabalho. Principalmente para o chefe. Porque a primeira orelha que o fofoqueiro irá procurar será a do chefe.

Última dica: é preciso diferenciar a intriga de mania de perseguição. Há quem acuse todos os colegas de trabalho de serem falsos, e isso nunca é verdade. Quando um colega não gosta de outro, pode ser inveja. Quando dois não gostam, pode ser conspiração. Quando três não gostam, o problema está na pessoa e não nos colegas.

Inveja, admiração na contramão

Invejar é enxergar o que o outro tem de bom, mas com maus-olhos. É atribuir o sucesso alheio apenas a fatores negativos. Não parece, mas a inveja não deixa de ser um elogio, porque ninguém inveja o que é ruim. A inveja é uma forma de admiração que saiu pela contramão. Querer ser o que o outro é, ou querer ter o que o outro tem, é algo até normal nas empresas. Dentro de limites éticos, chama-se competição. Mas,

É preciso diferenciar a intriga de mania de perseguição. Há quem acuse todos os colegas de trabalho de serem falsos, e isso nunca é verdade.

quando uma pessoa começa a sentir raiva por não poder ser igual à outra, é inveja. E o invejoso fará tudo o que puder para prejudicar o invejado.

No mercado de trabalho, existe sempre mais inveja em ambientes menores. Quanto menos gente, maior o risco. Caim matou Abel por inveja. Mas se a família fosse composta de catorze filhos, provavelmente Caim não teria levado a inveja às últimas conseqüências.

A inveja floresce apenas quando há falta de liderança. O número de invejosos é bem mais baixo em empresas com bons chefes, que fazem avaliação de desempenho de seus colaboradores. Que investigam a origem de rumores e fofocas. E que demitem as maçãs podres.

Quanto melhor o invejado fizer o seu trabalho, mais aumentará a compulsão do invejoso. Como lidar, então, com um colega dessa natureza? Sendo um bom colega para todos. Porque isso vai isolar o invejoso. A inveja não desaparece, mas a possibilidade de causar danos diminui.

Muitas pessoas atribuem o fato de não ter oportunidades na carreira à inveja de todos os colegas. Como se houvesse uma conspiração geral de invejosos contra um competente. Isso é muito difícil de acontecer. Na maioria das vezes, dizer "todo mundo tem inveja de mim" não é explicação. É desculpa.

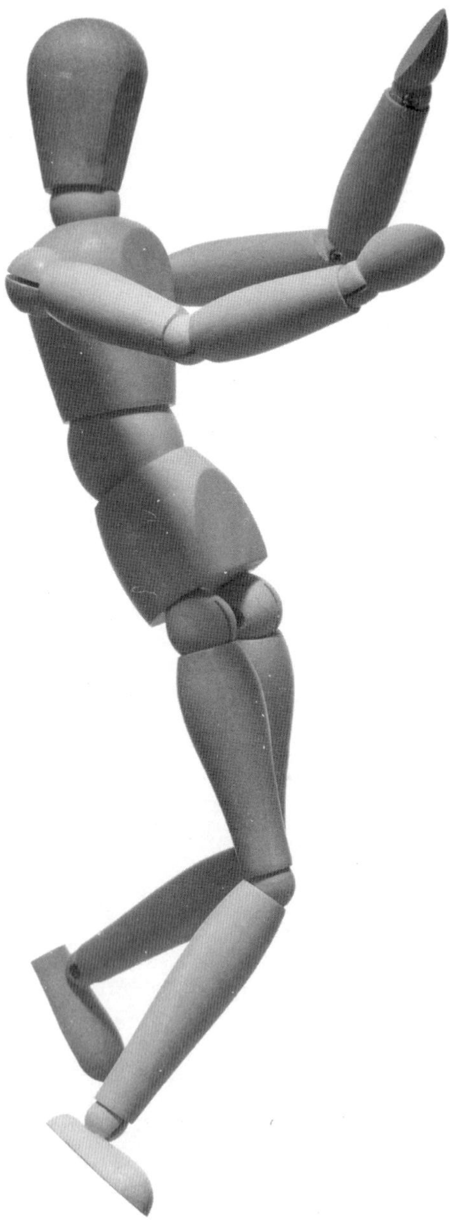

J DE JOVEM

SE VOCÊ TEM ENTRE 15 E 18 ANOS e está meio confuso, e seus pais reclamam que você não sabe bem o que quer da vida, não se preocupe. Você é normal. Nessa idade, todo jovem tem algumas certezas e muitas dúvidas.

Qual curso fazer? Algumas profissões estão saturadas. Entre elas, direito e jornalismo. Já informática é uma área que oferece, e vai continuar oferecendo, vagas. Para quem não sabe o que fazer, administração de empresas é boa opção. Por ser um curso mais genérico, é o que proporciona o maior leque de oportunidades na hora de procurar emprego.

O nome da faculdade tem importância, ou o que vale é o diploma? O nome da escola é como grife. Portanto, os piores alunos de escolas famosas têm mais chances que os melhores alunos de escolas pouco conhecidas. Quando uma empresa abre uma vaga e recebe mil currículos, um dos primeiros critérios de eliminação é o nome da escola.

Devo fazer o que gosto, ou gostar do que faço? Todo jovem tem uma paixão. A preocupação com o meio ambiente, por exemplo. Isso é maravilhoso. Porém, o número de vagas para engenharia ambiental é muito inferior ao número anual de formandos. Por isso, é melhor iniciar a carreira aprendendo a gostar do que faz e acumular recursos para um dia poder fazer o que dá prazer.

Quanto mais cursos tiver, maiores serão minhas chances? Não. Uma tonelada de teoria não substitui um quilo de prática. As empresas preferem contratar jovens que tenham formação escolar e experiência. Quanto antes um jovem conseguir um emprego, melhores serão suas chances futuras. Uma faculdade e conhecimentos de inglês e de informática já são suficientes para começar. Os outros cursos podem vir depois.

▌*Se não estou gostando do curso que faço, posso mudar, ou devo me sacrificar e terminar?* Até o segundo ano, ainda dá para mudar. A partir do terceiro, é melhor se sacrificar e concluir o curso. No começo da carreira, é melhor ter paciência do que perder tempo.

▌*Qual o melhor caminho para conseguir o primeiro emprego?* A maioria das boas vagas é preenchida por indicação direta de alguém que já trabalha em uma empresa. Se o pai de um colega de escola for gerente, é bom engatar amizade com ele. Os professores também são boas fontes de referências. Muitos jovens que se formam não conseguem emprego porque não aproveitaram as chances que tiveram de conhecer gente influente.

▌*Cadastrar o currículo em sites funciona?* Não funciona 100%, mas vale a tentativa. Para cargos de menor nível hierárquico, muitas empresas pesquisam diretamente nos sites especializados, porque isso reduz os custos de contratação.

▌*E se não conseguir emprego?* Considere a possibilidade de não ser empregado. No Brasil, desde o final do século XX, o número de boas vagas em empresas vem sendo menor que o número anual de formandos. Essa é uma situação que não irá mudar tão cedo. Ter um negócio próprio passou a ser a primeira opção para muitos jovens. Pais que foram empregados a vida inteira sempre orientam os filhos a procurar empregos. Olhando as estatísticas, seria mais viável que os pais incentivassem os filhos a trabalhar por conta própria.

O jovem tem a seu favor a coisa mais valiosa do mundo e a única que não dá para recuperar depois: o tempo.

Vinte segundos em cada currículo

Na média, o trabalhador brasileiro tem entre quatro e seis anos de estudos. Ganha, no máximo, dois salários mínimos por mês. Isso dá a um jovem que está cursando a faculdade a impressão de que poderá conseguir um emprego bem razoável. Afinal, esse jovem, ao se formar, terá o triplo de anos de estudo do trabalhador médio. Na prática, porém, isso não acontece. Por quê? Porque há mais gente capacitada do que empregos.

Acompanhei um processo de uma grande empresa para a contratação de estagiários. Estavam sendo abertas catorze vagas. O total de currículos recebidos foi de quase 42 mil – três mil candidatos por vaga. Quem manda currículos para um processo desses deve ficar se perguntando como a seleção é feita. Vou esclarecer primeiro como a seleção *não é* feita. Se a empresa gastar três minutos para analisar bem cada currículo recebido, seriam necessárias quatro pessoas, trabalhando oito horas por dia, durante quase três meses. Evidentemente, isso não é feito.

A empresa gasta, quando muito, vinte segundos por currículo. Esse tempo não é gasto para qualificar a minoria, é gasto para eliminar a maioria. Por exemplo, se o candidato não fala inglês, o currículo é descartado. Caso tenha estudado em faculdade sem fama, é descartado. Se não tem pós-graduação, é descartado. E assim por diante. No fim, sobram cem currículos e esses, sim, serão analisados com bastante calma.

É bem possível que ótimos candidatos tenham sido descartados em um processo de eliminação sumária. Afinal, fatores como criatividade e liderança não têm a ver com a escola que o candidato cursou.

É bem possível que ótimos candidatos tenham sido descartados em um processo de eliminação sumária. Afinal, fatores como criatividade e liderança não têm a ver com a escola que o candidato cursou. Isso é justo? Não, não é. Mas o mercado de trabalho é apenas coerente, porque não tem tempo para ser justo.

Para não ficar para trás

Mensagem aos jovens. Parece título de coletânea de poesia, mas é recado mesmo. Na verdade, é estatística. Nos últimos três anos, o número total de inscritos em cursos universitários no Brasil aumentou à taxa de 10% ao ano. Um número notável, que supera o índice de crescimento da grande maioria dos setores empresariais. Em teoria, quem está entrando em uma faculdade este ano são jovens entre 18 e 20 anos. Na prática, representam 70% do contingente. Os outros 30%, ou são adultos que finalmente perceberam que precisam ter faculdade, ou são pessoas de qualquer idade que já estão cursando a segunda faculdade.

Um dos motivos para a explosão de interessados é a crescente oferta de novos cursos universitários. Há quarenta anos, o número de faculdades no Brasil era equivalente ao número de aeroportos. Hoje, a quantidade de faculdades está se aproximando do número de supermercados. É claro que existem escolas com muito prestígio, boas porém sem nome, e as chamadas "meia-boca". Mas, no mercado de trabalho, sempre tem mais chance o candidato que tiver cursado uma faculdade, qualquer que seja ela, do que aquele que não fez nenhuma.

O resumo de tudo é simples: quanto mais o tempo passar, mais faculdades serão abertas. Porque o ensino superior é bom negócio. Quanto mais faculdades existirem, mais gente irá se formar. E menos importância uma única escola terá em um currículo.

Um curso superior, não faz muito tempo, representava a linha de chegada. Hoje, é marca intermediária em uma maratona. A mensagem que o mercado de trabalho está mandando aos jovens de qualquer idade é: continue correndo. Até trinta anos atrás, o objetivo ao cursar uma faculdade era estar na frente. Hoje, o objetivo é não ficar para trás.

Enquanto o tempo passa...

Como aprendemos nas aulas de ciências, o corpo humano tem cinco sentidos. Cada um deles atinge a plenitude em diferentes momentos da vida. Mas todos começam a declinar muito mais cedo do que a gente imagina. A audição, por exemplo, atinge seu pico quando temos sete anos. Com essa idade, ouvimos sons com quarenta mil vibrações por segundo. Quando temos dezesseis anos, já estamos ouvindo apenas vinte mil vibrações. Não ficamos surdos, é claro, mas deixamos de perceber as nuances dos sons. A visão atinge seu momento de maior esplendor quando temos dezessete anos. O paladar declina a partir dos 25, quando a quantidade de papilas gustativas começa a diminuir. É por isso que dizemos que uma comida não tem mais o gosto que tinha. Na verdade, continua tendo. Nós é que não sentimos mais.

> A experiência faz um profissional e, na medida em que o tempo passa, ele se torna mais estável emocionalmente, tem aumento da capacidade analítica e tende a cometer menos erros.

Se analisarmos uma carreira profissional do ponto de vista biológico, as empresas deveriam ser dirigidas por jovens de até 25 anos. Mas existe outro fator que influi no sucesso profissional. É a capacidade de pensar. Ocorre que o cérebro também envelhece. A partir dos trinta anos, a capacidade de reter informações começa a diminuir. Porém, qualquer gestor de sucesso ponderará que existe um sétimo fator. A experiência acumulada. E este, sim, é um item essencial que diferencia um jovem cheio de energia de um profissional estabilizado.

A experiência faz um profissional e, na medida em que o tempo passa, ele se torna mais estável emocionalmente, tem aumento da capacidade analítica e tende a cometer menos erros. Esta é uma ótima explicação. Mas, na verdade, a explicação é outra. Na vida, tudo diminui conforme o tempo passa, exceto três coisas: a orelha, o nariz e o apego ao poder. Todo jovem sabe disso com clareza, mas, quando se torna mais e mais adulto, acaba esquecendo.

Estudar, estudar, estudar

Há jovens que não fizeram faculdade por opção e acreditam que têm talento para ser empreendedores. Acham também que cursar uma faculdade seria mera perda de tempo. E têm como modelo de vida Bill Gates que, sem ter feito um curso universitário, tornou-se o homem mais rico do mundo. O problema não está em usar Bill Gates como espelho, mas em usar uma exceção como exemplo geral.

> A experiência acumulada é um item que diferencia um jovem cheio de energia de um profissional estabilizado.

Milhões de jovens deixaram de fazer faculdade nos últimos trinta anos. Raríssimos, porém, conseguiram sucesso na vida profissional. Não me lembro de nenhum que tenha conseguido. Logicamente, estão excluídos artistas, modelos e jogadores de futebol, cujas funções dependem mais do visual ou do talento do que do diploma.

É verdade que no Brasil há muitos pequenos e médios empreendedores que construíram negócios próprios de relativo sucesso sem ter curso superior. Essas pessoas também dizem, com orgulho, e para quem quiser ouvir, que a vontade é mais importante que o estudo. Mas, não por acaso, 20% das vagas nas faculdades estão sendo preenchidas por pessoas maiores de trinta anos. Boa parte delas pensava, há dez anos, que um curso universitário realmente podia ser descartado. As estatísticas comprovam, na proporção de mil para um, que a decisão de não estudar é péssima escolha.

A propaganda é a alma do negócio

Como é possível se diferenciar no mercado de trabalho? A resposta vale tanto para uma pessoa como para um produto. Mostrar que vale mais do que a concorrência. Essa resposta é tão antiga quanto o mercado de consumo. Qualquer pessoa pode ver isso na prática quando vai a um supermercado. Ao parar diante de uma prateleira com muitas marcas disponíveis – como, por exemplo, creme dental, iogurte, ou requeijão – irá notar que a mais famosa é também a mais cara. As outras

> Há mais oferta de bons candidatos do que demanda por boas vagas. E o que a maioria dos candidatos faz para conseguir uma vaga? Baixa o preço.

marcas não se diferenciam muito entre si. Neste caso, a escolha normalmente acontece em função do preço mais baixo.

No mercado de trabalho, a coisa funciona do mesmo jeito. Há mais oferta de bons candidatos do que demanda por boas vagas. E o que a maioria dos candidatos faz para conseguir uma vaga? Baixa o preço. Ou seja, aceita trabalhar por um salário inferior às suas qualificações. Por que as marcas mais famosas são mais caras? Certamente não é por causa do conteúdo. É principalmente por causa dos investimentos que fizeram em propaganda e marketing.

Para se diferenciar no mercado de trabalho, a pessoa precisa ter bom conteúdo, que é seu currículo. Mas, principalmente, investir em sua marca. Ou seja, em seu nome. A regra é não deixar passar nenhuma oportunidade de fazer o nome se destacar. Aceitar todos os convites para participar de grupos de trabalho na empresa, contribuir com seu trabalho para atividades sociais dentro e fora da empresa, escrever textos para o jornal de sua cidade, colocar-se à disposição da área de recursos humanos para colaborar com qualquer novo projeto. E não esperar que os outros notem suas qualidades. Nenhuma marca, até hoje, conseguiu ficar conhecida sem fazer propaganda de seus bons atributos.

Carreira é como construir uma casa

Jovens costumam ter muitas ambições. Alguns planejam a carreira e estipulam metas, como a de ser gerente de uma grande empresa aos 25 anos. Otimistas, porém nada ingênuos, costumam colocar em dúvida se as escolas realmente ensinam tudo de que precisam. Na verdade, a maior parte das coisas que são vitais na ascensão profissional não faz parte de currículos acadêmicos. Um jovem recém-formado pode ter aprendido a decifrar um balanço de empresa, ou ter feito bela monografia sobre algum tema da moda em gestão, ou ter adquirido excelente carga teórica sobre métodos, processos e sistemas que fazem uma organização funcionar. Mas, na vida prática, no dia-a-dia de uma empresa, tudo isso será relativo.

Faculdades não têm uma matéria chamada relacionamento. E é exatamente esse fator que diferencia a maioria dos empregados – os chamados colaboradores úteis – daqueles poucos que chegam ao topo da escada profissional. Escolas não ensinam os alunos a falar em público. Nem a negociar em situações de pressão. Nem a conviver com chefes que administram fazendo exatamente o contrário do que os livros didáticos recomendam. Nem a fazer marketing pessoal, nem a montar uma rede de contatos profissionais. Nem a liderar subordinados.

Construir uma carreira profissional é como construir uma casa. O conhecimento teórico é a fundação sobre a qual ela vai se assentar. Os professores já deram isso aos alunos em troca das mensalidades que pagaram. Agora, terão, sozinhos, que levantar as paredes. Sem ter aprendido a ser pedreiros. Ao fechar os livros, irão se deparar com o que o mercado de trabalho tem de melhor. E de pior. Gente. Pessoas são enigmas ambulantes. Saber decifrá-las, e ganhar a confiança delas, é o primeiro passo para se tornar o gerente.

Para que transformar pontos fracos?

Cada vez mais as empresas falam em recrutar gente com talento. De onde ele vem? Nos primeiros anos de vida, o cérebro é flexível. Tem uma imensidão de estruturas que nos permite aprender e fazer diversas coisas. Até os dezesseis anos, vamos dizendo ao cérebro para se concentrar em algumas dessas estruturas – aquelas atividades em que nos sentimos melhor, ou pelas quais somos mais elogiados. Para fazer isso, o cérebro coloca as demais estruturas em uma espécie de arquivo-morto.

Com 25 anos, o processo pára. A partir daí, uma pessoa pode se aperfeiçoar. Mas se, por exemplo, não demonstrou aptidão para tocar guitarra até os 25 anos, não vai conseguir se tornar um talento depois dessa idade. Todos nós temos uma lista de pontos fortes e pontos fracos. O que as empresas recomendam é que tentemos melhorar os pontos fracos, o que não deixa de fazer todo sentido. Mas controlar um ponto fraco é uma coisa, e tentar transformar um ponto fraco em um ponto forte é outra bem diferente.

Na vida prática, se pegarmos uma lista de cinco habilidades que as empresas consideram desejáveis, uma pessoa que for ruim em duas, regular em outras duas e excepcionalmente boa na última, fará mais sucesso do que uma pessoa que seja regular em todas as cinco. Por isso, o mais importante é gastar o que for preciso para tornar o ponto forte cada vez mais forte. Tentar transformar pontos fracos em pontos fortes confunde o cérebro, porque já dissemos a ele, havia muito tempo, que aquela não era a nossa praia.

A preguiça e a indulgência

Outro dia, meu filho adolescente explicou a diferença entre preguiça e indulgência. Preguiça, ele me disse, é ficar sem fazer nada quando existe alguma coisa a fazer. Indulgência é não fazer nada quando não há nada a ser feito. E a geração dele foi beneficiada por algo chamado tempo livre.

Há vinte anos, fazer pipoca era uma operação que consistia em colocar o milho em uma panela previamente untada com manteiga, adicionar sal, acender o fogo, e ficar ali vigiando, enquanto os grãos estouravam. A operação inteira durava, em média, dez minutos, e só as mães conseguiam executá-la adequadamente, até porque ainda era preciso lavar a panela depois.

Hoje, fazer pipoca em microondas dura cinco minutos, incluindo o tempo para comer a dita cuja. Escrever uma carta demandava muito mais tempo, porque era preciso ir até o correio para enviá-la. Tempo médio: entre trinta minutos e uma hora. Hoje, a mesma carta é enviada por correio eletrônico em trinta segundos. Portanto, o jovem que faz pipoca, ou que manda uma mensagem, ganhou tempo, que aproveita deitando no sofá e ouvindo som, ou jogando videogame. Segundo os pais, isso é preguiça pura. Segundo os filhos, é indulgência.

Nossos filhos estão sendo educados por uma geração que acredita que cada minuto do tempo deve ser preenchido com alguma atividade que nós, pais, chamamos genericamente de útil. Os filhos de nossos filhos serão educados por uma geração que está aprendendo a ser mais indulgente com ela mesma. Isso significa que, se nossos filhos não mudarem de idéia quando se tornarem pais, a geração de nossos netos será muito feliz. Olhando para nossos filhos, algo me diz que é muito melhor ser indulgente do que ser estressado. Até porque a história da humanidade está

Olhando para nossos filhos, algo me diz que é muito melhor ser indulgente do que ser estressado.

aí para provar que cada geração de filhos tem sido consistentemente mais inteligente e mais esperta que a geração de seus pais. Sabíamos disso quando éramos filhos. Só começamos a duvidar quando nos tornamos pais.

De olho nas mãos

Você acaba de ser contratado por uma daquelas empresas que têm muitos funcionários e encontra alguma dificuldade para saber quem é quem. Até porque, hoje, todo mundo se veste mais ou menos do mesmo jeito – isto é, do mesmo jeito que o diretor se veste. Então, para saber quais são as pessoas que podem vir a ser importantes para seu futuro, aqui vai uma dica: preste atenção no que as pessoas trazem nas mãos quando caminham pelo escritório. Quanto mais coisas levar, menor é seu nível hierárquico.

Quem segura uma única folha de papel, certamente é mais importante que a pessoa que carrega um punhado delas. E infinitamente mais importante que alguém que segura dezenas de envelopes. E se a pessoa estiver apenas com um papelzinho bem pequeno nas mãos? É preciso aumentar o número de observações para se chegar a uma conclusão. Quem carrega um papelzinho sempre que é visto, provavelmente é assistente que está levando números ao diretor. Se for visto apenas uma vez carregando o tal papelzinho, é o diretor que não gostou do número que o assistente levou e está indo tirar satisfações do gerente.

Qualquer pessoa que atravesse o escritório sem nada nas mãos é digna de ser observada mais cuidadosamente. Veja para onde está se dirigindo. Se entrar no banheiro, esqueça.

Se entrar em uma sala e sentar sem pedir licença, é diretor. Se entrar em uma sala e alguém que esteja sentado na cadeira levantar imediatamente e sair correndo, é vice-presidente. Ignore pessoas que andam de um lado para outro com celular nas mãos. São, no máximo, gerentes de segunda linha. Se tivessem uma posição hierárquica melhor, teriam uma secretária para atender as ligações.

Um borrão de tinta

Há muitos anos, fiz um psicoteste. O avaliador mostrou um borrão de tinta em uma folha de cartolina e perguntou o que eu estava vendo. Respondi que via um borrão de tinta em uma folha de cartolina. Graças à minha resposta, aconteceram duas coisas: a primeira é que, na avaliação do avaliador, fui classificado um milímetro acima dos aborígines australianos na escola da evolução intelectual. A segunda conseqüência é que minha empresa resolveu investir em mim e pagou um curso, acho que de criatividade funcional. E com mordomia! Além de pagar o ônibus de ida e volta de minha cidade no interior até a capital, a empresa ainda me concedeu uma verba de alimentação, suficiente para eu traçar um suco e um misto quente na lanchonete da estação rodoviária. Imensamente agradecido, esforcei-me muito durante o curso.

No final dele, passei por outro teste. O avaliador mostrou um borrão de tinta em uma folha de cartolina e perguntou o que eu estava vendo. Respondi: "Pégaso sobrevoando o cogumelo atômico de Hiroxima em um triunfo da liberdade sobre a ignorância". Um mês depois, fui promovido. Virei supervisor. É claro que não havia visto Pégaso nenhum na folha de cartolina.

Continuava vendo um borrão de tinta. Mas já havia entendido a primeira regrinha do aprendizado corporativo: o que a gente está vendo não tem importância. Importante é o que a empresa quer que a gente veja. Só mais tarde, quando viramos gerentes ou diretores, ganhamos o direito de enxergar com os próprios olhos e pensar com a própria cabeça.

O momento certo

Ler é importante. A leitura ensina e ajuda a refletir, diverte e emociona. No caso dos livros que falam sobre carreiras profissionais, todos os títulos disponíveis poderiam ser resumidos em uma única lição: "É preciso saber fazer a coisa certa na hora certa". Os maiores escorregões acontecem quando um profissional toma a decisão certa, mas na hora errada – ou toma a decisão errada na hora certa –, ou não decide quando deveria ter decidido.

Existem milhares de livros que ensinam que o mais importante na vida profissional é o equilíbrio – aquela capacidade fácil de explicar mas difícil de aplicar na vida prática – de perceber o momento correto de tomar uma atitude. E é exatamente na hora da dificuldade que os profissionais procuram conselhos nos livros. Há dezenas deles que dão ótimos conselhos, mas, para quem não tem tempo, ou condição, de ler todos, aqui vai um pequeno trecho de um que deu origem a todos os livros, a *Bíblia*. "Existe um tempo para plantar e um tempo para colher. Um tempo para botar tudo abaixo e um tempo para construir. Um tempo para chorar e um tempo para

> Ler é importante. A leitura ensina e ajuda a refletir, diverte e emociona.

rir. Um tempo para se lamentar e um tempo para se divertir. Um tempo para chegar perto das pessoas e um tempo para se afastar delas. Um tempo para juntar e um tempo para distribuir. Um tempo para calar e um tempo para falar". Esses versículos estão no capítulo três do Livro dos Eclesiastes, mas dão a impressão de que foram escritos hoje.

No fim, o autor faz a grande pergunta: "O que uma pessoa obtém realmente na vida com todo seu esforço?" E dá a resposta: "Não há nada melhor que ser feliz e gozar a vida, tanto quanto se puder". O maior mérito de um profissional é dedicar seu talento, seu conhecimento e seu tempo a uma empresa. O maior pecado é não achar tempo para cuidar de si mesmo.

Nome da escola faz a diferença

Nem todo mundo pode se formar em uma faculdade de grife. A grande maioria dos universitários que está no mercado de trabalho, ou está tentando entrar nele, é formada em faculdades que até podem ser boas, mas não têm renome. O problema é que muitas vezes as empresas esquecem que estão contratando uma pessoa e não uma escola. E coisas que vão ser importantíssimas depois acabam ficando em segundo plano na hora da contratação. Por exemplo, assiduidade. Empresas não gostam de funcionários que faltem ao trabalho por qualquer motivo. Mesmo assim, um aluno de uma faculdade de primeira linha, que passou quatro anos estourando o limite de faltas, tem mais chances

> Quem passou raspando em uma faculdade de nome, ou ficou de segunda época, ou foi reprovado, é mais bem recebido do que alunos que tiraram notas máximas em faculdades de segunda linha.

de ser contratado que um aluno de uma faculdade média, que nunca perdeu uma única aula durante todo o curso.

Empresas também querer ver resultados práticos. Mas na hora da entrevista, deixam de lado as notas que o aluno tirou. Quem passou raspando em uma faculdade de nome, ou ficou de segunda época, ou foi reprovado, é mais bem recebido do que alunos que tiraram notas máximas em faculdades de segunda linha. Isso acontece porque as empresas jamais pedem ao candidato um documento elementar: o histórico escolar. Ali, daria para saber coisas interessantes sobre um candidato a emprego. Mas o nome da escola acaba sendo mais relevante que os resultados obtidos pelo aluno. Por enquanto, infelizmente, bons alunos de escolas pequenas continuam tendo menos chances que maus alunos de grandes escolas.

Na dúvida, vá de administração

Volta e meia aparece em revistas especializadas uma pesquisa intitulada "As profissões do futuro". Para o jovem que está em dúvida sobre o curso que vai escolher, ou para os pais que precisam aconselhar os filhos sobre as melhores alternativas de carreira, essas pesquisas são prato cheio. Só depende cheio de quê. O futuro não é tão óbvio quanto as pesquisas indicam.

Em uma pesquisa feita em 1999, uma profissão muito recomendada era turismo. Porque o futuro do mundo era viajar, passear e se descontrair. Menos de dois anos depois, terroristas malucos botaram abaixo o World Trade Center, e daí em diante o turismo deixou de ser o grande negócio que parecia ser. De 2001 para cá, as empresas aéreas viram seus passageiros sumir e os hotéis, o índice de ocupação desabar.

Na pesquisa realizada em 2000, nada menos que 82% dos jovens entrevistados diziam que queriam trabalhar com internet. A pesquisa concluía que eles estavam absolutamente certos. Naquele momento, parecia que a internet era uma máquina de fabricar milionários instantâneos, e que seria assim por toda a eternidade.

O esvaziamento da nova economia, em 2002, mostrou que a eternidade não era tão eterna assim. Por isso, apesar das previsões, o futuro tem mudado muito pouco no mercado de trabalho. Hoje, como em 1999 e 2000, continua sendo bastante razoável para alguém que esteja em dúvida optar por um curso genérico – como administração. Depois, é preciso tentar conseguir um emprego razoável e ir se especializando conforme as oportunidades forem surgindo.

No Velho Testamento, Deus já avisava que o futuro será sempre imprevisível. Mas as pesquisas insistem em tentar prevalecer sobre a palavra divina. Por isso, aqui vai uma sugestão para quem está em dúvida: entre Deus e os pesquisadores, acredite em quem tem mais experiência.

O pescador e o consultor

Já ouviu falar em consultoria de carreira? São profissionais experientes especializados em dar conselhos a jovens que estão iniciando a vida profissional.

Um consultor de carreira tirou férias, viajou ao litoral, e notou um jovem pescador que voltava do mar todos os dias com dois peixes. Curioso, perguntou ao jovem por que ele pescava apenas dois peixes, e o jovem respondeu: "Ah, é tudo de que preciso para me alimentar bem".

O consultor perguntou, então, o que jovem fazia no restante do dia. Ele respondeu: "Bom, durmo depois do almoço, vou tomar umas cervejinhas com os amigos e fico tocando violão até a madrugada". Horrorizado, o consultor explicou que o jovem poderia pescar muito mais peixes e vender o excesso. Com o tempo, compraria mais barcos, criaria uma indústria de pesca e ficaria rico. O jovem perguntou quanto tempo isso iria levar. "Depende", disse o consultor de carreira. "Mas se você trabalhar com vontade catorze horas por dia, levará no máximo quinze anos". "Certo. E depois?", perguntou o pescador. "Bom, depois você pode pensar em expandir seus negócios para fora do Brasil. Criar uma multinacional de pesca. Vender ações na Bolsa de Nova York. E ficar milionário". "Certo", disse o jovem pescador. "E quanto tempo isso levará?". "Bom, trabalhando dezesseis horas por dia, mais quinze anos".

O jovem pescador ficou impressionado. Perguntou ao consultor: "Então, se não errei as contas, com sessenta anos, trabalhando duro de sol a sol, ficarei milionário. E faço o quê?". "Ah", disse o consultor de carreira,"aí vem a parte boa. Dos sessenta anos em diante, você poderá passar o restante de sua vida dormindo depois do almoço, tomando umas cervejinhas e tocando violão até a madrugada..."

Como trote de faculdade

Uma jovem de 23 anos foi contratada por uma empresa depois de um processo de seleção muito disputado. Eram mais de cinqüenta candidatos para uma vaga. A moça passou por uma bateria de testes. Faltou apenas a empresa fazer o mapa astral da coitadinha. Mas ela conseguiu ser aprovada. Depois de quatro meses na função, a jovem percebeu que as tarefas mais importantes que o chefe havia dado a ela foram:

- tirar xerox.
- atender ao telefone e dizer que o chefe estava em reunião.
- buscar cafezinho para o chefe.

A moça ficou, como ela mesma disse, re-vol-ta-da. De ótimo humor, perguntou quais seriam as chances de ser descoberta caso colocasse veneno no cafezinho do chefe.

Chefes agem assim por dois motivos: o primeiro é a insegurança. E a maneira de disfarçar esse sentimento é usar o cargo para mostrar autoridade. O segundo motivo é a desconfiança de que jovens recém-formados são incapazes de pensar por contra própria. Aliás, a mesma razão que leva muitos pais a tentar colocar coleira nos filhos adolescentes.

Minha sugestão para muitos funcionários iguais a essa jovem, que estão sendo subutilizados pelos chefes, é tirem xerox. Sirvam cafezinhos. Dói, mas passa logo. Revoltar-se não resolve o problema. Ao contrário, cria mais conflitos.

O mais importante é que esses jovens, no futuro, lembrem-se do que estão passando neste momento. E tratem seus futuros subordinados não como estão sendo tratados agora, mas da maneira como gostariam de ser tratados. Porque, infelizmente, o mundo corporativo é como trote de faculdade. Todo mundo reclama quando leva. Mas, no ano seguinte, diverte-se humilhando os calouros.

> Chefes desconfiam de que jovens recém-formados são incapazes de pensar por conta própria. A mesma razão que leva pais a colocar coleira em adolescentes.

Ser diferente

Um jovem tem uma tatuagem no pulso, bem visível. Uma moça, um *piercing* no nariz. Ambos vêm sendo seguidamente rejeitados em entrevistas de emprego. Embora nenhum dos entrevistadores tenha mencionado a tatuagem e o *piercing*, os jovens se convenceram de que essa é a verdadeira razão. Ser diferente da maioria tem suas vantagens e suas desvantagens. A vantagem é visual e a desvantagem, profissional.

Podemos separar as empresas em dois tipos: conservadoras e liberais. As conservadoras adotam trajes mais formais. As liberais permitem que seus funcionários trabalhem de roupa esporte. Bancos, por exemplo, são empresas conservadoras. Homens usam terno e gravata, mulheres, vestidos que não chamam a atenção. Empresas de tecnologia tendem a ser liberais. O traje é livre e os enfeites também.

A segunda distinção se dá entre funcionários que têm contato direto com clientes e funcionários que executam funções internas. Em uma empresa de telemarketing, que tende a ser liberal, o operador nunca é visto pelo cliente. Por isso, *piercings* e tatuagens não fazem diferença. Em um banco, os empregados que atendem clientes são sujeitos a um código de vestuário.

Um jovem tem uma tatuagem no pulso, bem visível. Uma moça, um *piercing* no nariz. Ambos vêm sendo seguidamente rejeitados em entrevistas de emprego.

Jovens que são diferentes estão perdendo 50% de chances de emprego. Isso pode até ser um tipo de preconceito, mas não é crime. Cada um é dono de seu nariz e tem o direito de colocar um *piercing* nele. Mas, pelos próximos dez anos, no mínimo, o lugar escolhido para o enfeite continuará a influir no lugar escolhido para trabalhar.

Ironia: investir para ser igual

Há cinco anos, conheci uma pessoa, o Luiz Fernando, cuja profissão pode parecer estranha: modelo de dedo. Muitas propagandas, em fotos de revistas ou em comerciais de tevês, mostram um dedo em close. Um dedo fazendo o sinal de positivo. Ou dois dedos segurando um cartão de crédito. Ou três dedos levantando um copo de cerveja. Todos esses dedos eram do Luiz Fernando. Ele nem aparecia no comercial, porque tinha um rosto normal e um corpo meio fora dos padrões estéticos. Mas os artistas dos comerciais não tinham dedos perfeitos, e o Luiz Fernando tinha. Ganhava uma nota exibindo unhas e falangetas.

Na indústria de aromas e perfumes existe uma profissão chamada aromista. Alguém que tem um nariz excepcional. O aromista consegue distinguir perto de quinze mil cheiros diferentes, enquanto um ser humano normal não chega a um décimo disso. Como não existe uma máquina capaz de fazer esse trabalho, o aromista é um dos mais bem pagos na indústria de perfumes. Ganha mais que o gerente.

Um afinador de piano tem um ouvido extraordinário. Um degustador tem um paladar muito acima da média. A história de todas essas pessoas mostra que elas só foram descobrir que contavam com uma habilidade, que ninguém mais tinha, por puro acaso. Cada um de nós tem, em maior ou menor grau, uma dessas habilidades especiais. Ela está escondida, esperando para ser descoberta. Mas quase nunca é, porque a maioria das pessoas se concentra em estudar e em fazer o que todas as outras estudam e fazem. Em um mercado de trabalho competitivo, difícil e complicado, é até irônico pensar que muitas pessoas, que podem ser diferentes, estão gastando muito dinheiro, e fazendo um grande esforço, para serem, apenas, iguais.

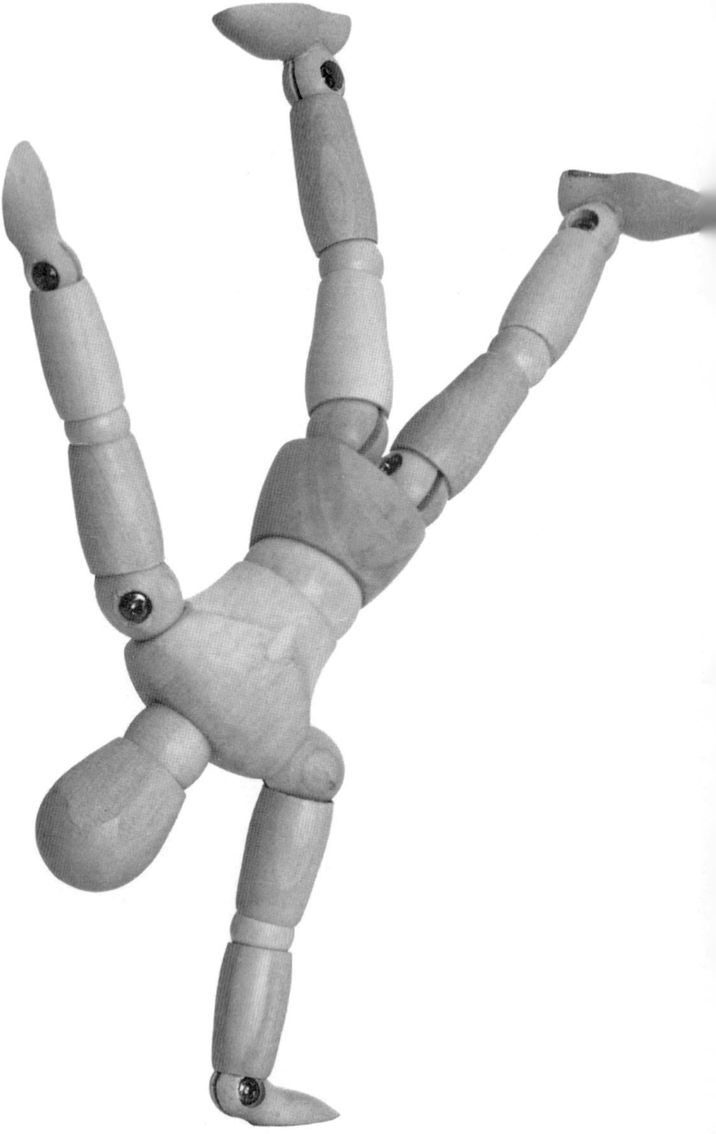

M de Marketing pessoal

Por que ótimos funcionários não conseguem ser promovidos? Porque fazem tudo certo, mas esquecem de algo muito importante: marketing pessoal. Marketing, todo mundo sabe, são as ferramentas que uma empresa usa para tornar seus produtos conhecidos, apreciados, comprados. Marketing pessoal indica que o profissional deve fazer a mesma coisa, mas em benefício da própria carreira.

Marketing pessoal é a habilidade que um funcionário tem de aparecer, sem ser chato. De conseguir a simpatia dos chefes, sem ser puxa-saco. Quem consegue, tem dez vezes mais chances de ser promovido do que alguém que só é competente.

Para quem quiser avaliar sua carreira até agora, e as possibilidades de futura promoção, aqui vão os Dez Mandamentos do Marketing Pessoal:

1. *Liderança*. Antes mesmo de ter um cargo, um funcionário pode influenciar seus colegas, muito mais do que é influenciado por eles. É um formador de opinião. E a empresa percebe isso rapidamente.

2. *Confiança*. Alguns funcionários são consultados por seus colegas sobre assuntos de trabalho, ou mesmo sobre temas que nada têm a ver com trabalho. Outros baixam a cabeça e só fazem o que têm que fazer.

3. *Visão*. É alguém entender o que está fazendo e por que está fazendo. E sugerir pequenas mudanças que podem melhorar o próprio trabalho e o dos colegas.

4. *Espírito de equipe*. É oferecer ajuda aos colegas sem ser solicitado. É se preocupar com que o trabalho dos outros saia bem-feito.

5. *Maturidade*. É saber solucionar conflitos sem provocar

mais conflitos. É saber apaziguar discussões entre colegas. E propor soluções que os outros consideram apropriadas.

6. *Integridade*. É fazer seu trabalho sem prejudicar ninguém. É não ser excessivamente ambicioso e querer atropelar quem aparecer pela frente. Pessoas assim provocam medo, tanto nos colegas, quanto no chefe. E, quase sempre, são isoladas.

7. *Visibilidade*. É se oferecer para fazer uma apresentação. É ser o primeiro a erguer a mão quando o chefe precisa de um voluntário para uma tarefa. É se apresentar para compor um grupo de trabalho, ou para ajudar a implantar um programa novo.

8. *Empatia*. É saber elogiar o trabalho de um colega e reconhecer os méritos dos outros. Quem elogia, é elogiado. Quem só critica sempre acaba sendo criticado.

9. *Otimismo, entusiasmo*. É conseguir enxergar o lado positivo de qualquer situação, principalmente aquelas que parecem ruins. É ser bem-humorado e aceitar eventuais críticas. Pessoas assim ajudam a criar um ambiente de trabalho saudável.

10. *Paciência*. É saber a hora certa de pedir oportunidades em vez de ficar reclamando que a empresa não dá oportunidades.

Evidentemente, não adianta ter tudo isso se o funcionário não consegue fazer aquilo que é pago para fazer – dar bons resultados em curto prazo. Mas as duas coisas juntas é que fazem uma carreira decolar.

Última dica: em uma empresa séria, quem tem marketing pessoal sempre recebe atenção da chefia e apoio dos colegas. Em uma empresa medíocre, a mesma pessoa pode ser percebida como ameaça. Em casos assim, não adianta querer mudar a empresa. É mais sábio mudar de empresa.

Com Rogério, não tem mistério

Tinha um colega, o Rogério, que trabalhava na área de sistemas. Acontece que sistemas é um daqueles departamentos que o restante de nós não entende muito bem. É assim uma espécie de caixa-preta que pode ser aberta apenas por especialistas vindos de Saturno. O Rogério não era muito reconhecido por sua criatividade e dificilmente seria listado entre as grandes inteligências da empresa. Na própria área de sistemas havia especialistas melhores que ele. Mas o Rogério tinha algo que seus colegas não tinham. Uma frase: "Com Rogério, não tem mistério". Vivia repetindo a frase pelos corredores, até que toda a empresa a soubesse de cor. Conclusão: quando alguém tinha um problema com sistemas, chamava o Rogério. Porque, com ele, não tinha mistério.

A frase tinha mais força que o conhecimento específico do Rogério. Todo mundo sabe que Arquimedes descobriu o princípio da alavanca. Porque Arquimedes tinha uma frase: "Dêem-me um ponto de apoio e eu moverei o mundo". Mas ninguém sabe quem é o autor do princípio da gangorra, ou o do pêndulo. Porque seus inventores esqueceram de criar uma frase de efeito, como Arquimedes fez.

> Todo mundo sabe que Arquimedes descobriu o princípio da alavanca. Porque Arquimedes tinha uma frase: "Dêem-me um ponto de apoio e eu moverei o mundo".

Quando os Estados Unidos desenvolveram a bomba atômica, em 1945, perto de cem cientistas, os mais brilhantes do mundo, participaram do projeto. Lembro-me apenas do sobrenome de um deles: Oppenheimer. Porque, ao ver a devastação que a bomba havia provocado em Hiroshima,

Oppenheimer disse: "Eu sou a morte". Para a história, a frase foi mais poderosa que a bomba.

No atual mercado de trabalho, em que todo mundo é relativamente igual, muita gente tenta se diferenciar investindo tempo e dinheiro em cursos. O que é bom. Mas alguns poucos criativos conseguem isso produzindo apenas uma frase. O que é melhor ainda, porque tem custo zero.

Qual é seu slogan?

Slogan é aquela frase curtinha que uma empresa coloca embaixo do logotipo. Há slogans tão bons que dispensam até o nome do produto. É o caso do célebre "uma boa idéia". Bons slogans duram para sempre. "Se é Bayer é bom" já tem mais de sessenta anos e ninguém na Bayer está pensando em mudá-lo.

Há uma máxima no mercado que diz: uma empresa se torna um sucesso a partir do instante em que começa a acreditar no próprio slogan. A mesma coisa acontece com um funcionário que quer subir na vida. Imagine, por exemplo, o seguinte slogan: "Sônia Maria, inteligência emocional, rapidez, confiabilidade e visão estratégica". Quem acreditaria em um produto com um slogan desses? Ninguém.

> Uma empresa se torna um sucesso a partir do instante em que começa a acreditar no próprio slogan. A mesma coisa acontece com um funcionário que quer subir na vida.

Certa vez, um funcionário meu, o Tiago, queria porque queria ser promovido. Eu estava convencido de que ele não merecia a promoção. Quando meus bons argumentos já haviam se esgotado, perguntei a ele: "Qual é a palavra que melhor define seu ponto mais forte"? Ele respondeu: "Criatividade". Pedi para dez colegas definirem o Tiago em uma única palavra. Nenhum dos dez mencionou criatividade. A maioria disse exatamente o contrário, definindo o Tiago como "mão na massa". Foi assim que o Tiago finalmente se convenceu.

A experiência foi tão positiva que resolvemos transformá-la em programa interno, chamado "qual é seu slogan?". Fizemos o mesmo teste com vários funcionários e descobrimos duas coisas: 80% deles não eram vistos pelos colegas da maneira como viam a si próprios. Os 20% que foram definidos pelos outros como definiam a si mesmos haviam se dado melhor na carreira. As pessoas mais bem-sucedidas são aquelas que não apenas acreditam em seu ponto forte, mas que conseguem transmitir isso claramente a seus superiores e a seus colegas. A sugestão é: faça seu próprio teste de slogan. Você irá se surpreender com o resultado.

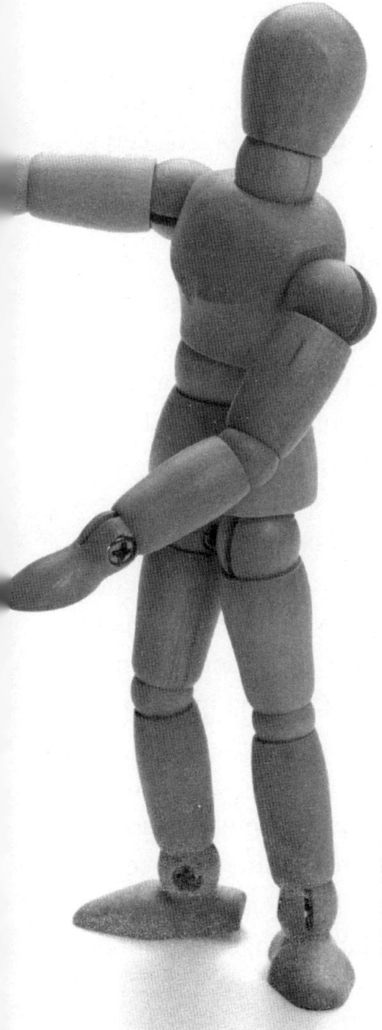

N de *Networking*

QUEM ESTÁ PROCURANDO EMPREGO, e não consegue, apesar de ter bom currículo, precisa aprender o conceito da palavra *networking*. A tradução é alguém bem empregado que possa dar referência, ou fazer recomendação, quando aparece uma vaga.

No passado, existiram palavras com sentido negativo para quem furava a fila de candidatos e conseguia emprego. Cunha. Pistolão. Peixada. Q.I., sigla para Quem Indicou. Todas essas palavras queriam dizer mais ou menos o seguinte: um incompetente conseguiu bom emprego porque conhecia a pessoa certa. Isso era justo? Claro que não.

Networking tem sentido bem diferente. No mercado de trabalho, para cada boa vaga que aparece, surgem dúzias de candidatos com boa qualificação. Todos têm cursos e experiências semelhantes. A empresa precisa escolher um. Mas qual deles? De cada dez vagas que são abertas, sete são preenchidas por meio de indicações de pessoas que já trabalham na empresa. Logo, entre vários candidatos competentes, leva vantagem aquele que tem o melhor *networking*.

Como se constrói um *networking*? Da mesma maneira que se cultiva uma árvore. Leva tempo. Não dá para plantar a semente e imediatamente colher os frutos. Conhecer uma pessoa e já ir entregando o currículo não é *networking*. É ser inconveniente. *Networking* não é uma questão de urgência. É uma questão de paciência.

Networking começa na escola. Sendo bom aluno e ganhando a simpatia dos professores, que são pessoas bem relacionadas. E com os próprios colegas. No futuro, alguns deles terão bons cargos e poderão fazer indicações. Mas quase ninguém, quando se forma, preocupa-se em montar uma agenda com os contatos de colegas e professores e ir mantendo o contato vivo através dos anos.

Oportunidades de conhecer profissionais sempre aparecem, mas raramente são aproveitadas. Exemplo: uma pessoa já foi centena de vezes ao mesmo supermercado e nunca se preocupou em se apresentar ao gerente da loja.

É importante também fazer cursos de curta duração, de um ou dois dias. Principalmente aqueles em que participam profissionais da área de recursos humanos. Nesses cursos, o conteúdo é menos importante que os contatos. Tanto que o intervalo para o cafezinho, que durava dez minutos, agora dura 45.

Networking é um exercício constante e contínuo. Pessoas com quarenta anos, que já conheceram centenas de profissionais na vida, não conservaram esses contatos. Por isso, quando ligam para pedir ajuda, correm o risco de não serem mais lembradas.

Em resumo, bom currículo, cheio de cursos, ou passado com muita experiência, levam alguém até a porta da empresa. *Networking* é conhecer quem tem a chave que abre a porta.

Networking da realeza

O fato de o Brasil ter sido descoberto em 1500 tem suas vantagens. A principal delas é que dá para fazer a conta de cabeça. Foi há 508 anos. Da equipe do intrépido Pedro Álvares Cabral fazia parte um escrivão, Pero Vaz de Caminha, encarregado de comunicar, por escrito, a façanha do descobrimento ao rei de Portugal. Caminha conseguiu esse importante cargo porque tinha um grande diferencial no mercado de trabalho do século XV: sabia ler e escrever.

A Carta de Caminha é um documento de grande volume.

Tem nada menos que 7.906 palavras, suficientes para encher, hoje, quinze páginas de texto. Para nós, trabalhadores, o ponto mais interessante da Carta de Caminha é o último parágrafo – o único trecho que nada tinha a ver com o Brasil.

Nele, Caminha começa reiterando sua irrestrita obediência ao rei, ao escrever: "Em outra qualquer coisa que de Vosso serviço for, Vossa Alteza há de ser de mim muito bem servida". E, então, Caminha solicita um favorzinho especial: a transferência de seu genro, Jorge de Osório, de São Tomé, na África, para Lisboa.

Assim, no primeiro documento escrito em terras brasileiras, Caminha já inaugurava a arte do *networking*. Que significa conhecer a pessoa certa, e aproveitar o momento certo, para pedir um favor. Não por acaso, depois de solicitar o favor, Caminha escreve: "Beijo as mãos de Vossa Alteza". Ou seja, uma bajulada no saco real, um pedido e outra bajulada.

Mais de quinhentos anos depois, muita coisa mudou neste país. Mas o *networking* continua firme. Uma boa rede de relacionamentos continua a ser essencial para quem quer conseguir emprego, ou promoção. Como Caminha tão descaradamente demonstrou em sua carta, quem não conhece alguém que decide fica marcando passo. Mas quem conhece a pessoa certa, caminha.

> Uma boa rede de relacionamentos continua a ser essencial para quem quer conseguir emprego, ou promoção.

Apelar na hora certa

Certa vez, em uma conferência para executivos, alguém me pediu para definir empregabilidade. Mencionei o melhor exemplo de empregabilidade que conheço. Hebe Camargo. A platéia fez aquele muxoxo, assim, mmmm... demonstrando algum desinteresse.

Disse ok, esqueçam. Vamos fazer, então, um teste prático de empregabilidade. Pedi para que cada pessoa na platéia fechasse os olhos e pensasse em um profissional. Qualquer profissional. Famoso ou desconhecido, tanto fazia. Mas com algumas características especiais: teria que ser alguém que houvesse começado a trabalhar com quinze anos, ter sido assalariado a vida inteira e, mesmo assim, ter conseguido ficar rico. Agora, disse eu, imaginem que esse profissional tenha ultrapassado 75 anos, mas continua trabalhando ativamente. E, se pedir a conta neste momento, ou se for dispensado, vai poder dormir tranqüilo, porque sabe que amanhã cedo vai acordar com duas ou três propostas de emprego para avaliar. Ok? Pensaram? Lembrem de que não estamos falando de patrões nem de empresários, mas de empregados. Com carteira assinada. Então, digam o nome desse profissional.

Difícil, não é mesmo? Bom, gostaria de lembrar que Hebe Camargo preenche todos esses requisitos. Ninguém precisa ser como ela é, nem fazer o que faz, nem dizer as coisas que diz, mas empregabilidade significa conseguir o que ela conseguiu: carreira longa, bons salários e convites permanentes para novos empregos.

Qual é o segredo por trás disso? Atualização permanente. Fazer antes o que todo mundo vai fazer depois. Rede de contatos. Conhecer as pessoas certas e saber a hora certa de apelar a elas. Empregabilidade é apenas isso. Como se vê, a palavra pode ser complicada, mas o conceito, para quem sabe usá-lo bem, é uma gracinha.

Santos contatos

O círculo de relacionamentos é uma das coisas mais importantes no mercado de trabalho. Conhecer as pessoas certas, e se relacionar com elas, é meio caminho andado para conseguir bom emprego, ou boa oportunidade de negócios. Mas existe uma regrinha que nos permite saber quem realmente tem *networking* e quem está apenas blefando. A regrinha é a seguinte: quanto mais gente uma pessoa menciona em uma conversa, menos conhece de fato.

Todos nós passamos por experiências assim várias vezes ao dia. Quando fazemos uma pergunta cuja resposta é um número, mas ouvimos um nome. Por exemplo, perguntamos: "Que horas são?" A pessoa responde que ganhou aquele relógio de um grande amigo, que por acaso é desembargador do Supremo Tribunal Federal. Ou seja, estamos diante de um enrolador. Ou então, vamos a um almoço de negócios e, na hora de escolher o prato, a pessoa à nossa frente diz, sem ninguém ter perguntado, que na semana passada almoçou com um diretor de banco.

Na vida corporativa, conheci muitos profissionais que tinham realmente bela agenda de contatos. Mas só fiquei sabendo disso depois, por meio de outras pessoas. Bom *networking* é, acima de tudo, confidencial. Porque as pessoas que realmente tem bom *networking* não usam nomes de seus santos contatos em vão.

Poupança profissional

Outro dia, recebi uma ligação de uma pessoa que trabalhou comigo dez anos atrás. Vou chamá-lo de Airton, entre outras coisas porque o nome dele é Airton. Deduzi que o Airton, em teoria, queria saber como iam as coisas, porque me perguntou: "Max, como vão as coisas?". Respondi com outra pergunta: "Quem está falando?". O Airton disse o nome dele e eu não lembrei quem era. O Airton, então, falou que havia trabalhado comigo, e continuei não lembrando. Lá pelas tantas, o Airton esclareceu que a gente não tinha, assim, muito contato. Finalmente, confessou que nunca tínhamos nos encontrado pessoalmente, apenas trabalhávamos na mesma empresa, mas em prédios diferentes.

O círculo de relacionamentos, ou *networking*, é uma das coisas mais importantes hoje. Em muitos casos, vale mais que o currículo. A maioria imagina que fazer *networking* é conhecer gente de outras empresas. Na verdade, o bom *networking* começa em casa, com as pessoas da própria empresa. Muita gente que está empregada perde a chance de fazer contatos com colegas dos quais poderá precisar daqui a cinco, dez, quinze anos, e que estão ali, bem ao lado, disponíveis para uma conversa. Esse relacionamento interno não tem nada a ver com amizade nem com coleguismo, é apenas, digamos assim, uma poupança profissional. Para que funcione, é preciso que o funcionário se torne conhecido dentro da empresa. Que circule por outros departamentos, apresente-se, converse, ajude, reparta informações. Se a outra pessoa é simpática ou antipática, receptiva ou mal-humorada, não tem importância. O importante é fazer contato com todo mundo, porque ninguém sabe quem estará aonde daqui a alguns anos.

Pouca gente que está empregada percebe a importância do *networking* interno. O Airton, por exemplo, não percebeu, e só agora está descobrindo como vão as coisas. Sem boa rede de relacionamento, as coisas não vão.

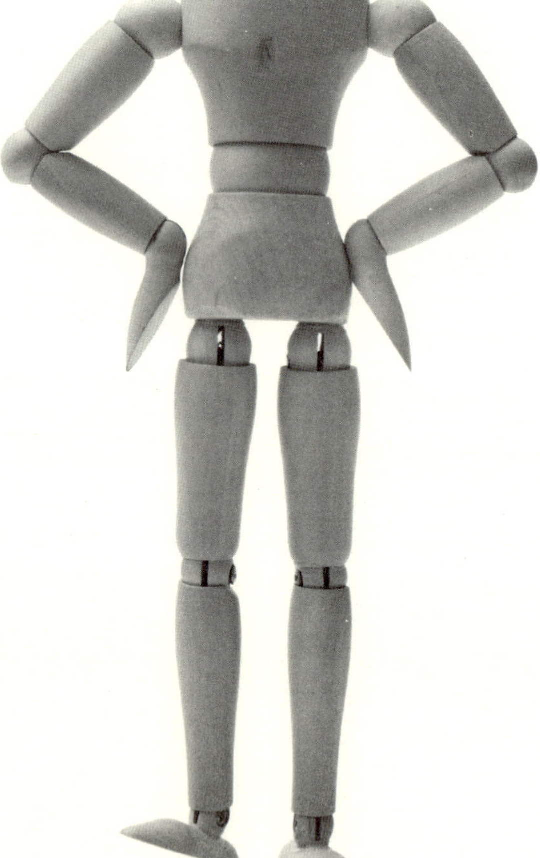

P de Patrão ou empreendedor

QUANTAS PESSOAS JÁ NÃO PENSARAM, ou ainda estão pensando, como seria maravilhoso ser donas do próprio nariz? Não ter que agüentar um chefe sem noção? Não ter que dar satisfação a ninguém? Acordar e dormir na hora em que quiser? Em resumo, ter uma empresa em vez de ser empregadas?

Tudo isso parece sonho. Mas não é. Essa deve ser a primeira decisão que uma pessoa toma na vida profissional. Resolver se nasceu para ser dona ou empregada. Mas pouca gente pensa seriamente nisso. E raras faculdades oferecem aos alunos um teste de vocação que ajudaria muito na tomada dessa decisão. De modo geral, as faculdades preparam os jovens para ser empregados. E pais que sempre foram empregados aconselham os filhos a procurar boa colocação. Por isso, quando um jovem se forma, já sai buscando estágio em uma empresa.

Ser empregado ou ser dono não é uma questão de escolha. É uma questão de vocação. Quem tem vocação para ser empregado irá se dar mal se trabalhar por conta própria. E quem tem vocação para dono se dará pior ainda se for trabalhar em uma empresa.

Ser empregado é bom. Ser dono também é. O importante é achar o caminho certo. Vamos, então, a uma pequena lista de características:

- quem nasceu para empregado gosta de trabalhar em grupo e aceita sugestões. Quem nasceu para dono gosta de tomar decisões sozinho e detesta ouvir palpites.
- quem nasceu para empregado aprecia a estabilidade e o salário garantido no fim do mês. Quem nasceu para dono gosta de correr riscos.
- quem nasceu para empregado se enquadra na hierarquia.

E não se sente mal ao obedecer a uma ordem do chefe, mesmo que não concorde com ela. Quem nasceu para dono só se sente bem quando manda.

▌quem nasceu para empregado gosta de horários. Gosta de planejar o que vai fazer no fim de semana e nas férias. Quem nasceu para dono acha que toda hora é hora de trabalhar, incluindo domingos e feriados. E também acha que tirar férias é perda de tempo.

▌quem nasceu para empregado é ótimo para administrar o dinheiro da empresa, mas prefere deixar o seu na poupança. Quem nasceu para dono não vê problemas em fazer dívidas, porque acredita que irá recuperar rapidamente o que pediu emprestado.

Vocação é quando a cabeça decide e o coração acompanha. Muito empregado pensa em trabalhar por conta própria pelos motivos errados. Porque não gosta do chefe. Ou porque não se dá bem com os colegas. Ou porque a empresa não dá oportunidades. É um erro. É tentar resolver um problema criando outro.

Você ainda está em dúvida? Então, é bem possível que tenha nascido para ser empregado. Quem nasceu para dono não tem dúvida. Só certezas.

Antes opção, agora necessidade

A cada dia que passa, abrir o próprio negócio está deixando de ser alternativa para poucos e se tornando quase necessidade para muitos. Por um motivo muito simples: não existe emprego suficiente para todo mundo. Para cada dez jovens bem qualificados, não existem mais que três empregos.

É claro que ainda existem muitos entraves para quem decide abrir seu próprio negócio. O maior deles é a dificuldade para conseguir financiamento. As exigências são muitas e os juros são indecentes. A segunda é a burocracia. O que lá fora leva dias, aqui leva meses. A terceira são os impostos. O Brasil é um dos campeões mundiais de impostos. E a quarta dificuldade é psicológica. Existe uma estatística que diz que de cada dez pequenas empresas que são abertas, cinco desaparecem antes de completar três anos. Todo mundo se assusta com esse risco, mas pouca gente pergunta qual seria esse número nos Estados Unidos ou na Europa. E a resposta é: mais ou menos a mesma coisa que no Brasil. Lá fora, as pessoas encontram menos entraves burocráticos para abrir uma empresa, pagam menos impostos, contam com juros mais camaradas, mas metade das empresas quebra.

De qualquer forma, tanto lá como aqui, 50% de chance de acertar continuam sendo bastante aceitáveis. Conforme o tempo vai passando, mais jovens vão se convencendo de que terão que trabalhar para si mesmos, porque não haverá vagas para trabalhar para os outros. Esses jovens, os chamados novos empreendedores, são o futuro do Brasil. Nenhum dos países mais ricos e poderosos do mundo ficou rico porque formou bons empregados. Esses países só ficaram ricos porque formaram grandes empreendedores.

> Quem nasceu com vocação para ser empreendedor dificilmente vai se dar bem como empregado.

Individualista ou participativo

Seja um empreendedor dentro da empresa em que você trabalha. Decida como se a empresa fosse sua. É verdade que o empreendedor tem certas características que são importantes para um empregado. Por exemplo, a capacidade de enxergar todos os ângulos de uma questão. A facilidade para criar relacionamentos internos e externos. A criatividade na hora de avaliar um problema. E a preocupação constante e quase paranóica com custos. Mas o verdadeiro empreendedor também tem certas características que são nocivas a um empregado. Por exemplo, a de tomar decisões sem precisar dar satisfações a ninguém.

Quem nasceu com vocação para ser empreendedor dificilmente vai se dar bem como empregado. Mal chega à empresa e já acha que todo mundo é lento. Não gosta de trabalhar em equipe, porque empreendedor de verdade é individualista. Quando alguém pede uma explicação, considera isso ofensa pessoal.

Quem nasceu para ser empregado não se dá bem como empreendedor. Muita gente que sai de uma empresa – ou é saído dela –, e resolve abrir o próprio negócio, descobre rapidinho que era eficiente como empregado porque estava embaixo de um guarda-chuva que tornava tudo mais fácil. Quando surgia um problema, bastava escrever um relatório, ou convocar uma reunião. E o problema era imediatamente diluído ou repartido com os colegas.

Quem trabalha em uma empresa que incentiva o empreendedorismo interno, e quer ter sucesso nela, deve seguir o exemplo dos jogadores de futebol. Eles têm total liberdade para fazer o que quiserem em campo, desde que façam o que o técnico mandou.

Baixa sobrevivência

Sempre há alguém que admite estar cansado de trabalhar em empresas porque a pressão é muita e a satisfação, pouca. E a idéia que vem a seguir é abrir o próprio negócio justamente para nunca mais ter chefe na vida. A primeira coisa que essa pessoa precisa saber é que suas chances de sobrevivência como pequena empresária são baixas. De acordo com o Sebrae – sigla de Serviço Brasileiro de Apoio às Micro e Pequenas Empresas –, *metade* das novas empresas desaparece entre três meses e dois anos. Em cinco anos, esse número sobe para 70%. Portanto, de cada três pequenas empresas abertas no Brasil, só uma vai agüentar o "tranco". Por que dois terços das empresas não dão certo? Porque são abertas mais na base da emoção do que da razão. Entusiasmo e otimismo são coisas positivas. Mas, juntas, não criam pequenas empresas. Criam bombas-relógio que explodem em alguns meses.

A segunda coisa a ser levada a sério é que o Sebrae tem esse nome – Serviço de Apoio – porque ajuda a quem não tem muito conhecimento sobre todos aqueles detalhes necessários para abrir e gerir uma empresa. Onde obter financiamento, como montar fluxo de caixa, quais impostos incidem sobre produtos ou serviços. Coisas com as quais funcionários de grandes empresas nunca precisaram se preocupar. Até que o Sebrae diga que o negócio pode ser viável, é recomendável tratar bem o chefe.

Tudo começa com o fundo de garantia

Quem pretende abrir seu próprio negócio precisa de capital. E esse capital pode ser conseguido de forma até simples – basta que a empresa em que se trabalha concorde em dispensar, sem justa causa. Assim, é possível sacar o fundo de garantia. Qual é a melhor maneira de pedir para ser dispensado? Só existe uma:

explicar a situação ao chefe. Depois, fazer o pedido. Na quase totalidade dos casos, a resposta é não. Em letras maiúsculas.

Dispensar alguém que não precisa ser dispensado significa custo desnecessário para a empresa. Porque ela tem que pagar multa de 40% sobre o valor do fundo de garantia. O dinheiro do fundo pertence ao funcionário, mas a multa sai do caixa da empresa. E vai para o bolso do funcionário demitido. Assim, se a empresa for camarada, ele não sacará o fundo e ainda ganhará 40% a mais, e de graça.

Acontece que "camaradagem gratuita" não é o forte de nenhuma empresa que conheço. Mas vale aquele ditado: conversando a gente se entende. Até porque é preciso lembrar que confronto nunca vale a pena. A diplomacia é sempre o melhor caminho. Com bastante jeito, é possível convencer o chefe a ser aliado. Se ele não concordar, é porque está sendo pago para rejeitar propostas desse tipo.

Já vi pedidos como esse serem atendidos. Foram casos muito raros, de funcionários com bastante tempo de casa e comportamento exemplar durante muitos anos. A dispensa a pedido não é um favor que a empresa faz a quem pede. É um prêmio que dá a quem fez por merecer.

> Qual é a melhor maneira de pedir para ser dispensado? Só existe uma: explicar a situação ao chefe.

Empregado com o olho do dono

Algumas empresas já estão implantando o programa de empreendedorismo interno. O lema é: "Aja como se a empresa fosse sua". Embora seja muito interessante, essa solução esbarra em um pequeno detalhe: a empresa não é do funcionário. O objetivo é estimular cada empregado a olhar para o que está fazendo, encontrar maneiras de agir com mais produtividade e mais eficiência e gerar menos perdas. Ou seja, olhar para si mesmo com o olho do dono.

Em um primeiro momento, os empregados se empolgam com o programa e começam a olhar para o que os outros estão fazendo. Quem trabalha na área administrativa tem boas idéias para melhorar o desempenho da área de vendas. Mas, ao apresentar essas idéias, consegue o óbvio: deixar o pessoal de vendas profundamente irritado.

O funcionário também pode começar a pensar como dono, mas continua tendo um chefe. Suas sugestões devem ser apresentadas e discutidas com ele. Se resolver sair pulando degraus, vai acontecer o inevitável: além de já ter criado um problema com o pessoal de vendas, criará outro.

O programa de empreendedorismo interno é ótimo, mas só vai ter efeito se o empregado começar a pensar como dono. Sem jamais esquecer que continua sendo empregado e subordinado.

Mandar, melhor que ser mandado?

Poder é uma palavra que veio de posse. Antigamente, os poderosos mandavam e desmandavam porque tinham a posse das terras, a posse dos melhores exércitos e até a posse sobre a vida dos camponeses que habitavam em suas terras. Hoje, pessoas ciumentas tendem a ser possessivas, porque se acham donas das ações de seus namorados, maridos ou funcionários. Mas da palavra posse surgiu outra, que está no meio do caminho entre mandar e ser mandado. É a palavra possível. Literalmente, significa dá para tomar posse. É essa palavra, mais que qualquer outra, que diferencia o empreendedor do empregado.

O empregado admite que a empresa em que está trabalhando detém a posse de seu tempo, a posse de suas atividades e, principalmente, a posse de suas idéias. O gerente de pesquisa e desenvolvimento de uma empresa, responsável por um produto revolucionário, tem o mérito da criação, mas não tem a posse. O lucro fica com o dono do poder, a empresa. O empreendedor é alguém que achou possível escapar desse sistema e ser o proprietário dos resultados, bons ou ruins, que seu esforço irá gerar.

No mundo moderno, ser empregado é uma opção vista como razoável e aceitável, social e profissionalmente. Bons empregados vivem em paz com sua escolha pessoal e alguns até conseguem receber compensação financeira adequada ao seu talento e esforço. Alguns, não todos. Do outro lado, estão os pequenos empreendedores, que vão à luta com a cara e a coragem, sem muito apoio. No fundo, a opção por uma carreira, ou por um negócio próprio, é uma questão ornitológica. O empregado está satisfeito com o passarinho que tem na mão. O empreendedor acha possível pegar os dois passarinhos que estão voando.

Geração sem emprego

Periodicamente, a imprensa especializada em negócios e carreiras publica matérias com o mesmo título: as profissões do futuro. São levantamentos que ajudam a entender para qual direção vai o mercado de trabalho. Ou, mais especificamente, quais cursos oferecerão as melhores oportunidades de emprego.

No período de 1970 a 2000, esses levantamentos apontavam para profissões bem conhecidas, como engenharia, administração, economia, advocacia. Nos últimos cinco anos, os levantamentos vêm mudando de rumo. Uma pesquisa do Instituto de Administração da Universidade de São Paulo indicou que, nos próximos anos, as melhores oportunidades estarão na prestação de serviços e nos ramos de hospedagem e alimentação. Ou seja, nada a ver com cursos específicos, já que uma franquia de uma rede de alimentação pode ser aberta por um engenheiro ou um advogado. E qualquer curso permite a montagem de uma consultoria que vai prestar serviços para empresas.

A conclusão é que emprego é uma palavra que mudou de rota. Nossos pais e nossos avós passaram a vida em três ou quatro empresas, no máximo. Por um motivo muito simples: havia empregos suficientes. Hoje, não há mais. As empresas estão enxugando seus quadros e gerando, no máximo, três novas vagas para cada dez pessoas que entram no mercado de trabalho. Essa é a grande mudança.

Sete, de cada dez pessoas, não poderão depender de empresas para ter emprego. Terão que gerar seus próprios empregos. A profissão do futuro, portanto, será a de chefe. Chefe de si mesmo. Pouca gente ainda enxerga isso como possibilidade concreta. Mas sete de cada dez pessoas, independente da idade, ou da formação, deveriam pensar seriamente no assunto. Ou por estatística, ou por vocação, ou por falta de opção.

Quando é questão de ética

Uma dúvida existencial rondou um gerente comercial de uma empresa que revendia material de informática. Como conhecia bem o negócio, percebeu que poderia abrir sua própria empresa. Tinha bom relacionamento com os fornecedores, que poderiam passar a vender para ele, já que não existia contrato de exclusividade com a empresa em que trabalhava. Quanto aos clientes, conhecia muito bem a todos. Muitos deles foram conquistados pelo próprio gerente. A questão era: seria ético, ou ele estaria cometendo um ato de traição contra a empresa em que trabalhava?

Uma grande quantidade de empresas que hoje existem, nos mais variados setores, surgiu de dissidências. Foram criadas por ex-funcionários que entendiam o suficiente do negócio para criar a própria empresa. Portanto, não existe falta de ética em se tornar concorrente do patrão. A falta de ética existe se algum material pertencente à empresa em que se trabalha for levado para a que se pretende montar. A lista de clientes, quanto compram, quanto pagam, quais as condições de pagamento é propriedade da empresa em que se trabalha, e não do futuro empreendedor.

Não vai ser fácil para uma pessoa inexperiente competir com uma empresa já estabelecida no mercado. No momento em que o patrão descobrir o que o futuro empreendedor pretende fazer, imediatamente ligará para os melhores clientes. E oferecerá condições mais favoráveis de preço e de prazo para mantê-los fiéis.

A melhor atitude é não projetar a situação atual para o futuro, porque ela vai mudar. E ter em mente que ótimo empregado nem sempre se torna ótimo empresário. O empregado tem uma estrutura por trás dele. O empresário tem que decidir sozinho. A decisão de deixar de ser uma coisa para se tornar outra não depende tanto de ética. Depende de análise muito bem detalhada dos riscos. E, principalmente, pouco de entusiasmo e muito de juízo.

P DE PRIMEIRO EMPREGO

QUEM ESTÁ ENTRANDO NO MERCADO DE TRABALHO não sabe ao certo o que pode servir de motivação para arrumar o primeiro emprego. Os pais, quase sempre, insistem que fazer faculdade é o primeiro passo para se conseguir bom emprego e, conseqüentemente, ganhar dinheiro. Mas nem todos concordam que o salário deve ser considerado como fator de motivação. E essa é uma verdade parcial. Certamente vale para o primeiro emprego. Mas só é válida durante curto período de tempo. Quem entra em uma empresa ganhando pouco, e depois de um ano continua ganhando pouco, não tem como manter a motivação em alta.

A palavra motivação significa que qualquer funcionário deve encontrar motivos para se manter entusiasmado, produtivo, cheio de energia. Com exceção do Dalai Lama e de mais meia dúzia de criaturas cósmicas, o principal fator de motivação é mesmo a remuneração. O melhor exemplo disso são os professores. Ganham pouco, muito pouco, se considerarmos a importância do trabalho que executam. Como conseqüência, a educação no Brasil não é boa. Em qualquer comparação de conhecimento de nossos alunos com o de alunos de outros países, saímos perdendo sempre. Mas a culpa não é dos professores. É do sistema, que paga mal. Professores têm que dar muitas aulas por dia, ou dar aulas em várias escolas, para conseguir um salário minimamente decente no final do mês.

Bom salário só não motiva quem já ganha bem, porque qualquer ser humano normal acha que está ganhando menos do que merece. Não há dúvida de que, de todos os fatores que geram desmotivação, um salário abaixo da média do mercado sempre estará no topo da lista.

Estagiário ou *trainee*

Existe uma bela diferença entre estagiário e *trainee*. O estágio é regido por uma lei federal. Para se candidatar a um programa de estágio, um jovem precisa estar matriculado em um curso superior, ou em um curso profissionalizante de segundo grau. O estágio faz parte do programa de graduação, e não existe nenhum compromisso por parte da empresa quando o estágio termina. O estagiário não é um funcionário da empresa. O artigo seis da lei diz que não existe vínculo empregatício durante o estágio. Ou seja, o estagiário não tem registro em carteira, não tem direito a férias, 13º salário, fundo de garantia, nem aos eventuais benefícios que a empresa oferece aos empregados regulares, como vale-transporte e vale-refeição. A carga horária do estágio não pode ser inferior a um semestre. Embora não exista obrigação legal de pagar o estagiário, quase todas as empresas concedem bolsa-auxílio mensal. O valor é determinado por elas. Atualmente, varia de 300 reais a 600 reais por mês.

O *trainee* é, de fato, um funcionário da empresa, com todas as garantias trabalhistas. Pode estudar ainda, mas, na maioria dos casos, é recém-formado. Durante um período de tempo determinado pela empresa, o *trainee* será treinado e preparado para assumir a função de supervisor ou gerente. O tempo que um jovem passa como *trainee* normalmente varia entre um e dois anos. Algumas empresas oferecem um processo chamado estagiário *trainee*. Isso funciona como garantia de que, ao fim do estágio, o jovem será efetivado como *trainee*. Mas esses processos são tão disputados que é mais fácil um jovem ser contratado como auxiliar administrativo do que como *trainee*.

Bons relacionamentos, costuras políticas

Jovens que estão fazendo curso superior, e se preparando para ingressar no mercado de trabalho, precisam estar conscientes de que a faculdade não está ensinando nem metade do que é necessário para ter uma carreira bem-sucedida. Escolas repassam apenas o conhecimento técnico, que é indispensável, mas nem de longe será suficiente.

Quem perguntar a um profissional de uma empresa quais fatores ajudam na ascensão da carreira, receberá como resposta uma lista de habilidades pessoais. A habilidade de entender pessoas e de se relacionar com elas. A habilidade de fazer boa apresentação oral, capaz de convencer uma platéia a comprar uma idéia. A habilidade de negociar em situações adversas. A habilidade de costurar relacionamentos políticos. Nenhuma dessas habilidades faz parte do currículo das faculdades. Isso não quer dizer que as universidades estejam desatualizadas. Quer dizer apenas que fazem o que se propõem a fazer – proporcionar base teórica, que vai colocar o recém-formado nos primeiros degraus de uma longa escada.

A questão é que muitos jovens – diria a maioria deles – entram no mercado de trabalho imaginando que a empresa é uma extensão da faculdade. Quando a empresa é outro mundo. E isso explica por que alunos apenas regulares podem ter mais sucesso profissional do que alunos com excelente desempenho escolar.

> O jovem de dezoito anos quer ter sucesso na vida. Mas sucesso é particípio passado do verbo suceder, aquilo que já aconteceu.

Sempre dei muita atenção a candidatos a emprego que fizeram parte do diretório acadêmico de faculdades. Porque, paralelamente aos estudos, estavam aprendendo a vender idéias, a se comunicar, a costurar relacionamentos. Conscientemente ou não, estavam fazendo dois cursos ao mesmo tempo. O teórico, importantíssimo, e o prático, que realmente irá fazer a diferença.

Sucesso é... o que já aconteceu!

Quando consegue seu primeiro emprego, ainda que seja de estagiário, o jovem de dezoito anos fica feliz momentaneamente. Como é muito ambicioso, porém, quer ter sucesso na vida. E pergunta o que precisa fazer para chegar a esse fim. A primeira coisa que precisa entender é o significado da palavra sucesso. Sucesso é o particípio passado do verbo suceder. Sucesso, portanto, é aquilo que aconteceu. A maioria das pessoas define, erroneamente, como aquilo que ainda vai acontecer.

O melhor exemplo disso é uma música que começa a fazer sucesso. A música levou meses para ser composta, arranjada, ensaiada, gravada, distribuída e divulgada. Isso significa que, ao ouvirmos a música pela primeira vez, e nos encantarmos com ela, todo o trabalho que precisava ser feito, já foi feito.

Na vida profissional, sucesso é cada uma das pequenas tarefas que uma pessoa executa. Se aquele estagiário pensar que o sucesso virá no dia em que for promovido a gerente, estará perdendo tempo precioso. Toda essa ambição deve ser transformada em energia a curto prazo. A pequena tarefa que acabou de completar, pontualmente, com eficiência e sem falhas é um sucesso.

Os pequenos sucessos diários, que parecem não ter muita importância, é que transformam a pessoa, um dia, naquilo que hoje define como sucesso. Por isso, não se pode confundir sucesso com sonho. Sonho é o que se espera que aconteça. Sucesso é o que acabou de fazer acontecer. É preciso pensar na carreira profissional como uma longa escada. O sucesso não está lá no topo, mas em cada um dos degraus.

Boa idéia: ter um mentor

Muitas faculdades estão recomendando a jovens recém-formados, que acabaram de entrar no mercado de trabalho, que tentem encontrar um mentor. Várias empresas também sugerem a seus executivos que tenham um mentor. É uma boa idéia. Um mentor é um conselheiro, uma pessoa com mais experiência.

Com um mentor, uma pessoa aprenderia certas coisas mais rapidamente, poderia tirar dúvidas em relação à carreira, e não cometeria os mesmos erros que o mentor cometeu quando ainda era jovem e inexperiente. Para quem está pensando em ter um mentor, aqui vão três dicas:

- o mentor precisa conhecer muito bem seu pupilo. Desde a infância, de preferência;
- o mentor não é uma pessoa que vai ajudar a arranjar emprego, ou a conseguir promoção;
- o mentor não precisa "servir" em tempo integral. Mas se colocar à disposição do pupilo, e conversar com ele várias vezes ao dia, mesmo quando não houver nada para conversar. O mentor não decide, apenas orienta. Mentor por correio eletrônico ou

> Um mentor ajuda a tirar dúvidas em relação à carreira, mas não a arrumar emprego.

por telefone, que dá sugestões de vez em quando, mais atrapalha do que auxilia.

A palavra mentor foi tirada de uma obra clássica, a *Odisséia*, escrita pelo grego Homero há quase três mil anos. O herói, Ulisses, ao perceber que passaria longo tempo longe de casa, deixou suas propriedades e sua esposa Penélope aos cuidados de um amigo fiel, chamado Mentor. A grande lição da *Odisséia* é que apenas ter um mentor não é garantia de nada. Porque, para Penélope e Ulisses, as coisas foram de mal a pior. Quer dizer, a própria história mostrou que ter um mentor ajuda, mas nem sempre resolve.

Time pequeno, grande jogador

Duas perguntas sempre são feitas por jovens que estão iniciando a carreira: vale a pena trabalhar em uma empresa pequena e desconhecida? E essa atitude não vai ser prejudicial na hora de participar de uma entrevista em uma empresa grande?

Para explicar que não importa o tamanho de onde se trabalha, mas a vontade com que se trabalha, vou contar uma historinha. No interior de São Paulo existe uma cidade chamada São João da Boa Vista. No fim da década de 1940, a cidade tinha um time de futebol, Associação Desportiva Sanjoanense, que não existe mais. A Desportiva Sanjoanense nunca foi uma potência, nem chegou perto de disputar os principais campeonatos do estado. Mas, em 1948, o zagueiro central era um jovem de Itapira, Hideraldo Luiz Bellini. E o reserva era um jovem de Poços de Caldas, Mauro Ramos de Oliveira.

> Os jovem têm a seguinte dúvida: vale a pena trabalhar em uma empresa pequena e desconhecida?

Bellini foi para o Vasco e se tornou o primeiro capitão de uma seleção brasileira a erguer uma Copa do Mundo, em 1958, na Suécia. Mauro foi para o São Paulo e se tornou o segundo capitão a erguer uma Copa, em 1962, no Chile. E isso fez da pequena e desconhecida Desportiva Sanjoanense a única equipe de futebol brasileiro a ter revelado dois capitães de seleções campeãs do mundo. Quer dizer, não faz mal se o time é pequeno, mas se o jogador for grande.

Não tem importância também se uma empresa é insignificante e ninguém nunca ouviu falar dela. O que importa é o talento e a motivação com que você trabalha. O que transformou Bellini e Mauro em campeões mundiais foi o fato de que, no início de suas carreiras, às vezes atuando em campos sem grama e sem chuveiro, eles disputavam cada partida como se estivessem jogando a final da Copa do Mundo.

Empresa enxuta: por que não?

O que é melhor, ter um bom cargo em uma empresa pequena, com menos de cem funcionários, ou ter uma função sem muita importância em uma grande empresa? A maioria prefere a segunda opção, a empresa grande – mesmo sabendo que não há muitas vagas e que a procura será longa e irá significar um período de desemprego temporário. Evidentemente, a melhor opção seria uma excelente posição em uma empresa enorme, mas há apenas 48 funções assim no Brasil. E todas já estão preenchidas.

> Em empresas pequenas não há plano de carreira e as chances de promoção são raras. Mas empresas grandes estão contratando cada vez menos.

A maioria dos jovens que estão ingressando no mercado de trabalho tende a enxergar apenas o lado negativo das pequenas empresas. Nas menores, não há plano de carreira, e as chances de promoções são raras. Quando aparece uma, acaba sendo promovido o incompetente sobrinho do dono. Nas empresas menores, não há benefícios, como carro, ou assistência odontológica. Nas pequenas não existem, como há nas grandes, oportunidades de fazer cursos, ou de conseguir transferência para uma filial no exterior.

Certa vez, uma grande empresa de São Paulo abriu um concurso para contratar sete estagiários, e recebeu inacreditáveis 32 mil currículos. Ótimos currículos, porque os jovens que desejam trabalhar em empresas grandes fazem cursos enquanto procuram emprego, e o currículo fica cada vez mais gordo. A questão, para quem está vivendo uma situação dessas, é de aritmética simples. Empresas grandes estão contratando cada vez menos. De cada dez vagas, oito estão sendo oferecidas por pequenas empresas. É nelas que se aprende, assim como são nos pequenos times de futebol do interior que os grandes craques começam suas carreiras. Hoje, a pequena empresa é mais do que boa opção: na maioria dos casos, é a única.

Muitas qualidades, maior risco de demissão

Muitos jovens estão à procura de sua primeira oportunidade no mercado de trabalho. Nem todos conseguem a vaga com a qual sonhavam em uma empresa grande e cheia de promessas. Os poucos que conseguem, logo descobrem o significado de uma palavrinha estranha: superqualificação. Como existem muitos candidatos para poucas vagas, as grandes empresas exigem dos candidatos uma porção de coisas desnecessárias ao desempenho da função.

Esse foi o caso de uma amiga, a Fabiana. Depois de passar por várias entrevistas, duas dinâmicas de grupo e uma avaliação psicológica, finalmente foi admitida por uma grande corporação. A função da Fabiana era a de assistente de gestão de atendimento interno, nome que agora se dá à antiga seção de serviços gerais. A função da Fabiana, em resumo, era tirar xerox. Não demorou a descobrir que seus conhecimentos seriam pouco utilizados. Por exemplo: a Fabiana foi admitida porque tem profundos conhecimentos de informática. Por isso, ela propôs digitalizar documentos em vez de copiá-los. A empresa não aceitou. A Fabiana foi admitida porque era criativa. Logo preparou um projeto para reduzir o número de cópias pela metade. A empresa nem leu o projeto. A Fabiana foi admitida porque tinha espírito de liderança, mas não tem nenhum subordinado. A Fabiana foi admitida porque fala inglês fluentemente, mas só se comunica em português. A Fabiana foi admitida porque tinha ambição e potencial.

Depois de passar um mês só tirando cópias, ela disse ao gerente que aquele serviço estava muito abaixo de suas ambições e potencialidades. Foi advertida por ter reclamado. Superqualificação é isso. Sem ela, a Fabiana não teria sido admitida. E, por causa dela, corre o risco de ser demitida.

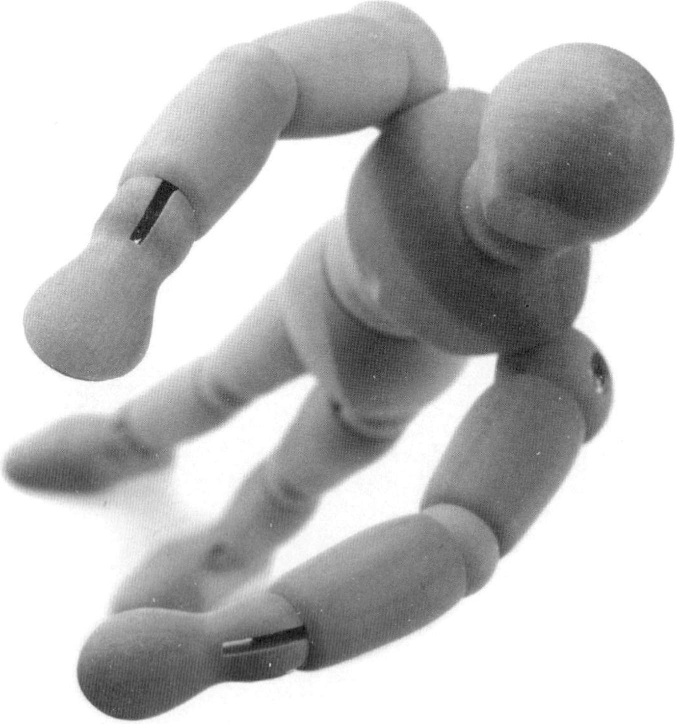

P de Puxa-saco

A HISTÓRIA DA HUMANIDADE ESTÁ CHEIA DE PUXA-SACOS. São parasitas que florescem a sombra de quem tem poder. Você convive com, pelo menos, um deles no trabalho, porque qualquer empresa tem sempre um puxa-saco de plantão. O legítimo puxa-saco transforma respeito em veneração. Não tem opinião própria. Apóia e aplaude o que o chefe fala. Elogia tudo. Concorda com tudo. O que o chefe pedir, o puxa-saco faz. Quando o chefe não pede, ele se oferece para fazer. Incluindo favores pessoais.

O puxa-saco chega antes de o chefe chegar, não vai embora enquanto o chefe não for. Gosta de mostrar intimidade que não tem. Se for desprezado ou criticado, o puxa-saco não se encolhe, nem desiste. Aumenta a dose de puxa-saquismo.

O verdadeiro puxa-saco é um camaleão, que se adapta imediatamente a qualquer troca de chefe. Tem até uma frase reveladora: "Chefe, sem querer parecer puxa-saco, porque você não precisa disso...".

Existem dois tipos de puxa-saco:

1. *o que precisa de segurança.* É meio incompetente e meio pegajoso, mas é mais folclórico do que perigoso. O importante, para ele, é o curto prazo. Não tem ambição. Quer manter o emprego. Pode passar anos fazendo a mesma coisa, sem reclamar. Nunca pede nada. Na festinha de aniversário do chefe, é o que puxa o corinho de pique-pique. "E pro chefe nada? Então como é que é?". Se o chefe conta uma piada, um funcionário normal ri, mesmo que já tenha ouvido a piada antes. O puxa-saco, além de rolar no chão de tanto rir, ainda pede ao chefe para contar outra.

2. *o que usa a bajulação para subir na empresa.* É mais sutil. É competente no trabalho. Pede a opinião do chefe quando não

precisa dela, apenas para agradar e aparecer. Aproveita a proximidade com o chefe para prejudicar colegas que podem ameaçar sua posição de puxa-saco número um.

O puxa-saco inseguro não acredita que seja puxa-saco. Para ele, a bajulação é um fim em si mesmo. O puxa-saco carreirista sabe que é puxa-saco. Para ele, bajular é meio de progredir.

Como conviver com um tipo desses:

- falar mal do puxa-saco ao chefe adianta? Claro que não. Na maioria das vezes, o chefe tem a impressão de que o puxa-saco é um funcionário dedicado e inofensivo. Ao criticar um puxa-saco, você pode passar por invejoso.
- ao conversar com o puxa-saco, nunca revele detalhes da vida pessoal e jamais critique a empresa. Um belo dia, o puxa-saco irá usar isso a favor dele e contra você.
- não se iluda. Os puxa-sacos não vão acabar. Pior ainda, o puxa-saco de hoje poderá ser seu chefe amanhã. Por isso, o mais sensato a fazer é manter a boca fechada e o olho aberto.

E a definição era... carregador

Todo mundo conhece alguém que poderia ser definido, tecnicamente, como bajulador. Ou, mais comumente, como puxa-saco. Em latim, *bajulus* significava carregador. Durante séculos, esse foi o nome dado ao empregado que retirava as mercadorias dos navios e as transportava, nas costas, para os armazéns do porto. Ou vice-versa. E aí chegamos ao Brasil no início do século XX. Como a maioria das mercadorias que circulavam por nossos portos vinha acondicionada em sacas, surgiu uma expressão mais popular para a tarefa, puxar sacos. Assim como motoristas de caminhão, até hoje, referem-se a seu trabalho como puxar carga. Portanto, bajulador e puxa-saco eram dois termos muito positivos, usados para definir um esforçado trabalhador.

No porto de Santos, os carregadores recebiam por saca de café carregada, e sempre havia quem se arriscasse a levar até cinco sacas nas costas – ou 300 kg de uma só vez! – para melhorar um pouquinho o salário. No fim, como era de se esperar, o empregado acabava ganhando uma miséria. Quem ficava com todo o lucro era o patrão.

Foi só uma questão de tempo para que bajular e puxar saco ganhassem a conotação pejorativa de esforçar-se até o limite extremo da resistência física só para fazer a felicidade do patrão. Hoje, nas empresas, o esforço físico dos puxa-sacos foi substituído pela nobre arte de elogiar o chefe.

É verdade que o puxa-saco é um ser desprezível, mas não se deve subestimá-lo. Assim como o bajulador que mais puxava sacos era o que caía nas graças do patrão, também o puxa-saco de hoje consegue com sua conversa fiada o que bons funcionários não conseguem com sua competência. E por que isso acontece? Porque nove entre dez seres humanos adoram receber um elogio vazio. E chefes, embora alguns não dêem essa impressão, também são seres humanos.

Destaque x proteção

Em nossos dias, em qualquer ambiente de trabalho, existe no mínimo um puxa-saco. É inevitável. Mas existem também bons funcionários, interessados apenas em progredir na carreira e que, por isso, parecem puxa-sacos.

A diferença básica entre o bom e o puxa é que o primeiro quer se destacar e o segundo, proteger-se. Um tem coragem, o outro tem medo. O que pode iludir os observadores é que o método usado por ambos é praticamente igual. Quando o chefe pede um voluntário para uma tarefa chata, os dois imediatamente levantam as mãos. Um, porque sabe que a execução da tarefa trará mais visibilidade e mais experiência. O outro, porque sabe que assim ficará bem com o chefe. Ambos trabalham além da hora, até o chefe ir embora. Um, porque não quer deixar o trabalho para amanhã. O outro porque tem pavor de deixar o chefe sozinho com um concorrente.

O importante é não se deixar enganar pelas aparências. O funcionário bom e esforçado deve ser apoiado e incentivado por seus colegas – até porque a chance de um dia vir a ser promovido é grande –, enquanto o bajulador deve ser posto para escanteio. Mas como saber quem é quem? Minha experiência prática ensinou que o legítimo puxa-saco tem duas atitudes reveladoras. A primeira é não ter um plano estratégico, ele só opera no curtíssimo prazo. A segunda é não precisar de motivos para ir conversar com o chefe – ele os inventa.

Mas a melhor maneira de identificar um puxa-saco é prestar atenção no saco que está sendo puxado. O chefe do puxa-saco bem-sucedido adora elogio vazio. E aprecia quem faz favores que nada têm a ver com o trabalho em si.

A conclusão é simples: o puxa-saco não é causa, é conseqüência. Por isso, se houver um puxa-saco por perto, esqueça-o. Comece a tomar cuidado com o chefe. Como na relação entre o corruptor e o corrupto, o puxa-saco sobrevive apenas porque existe alguém pior que ele.

> É verdade que o puxa-saco é um ser desprezível, mas não se deve subestimá-lo.

Q de Qualidade de vida

O QUE É QUALIDADE DE VIDA? Em latim, a palavra *qualis* quer dizer diferença. No caso de um produto é fácil. Desde sempre, qualidade é aquele atributo – ou mais de um – que torna um produto diferente do outro. Mas a expressão qualidade de vida, aplicada a seres humanos, é bem mais recente. Surgiu cerca de trinta anos atrás, talvez porque a vida estivesse ficando muito igual.

Atualmente, os empregados trabalham mais do que trabalhavam havia trinta anos. Não apenas em número de horas por dia, mas na quantidade de tarefas que precisam executar durante o período. As empresas reduziram seus quadros de funcionários. Onde antes havia dois ou três, hoje existe um. É o que chamamos de produtividade. Menos gente produzindo mais.

O efeito de tudo isso é óbvio: o cansaço. Não apenas físico como mental. A pressão por resultados imediatos aumentou e a tolerância para com os erros diminuiu. Por isso, os empregados passaram a sentir cada vez mais tensão. E essa tensão começou a se refletir na vida profissional e na vida familiar.

Estresse é uma palavra que nossos avós não conheciam. Hoje, qualquer pessoa sabe que vai acabar explodindo se não encontrar uma válvula de escape.

As boas empresas não demoraram a perceber os efeitos negativos que essa situação poderia causar em seus funcionários. Porque a pressão por resultados não iria diminuir no futuro. A conclusão foi simples. Para produzir cada vez mais, e melhor, o funcionário precisaria de duas coisas: mais energia física e mais equilíbrio mental.

Os programas de qualidade de vida das empresas fazem exatamente isso. Ajudam a diminuir a tensão para que a pressão possa ser aumentada. Isso poderia parecer maldade, mas não é.

O benefício é mútuo. O que é bom para a empresa acaba sendo bom para a saúde do empregado.

Os programas de qualidade de vida no trabalho incluem uma variedade de opções. Por exemplo, ginástica antes do expediente. Locais para meditação e relaxamento. Palestras sobre dieta balanceada e cuidados com a saúde. Salas para leitura. Assistência social e psicológica. Quanto maior e mais moderna for a empresa, maior será a quantidade de opções que oferece.

A sua empresa ainda não tem nada disso? Terá. E não vai demorar muito. Aos poucos, mais e mais patrões estão se convencendo de que não podem aumentar a pressão sem oferecer nada em troca. E é nesse ponto que entra a qualidade, ou a diferença entre as empresas preocupadas e as empresas que não estão nem aí com os funcionários.

Um bom ambiente de trabalho faz a diferença no dia-a-dia. Um salário decente faz a diferença no final do mês. O equilíbrio físico e emocional do empregado faz a diferença na vida. Na vida dele e na vida da empresa.

Tudo tem limite

Em administração, está na moda a regra do 24 por sete. Segundo ela, o funcionário precisa estar sintonizado com a empresa 24 horas por dia, sete dias por semana. O que significa que, em uma rodinha em um bar, quando todo mundo discute futebol, o funcionário 24 por sete resolve contar como conseguiu aumentar as vendas. E, claro, é vaiado pela turma. Mas, além de estar sintonizado, o funcionário tem que estar disponível. E essa situação esbarra em uma instituição chamada família.

Imagine o seguinte cenário: faz tempo que você vem prometendo levar a família para comer pizza sábado à noite. Em um fim de semana não dá, no outro também não, porque na última hora sempre aparece um compromisso de trabalho. A família começa a desconfiar de sua sinceridade. Finalmente, chega o sábado do teste definitivo. Você diz que o mundo pode acabar, mas que a família vai comer a danada da pizza. Todo mundo entusiasmado e pronto para sair, o seu celular toca. E alguém da empresa diz que você, um legítimo 24 por sete, precisa ir a Macapá. Agora. Já. O que você faz?

Há três alternativas:

1. manda quem ligou lamber sabão, e diz que o sábado é sagrado e a família é a coisa mais importante do mundo.

2. explica para a família que a vida é assim mesmo.

3. jura para a família que você vai a Macapá, mas que será a última vez.

Qual é a resposta correta? Pense um minuto. Chegou à conclusão de que é a primeira? Sim, a família tem prioridade, mas quantos têm coragem, ou condição, de escolher essa opção? Poucos, infelizmente. E é por isso que a regra do 24 por sete está virando rotina. E o resultado é previsível: cedo ou tarde a família acaba se desintegrando.

> O estresse surge quando alguém se vê em uma situação que, acredita, não vai conseguir resolver.

Uma das coisas mais complicadas hoje é estabelecer o limite entre vida profissional e vida pessoal. Minha nona, com sua sabedoria italiana, costumava dizer que não era ruim alguém se curvar. Ruim mesmo era alguém se acostumar a andar curvado, achando que é normal.

Parar é preciso

Você anda meio estressado? Então não se preocupe, porque isso ainda não é um problema. O problema é quando esse "meio" desaparecer e você ficar estressado por inteiro. O estresse surge quando alguém se vê em uma situação que, acredita, não vai conseguir resolver. Pior, não vai poder se livrar dela. Pode ser excesso de trabalho, ou dívidas além da conta, ou um chefe irritante, ou a dificuldade de conciliar o trabalho com a vida familiar, ou até mesmo a simples chegada da segunda-feira.

A palavra *stress* é inglesa e significa esticar. As leis da física ensinam que qualquer coisa só pode ser esticada até certo limite. Ao ultrapassá-lo, algo vai se romper. O cérebro se convence de que não dá para esticar mais uma determinada situação e passa a emitir sinais através do corpo. O que era psicológico – irritação, depressão – torna-se físico – dor de cabeça, tontura, desmaio. Isso é doença.

Há apenas uma maneira de interromper esse processo: parar. Pare por uma hora. Ou um dia. Ou uma semana. Se uma pessoa altamente estressada não parar, pode ter uma crise nervosa somente porque deixou a bateria do celular descarregar. Como apregoam os anúncios de remédios, se os sintomas persistirem, consulte o médico. Ele certamente vai dizer que é preciso parar. Mas com uma vantagem: o médico pode dar a você um atestado.

Seis dias por semana, treze horas por dia

Você não está sendo tratado como merece na empresa em que trabalha? Então, aqui vai um pequeno consolo. No distante ano de 1870, uma empresa inglesa tomou a decisão de tratar seus funcionários de maneira liberal. O fato gerou críticas de outras empresas, que consideravam aquilo uma utopia. Mas a empresa liberal se manteve firme em seus propósitos e distribuiu o seguinte comunicado a seus funcionários:

1. o expediente da semana irá de segunda a sábado, das seis da manhã às sete da noite.

2. será permitido aos funcionários almoçarem entre 11h30 e 12h, mas sem deixar o local de trabalho.

3. os funcionários podem se "aliviar" duas vezes ao dia. Para isso, devem obter autorização prévia da supervisão e usar o jardim ao lado do portão número dois.

Ao fim do comunicado, a empresa liberal informava que aquelas normas mais humanas estavam sendo duramente criticadas por empresas concorrentes. Por isso, a empresa liberal esperava que os funcionários retribuíssem com maior produção – algo que hoje chamaríamos de produtividade.

Certamente, você deve se perguntar: se essa era a empresa liberal, como seria o expediente nas demais empresas? Nelas, as pessoas trabalhavam sete dias por semana em vez de seis. E o expediente tinha treze horas em vez de onze. Não há registros quanto a eventuais alívios das necessidades fisiológicas, mas não é difícil concluir que apenas chefes e supervisores tinham direito a essas regalias.

Conclusão: o ambiente de trabalho muda mais devagar do que gostaríamos. Mas muda. Se no fim do século XIX os funcionários soubessem que nós, privilegiados do século XXI, teríamos banheiros nos escritórios e pias com água corrente para lavar as mãos, certamente diriam: "Isso sim que é felicidade!"

Paz e menos estresse

Um tema relativamente novo nas empresas é a espiritualidade. Espírito e alma são palavras que, em suas origens, significavam sopro. Desde que o ser humano começou a pensar, o pensamento caminhou em duas direções. A concreta, que engloba tudo o que a ciência pode explicar, e a abstrata, que requer a crença em algo que não pode ser cientificamente provado. Através dos tempos, muitas coisas migraram de uma categoria para outra. A meteorologia, uma ciência, provou que a chuva e o trovão não eram criados pelos deuses. A astronomia revelou que o sol e a lua não eram divindades celestes, mas apenas corpos celestes compostos por matéria. Por mais que tenha evoluído, a ciência ainda está longe de eliminar todas as dúvidas.

Por isso, a espiritualidade é o sopro que ajuda a compreender o inexplicável. É esse sopro, usado de forma positiva, que muitas empresas tentam transformar em coisas práticas.

Até pouco tempo atrás, usava-se a palavra espírito apenas em duas situações – o espírito de equipe e o espírito de porco. Agora, a espiritualidade surge como força interior, que sempre esteve dentro de cada funcionário, mas mantida "presa" porque atrapalhava os negócios. Os gestores perceberam que a espiritualidade pode estimular os negócios e tornar o ambiente de trabalho bem mais agradável.

A espiritualidade nada tem a ver com espiritismo, nem com nenhuma religião, nem sequer tem liturgias ou rituais. É uma nova maneira de dizer que, se todos nós aprendermos a nos conhecer melhor, e se estivermos em paz conosco mesmos, seremos mais produtivos e menos estressados.

Se cada funcionário for uma pessoa mais compreensiva e

mais disposta a ajudar o colega, a empresa se tornará mais comunitária e menos individualista. Os receios ficarão menores, e os resultados, melhores. O ambiente de trabalho será mais saudável, a cooperação entre os colegas mais estreita e as atitudes menos egoístas e mais ecumênicas. Tudo isso pode ser obtido por meio de palestras, debates e sessões de relaxamento, e da construção, dentro da empresa, de locais específicos para meditação individual. Lugares onde o funcionário pode entrar em contato com a sua porção espiritual.

Por que as empresas estão adotando essa medida? Para compensar a pressão, cada vez maior, que vem sendo colocada sobre os funcionários. Mesmo para quem não leva muita fé nas nobres motivações dos empresários, uma coisa é certa: embora transformada em programa de gestão de pessoas, a opção pela espiritualidade é, no mínimo, um sopro de bom senso.

O poder do *feng shui*

O *feng shui* está se espalhando pelas empresas do mundo todo. Técnica chinesa antiqüíssima tem como objetivo criar um fluxo de energia positiva em um ambiente. Quem procurar na internet vai descobrir que, no Brasil, existem mais de vinte mil sites sobre consultorias de *feng shui*. No mundo inteiro, o número pula para seis milhões de sites. Um fenômeno. As duas palavrinhas, *feng* e *shui*, significam vento e água, dois elementos básicos de harmonia.

> O que faz um funcionário produzir mais é qualquer demonstração prática de que a empresa o vê como alguém importante, e não como uma pessoa qualquer, que pode ser substituída por outra igualzinha a ela.

Da China, a técnica se espalhou pela Ásia e pela Europa. Sua primeira aplicação prática foi na construção de casas. Segundo o *feng shui*, portas, janelas, plantas, escadas e até camas precisam estar em local adequado e posição correta. Portas e vasos sanitários devem permanecer sempre fechados para evitar vazamento de energia.

As empresas começaram a adotar o *feng shui* na década de 1990. Os escritórios passaram a ter cores compatíveis com os objetivos dos funcionários. O verde, por exemplo, gera criatividade, o laranja atrai mais negócios. As mesas são dispostas de maneira que os funcionários sintam-se menos estressados, mais cheios de energia e mais confiantes. Tudo isso aumenta a produtividade? Sem dúvida. Por um motivo muito simples: toda vez que uma empresa demonstra interesse no bem-estar do funcionário, a produtividade aumenta. E isso ocorre por meio de *feng shui*, ou da espiritualidade, ou de uma sala para exercícios físicos, ou da melhoria dos benefícios. O que faz um funcionário produzir mais é qualquer demonstração prática de que a empresa o vê como alguém importante, e não como uma pessoa qualquer, que pode ser substituída por outra igualzinha a ela. No fundo, os funcionários precisam apenas de carinho, e esse carinho pode ter dezenas de formas, ou de nomes.

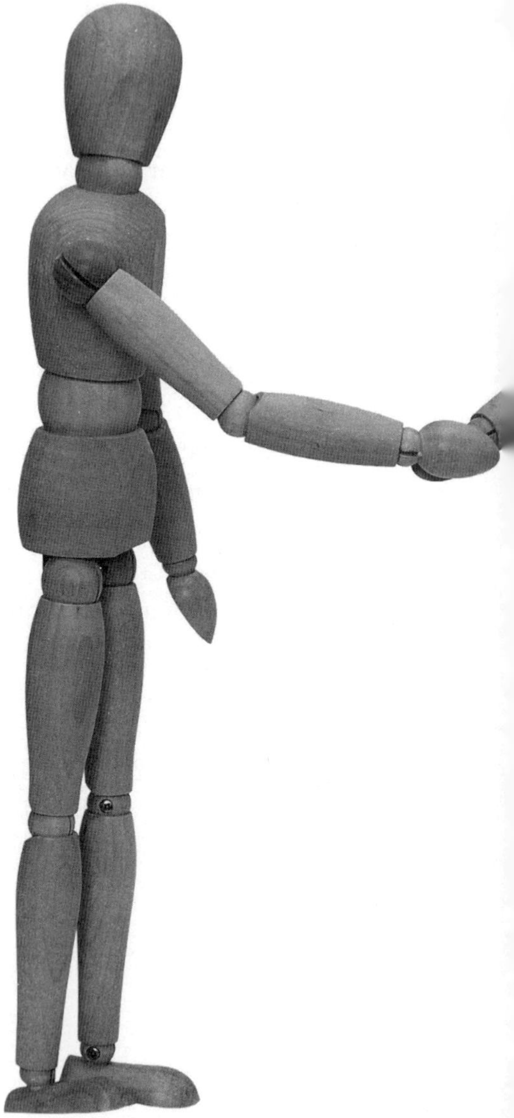

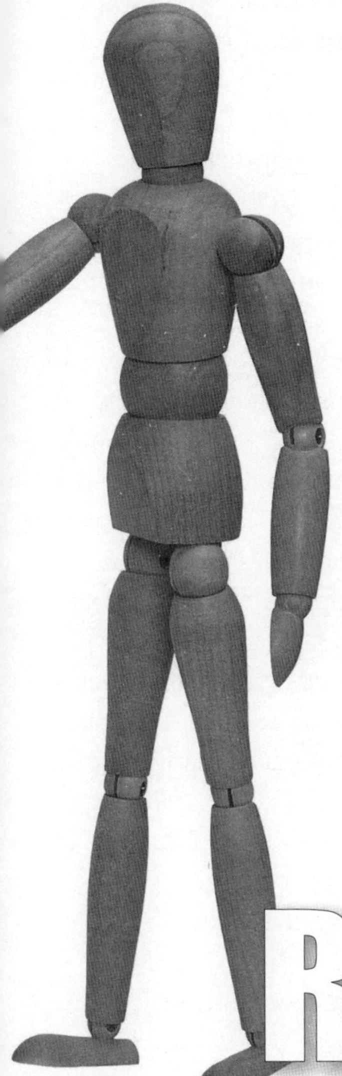

R de Relacionamento

De segunda a sexta-feira, passamos dois terços do nosso dia convivendo com um grupo chamado "o pessoal lá da empresa". Seria ótimo se cada um de nós pudesse escolher quem são essas pessoas com quem temos de trabalhar. Mas a escolha não é nossa. É da empresa. E o critério dela nunca dói e nunca será "contratar os mais simpáticos". Contrata os melhores. É por isso que passamos o dia com gente que se acha melhor do que nós.

Essa convivência forçada tem nome: relacionamento interpessoal. Que pode ser dividida em duas partes: como a gente lida com o chefe e como se relaciona com os colegas. Vamos começar pelo chefe.

Ser chefe é ser alvo. Ele se torna culpado de uma porção de coisas por um motivo simples: é mais fácil culpá-lo. Quem nunca disse: "Meu chefe não gosta de mim?", ou "Meu chefe não reconhece meu trabalho?". Quem ainda não disse, um dia dirá. É claro que existem chefes maravilhosos, que se preocupam mais com os subordinados do que com eles mesmos. Esses chefes são dezoito no Brasil inteiro, sendo que quatro deles vão se aposentar este ano.

Independentemente do que achamos dos chefes, o primeiro passo para uma carreira bèm-sucedida é se dar bem com eles. Não é possível "cortar caminho". Existem quatro regrinhas que ninguém deve esquecer:

1. nunca criticar o chefe. Nem na empresa, nem fora dela. O ouvido do chefe é do tamanho de todas as paredes.

2. nunca tentar brilhar mais que o chefe. E fazer o possível para que ele brilhe perante o chefe dele.

3. não contrariar o chefe. Não é que não goste de ser contrariado. Detesta.

4. jamais confundir capacidade com falsidade. Ser eficiente não é ser puxa-saco.

Resolvida a questão com o chefe, vamos aos colegas. Em um ambiente cada vez mais competitivo, dá para confiar neles? Essa pergunta foi respondida em uma famosa pesquisa: sete, de cada dez funcionários, responderam que não. Não é possível confiar inteiramente nos outros. Mas oito, de cada dez, responderam: "Sou sincero, os outros podem confiar em mim". Logo, o problema está bem claro: não somos nós, são os outros.

Existem três motivos que quebram a confiança entre colegas:

1. falha da empresa. Falta de comunicação. Quando a empresa não tem um sistema bom e rápido de informação, cada empregado começa a tirar suas próprias conclusões. Surgem boatos, um começa a desconfiar do outro, e ninguém mais se entende.

2. aqueles colegas carreiristas, que puxam o tapete dos outros, e que existem em todas as empresas. Não que a gente vá passar o dia inteiro desconfiando de tudo e de todos. Isso já seria paranóia. Mas existe uma maneira de escapar: basta evitar a fofoca. Não fazer, não escutar e não passar adiante. Hoje, pode ser divertido fofocar sobre os outros. Amanhã, a vítima pode ser você.

3. a inveja, aquela velha conhecida. Olho gordo profissional. De certa maneira, a inveja é uma forma doente de elogio. Ninguém tem inveja de quem não tem qualidades. Se você tem um colega invejoso, relaxe e ignore. Ele não tem raiva de você. Ele tem raiva dele mesmo, porque não consegue ser igual a você.

Ouvi na rádio peão que...

Há quem diga que o único sistema de comunicação que realmente funciona dentro das empresas é a rádio peão. Basta a direção tentar manter alguma notícia em segredo e pronto: ninguém sabe como, rapidamente ela se espalha pelos corredores e pelos banheiros. E provoca ansiedade, insegurança, insatisfação.

É claro que a intensidade da transmissão da rádio peão varia de empresa para empresa. Em algumas, é só um ruído bem baixinho. Em outras, tem a potência de vários alto-falantes. Quem trabalha em uma empresa em que a boataria é intensa, deve ficar se perguntando por que essas coisas acontecem. Há dois motivos: falta de um sistema de comunicação adequado entre a empresa e os funcionários. Ou porque não há uma pessoa responsável por essa comunicação, ou porque a empresa não quer que os funcionários fiquem sabendo de tudo. Mas eles ficam. Sempre há dezenas de pessoas que não estão diretamente envolvidas em uma decisão, mas participam dela preparando relatórios, tirando cópias, atendendo telefonemas, ou escutando muito bem, principalmente o que não deveriam escutar. Cada um desses repórteres corporativos descobre um pedacinho da história e nem sempre o boato final espelha a verdade. Mas o estrago já está feito. O segundo motivo é a velha falta do que fazer. Quando sobra tempo, ele é aproveitado para qualquer coisa, menos para o que os funcionários são pagos a fazer. Basta um diretor chegar de manhã e não cumprimentar

> Entrar sem pedir licença e interromper o chefe quando estiver falando são duas das cinco características de um subordinado chato.

ninguém e se trancar em sua sala. Duas horas depois, começa a circular o boato de que a empresa está sendo vendida para um grupo espanhol.

Há muitas maneiras eficientes de eliminar os rumores espalhados por locutores da rádio peão. Mas, como dizia uma secretária que tive, um ambiente de trabalho sem fofocas seria perfeito, funcional, produtivo e, acima de tudo, chato.

Cinco coisas que atormentam o chefe

Aproveitei uma reunião da qual participaram cerca de cinqüenta gerentes de empresas para fazer uma pequena pesquisa: pedi a cada um dos presentes que me dissessem quais as cinco principais características do subordinado chato. Para minha surpresa, as variações nas respostas foram mínimas, como se existissem mesmo apenas cinco coisas que irritam os chefes. Até pensei em escrever um pequeno manual, cujo título poderia ser *Como Chatear seu Chefe*.

Para quem está a fim de deixar o chefe profundamente irritado, aqui vão as cinco coisas que mais os incomodam:

1. *entrar sem pedir licença.* Apareça de repente na frente do chefe. Se ele levar um susto e derrubar o café, é sinal de que sua entrada foi perfeita.

2. *interromper o chefe quando estiver falando.* De preferência, para fazer uma observação que não adiciona nada, como: "É isso mesmo, chefe, concordo inteiramente". Melhor ainda é interromper o chefe quando estiver falando ao telefone. Mesmo que faça aquele sinal de "um momentinho", não pare de falar. Se ele tapar o ouvido, continue a se comunicar por sinais.

3. *ter um problema urgente.* Você quer ter sempre preferência.

Não se intimide se a secretária do chefe disser para você voltar depois porque ele está muito ocupado. Chefe tem mais é que estar disponível.

4. *não ir direto ao assunto.* Diga que tem algo urgente para tratar e comece a falar. Cinco minutos depois, quando o chefe estiver interessadíssimo, diga que você gostaria de falar sobre outra coisa.

5. *perguntar, ainda que você tenha entendido tudo e não restar nenhuma dúvida.* No caso de o chefe chegar afobado, suando, com a voz alterada, e pedir alguma coisa a você, pergunte com calma: "É urgente, chefe?"

Gestão de nove meses

Um dos momentos mais eletrizantes em qualquer empresa é a chegada do novo chefe. Principalmente se for um daqueles que chegam convencidos de que todos os funcionários são incompetentes e de que é preciso mudar tudo imediatamente. A gestão de um chefe assim é como gravidez, porque tem duração de nove meses.

Funciona da seguinte maneira:

- *no primeiro mês*, o chefe reclama que está tentando entender a situação, mas está difícil, porque a empresa, ou o departamento, é uma bagunça.
- *no segundo mês*, o chefe contrata duas ou três pessoas capazes de entender sua filosofia de trabalho – ou seja, cúmplices. E dispensa dois funcionários antigos.
- *no terceiro mês*, o chefe está convencido de que tudo que foi feito antes de ele chegar estava errado. E dispensa mais um funcionário antigo.

- *no quarto mês*, o chefe informa que estão sendo elaborados planos infalíveis para mudar a situação. E demonstra isso dispensando outro funcionário antigo.
- *no quinto mês*, o chefe coloca, finalmente, os novos planos em ação.
- *no sexto mês*, o chefe descobre que nada aconteceu, mas esclarece que mudanças são assim mesmo, os resultados demoram um pouco a aparecer.
- *no sétimo mês*, o chefe percebe que seu plano não vai dar certo, mas explica que alguns detalhes operacionais estão sendo revisados. Para mostrar que está falando sério, dispensa mais um funcionário antigo.
- *no oitavo mês*, o chefe informa que agora não tem erro.
- *no nono mês*, a criança nasce e o chefe, o pai da criança, repete que ela é bonita e saudável. Mas a direção da empresa pensa exatamente o contrário e demite o chefe.

Vida de chefe novo, portanto, tem duas fases. Aquela em que pode culpar o passado e aquela em que tem que mostrar resultados presentes. O chefe que dá certo é o que consegue ganhar a confiança da tropa. E o chefe que dá errado é o que pensa que pode ganhar a guerra lutando contra seu próprio exército.

Elevador, posto de observação

É muito importante saber observar as pessoas que trabalham ao nosso redor. Um dia, podemos precisar da ajuda de uma delas, e é bom saber com que tipo de profissional estamos lidando. Há vários lugares na empresa que podem ser transformados em postos de observação. O meu favorito é o elevador. Dentro dele, as pessoas tendem a se comportar como realmente são, enquanto no escritório agem como gostariam que os outros pensassem que são.

É interessante notar como um colega de trabalho, que vive sorrindo para todo mundo durante o expediente, entra no elevador de cara fechada e não cumprimenta ninguém. É falso de carteirinha. Ou como um colega fica parado perto da porta do elevador e não se move nem um centímetro para facilitar a passagem dos que vão entrar ou descer em outros andares. Como será que uma pessoa assim se comportaria quando precisássemos dela? E aquele que entra no elevador e aperta de novo o botão do andar, mesmo quando a luzinha acesa está indicando que alguém já fez isso? Gente assim não confia nos outros.

Quando entro em um elevador, vou para meu cantinho favorito, no fundo à esquerda. Dali, presto atenção às pessoas que entram sorridentes, dão espaço para quem está entrando, dizem "obrigada" quando alguém cede a passagem e não ficam dois ou três minutos olhando para o teto ou para os próprios pés. O triste é perceber que, de cada dez pessoas, no máximo, meia dúzia se comporta dessa maneira no elevador. Ou seja, o índice de falsidade geral nas empresas anda por volta de 40%.

Se cada um quiser ser feliz sozinho...

A perfeita tradução de como devemos encarar a convivência com os colegas de trabalho está em uma palavrinha: compatibilidade. Pensando bem, não é uma palavrinha, é uma palavrona. Mas vamos começar pelo avesso. Incompatibilidade é a incapacidade de duas pessoas conviverem civilizadamente. Logo, compatibilidade é o contrário: duas pessoas que vivem em perfeita harmonia. Mas a verdade é outra e ela está na origem da palavra: em latim, *con* significa junto e *patis*, sofrimento. Compatibilidade no trabalho é a arte de aprender a dividir o sofrimento. Ou os problemas, ou as frustrações. Quem é individualista ou egoísta sofre sozinho.

Sempre que ouço uma pessoa comentar que o ambiente na empresa em que trabalha vai de mal a pior, mato a charada na hora com uma perguntinha simples: as pessoas ali são solidárias? A resposta é sempre "não". Ou porque existe um forte clima de concorrência interna, ou porque o ambiente é de intriga, com um querendo puxar o tapete do outro. Cada um quer ser feliz sozinho, o que é impossível de conseguir em um local onde há dezenas de pessoas que dependem umas das outras. É por isso que uma frase como "a gente ganha pouco mas se diverte" faz muito mais sentido do que parece. Significa: "Todo mundo tem o mesmo problema, mas nem por isso vamos transformar o expediente em um velório e passar o dia chorando". Isso não seria masoquismo? Não. Isso é compatibilidade. Masoquismo é procurar motivos para sofrer sozinho. Compatibilidade é entender que, se todo mundo aprender a sofrer junto, o sofrimento desaparece. Ou vira piada.

Conversar, a melhor saída

Pessoas que estão preocupadas com a falta de comunicação nas empresas em que trabalham tiveram a mesma idéia para tentar solucionar o problema – criar um jornal interno. Pediram que eu desse sugestões de como deveria ser esse jornal. Sugeri, então, três coisas que um jornal interno não deve ter:

1. quadrinho com a mensagem do presidente. Todo mundo sabe que ele não revelará os segredos da empresa em um papel

que a concorrência pode ler. Por isso, o presidente diz sempre o óbvio: que o ambiente de trabalho é maravilhoso. Então, cortem a palavra do presidente.

2. foto de funcionários se confraternizando. Exemplo: "Na foto, vemos a área tal comemorando o aniversário do Nicanor". O único que vai ter vontade de ler a notícia é o próprio Nicanor.

3. gerente tentando explicar para o restante da empresa, em um longo artigo, como sua área funciona. Ninguém vai conseguir entender mesmo.

O que sobra, então?, os funcionários poderiam me perguntar. Sobra a verdade. A divulgação de faixas salariais, ou depoimentos de empregados que estão estressados porque trabalham demais, ou uma pesquisa sobre "quem é o pior chefe da empresa?". Mas claro que ninguém vai querer imprimir esse tipo de informação. Jornal interno, portanto, é legal, mas não para resolver problemas de comunicação.

Certa vez, um diretor de uma empresa, que não tinha jornal interno, disse que a comunicação entre os funcionários era excelente. Na vertical, na horizontal e na diagonal. Perguntei como haviam conseguido tal feito. O diretor respondeu: "Ah, usamos um processo que anda meio esquecido no meio de tantas novidades. Conversamos uns com os outros várias vezes ao dia".

Aprendi que todo mundo mente em empresas. Uns mais, outros menos, outros exageradamente.

As três mentiras

Aprendi que todo mundo mente em empresas. Uns mais, outros menos, outros exageradamente. Existem três tipos de mentiras corporativas:

1. *a mentira útil*. Quando a gente diz: "Bonita gravata, chefe". Ou quando fala a um colega: "Sua apresentação foi perfeita". Ou tenta acalmar um calvo precoce dizendo: "Não, você não está ficando careca". Achamos exatamente o contrário, mas a mentira útil não machuca, e ainda faz bem a quem ouve. Cem por cento dos funcionários já usaram a mentira útil pelo menos uma vez na vida.

2. *a mentira elaborada*. Quando alguém chega atrasado e, para justificar, conta uma história riquíssima em detalhes, porém absolutamente falsa. Ninguém se atreveria a dizer, por exemplo, que perdeu a hora porque dormiu demais. A mentira elaborada é empregada sempre que a verdade for muito complicada, e ninguém será prejudicado com a mentirinha. A mentira elaborada já foi usada, pelo menos uma vez, por 50% dos funcionários.

3. *a mentira corrosiva*. Essa machuca. É dita a fim de proteger ou beneficiar quem está mentindo, e também para prejudicar quem não tem nada a ver com isso. A mentira corrosiva atende pelo nome de intriga. Dez por cento dos funcionários a usaram, pelo menos, uma vez na vida, e continuam usando-a, porque ela vicia.

Se você tiver uma mentirinha para contar hoje, daquelas que podem fazer alguém feliz, conte sem remorso. Mas fique de ouvidos bem abertos, porque aqueles 10% estão por perto, esperando o momento de corroer sua imagem. Por isso, evite corrosões. E, se os sintomas persistirem, saia no braço.

O dia da verdade

Dia 31 de outubro é o dia das bruxas. É também o dia da dona-de-casa. E o da normalista. E o do repórter policial. Como se vê, no Brasil existem datas para se comemorar tudo. Há até o dia da mentira. Mas não existe o da verdade. Não seria ótimo se, nesse dia, cada um de nós chegasse ao local de trabalho e fizesse o que não é permitido nos outros 364 dias do ano? Se disséssemos, com toda a sinceridade, exatamente o que estamos pensando?

Imagine como seria se o chefe escolhesse essa data para fazer a avaliação de sua funcionária Daniela:

– Avaliações não servem para nada, mas a empresa me obriga a fazer, diria o chefe.

– Em minha opinião, avaliações são ótimas quando feitas por alguém competente, o que não é seu caso, Daniela responderia.

– Perfeito, Daniela. O problema é que você é uma chata, porque sempre tem alguma coisa inteligente para dizer e isso me irrita.

– Ah, não havia percebido isso, chefe. Mas agora que percebi, vou fazer o possível para irritá-lo cada vez mais.

– Muito bem, Daniela. No geral, seu desempenho foi ótimo, o que me deixa apavorado. Preciso achar algum ponto fraco para baixar sua nota.

– Que tal cooperação, chefe? Porque detesto ter que cooperar com alguém insensível como você.

– Ótima sugestão, Daniela. Como não havia pensado nisso antes?

– Pensar nunca foi seu ponto forte, chefe.

– Excelente, Daniela. Assine aqui, e me dê licença, porque preciso fazer de conta que estou trabalhando.

– Obrigada, chefe. Se precisar de qualquer coisa, estarei ali na minha mesa, admirando sua competência.

– Maravilha, Daniela. Não esqueça que o dia da verdade é hoje. A partir de amanhã, voltamos a nossa velha rotina. A de fazer mentiras parecerem verdadeiras.

E o dia do elogio

Qual a maneira mais eficaz de criticar um funcionário? É adotar o sistema PNP. Iniciais de positivo, negativo, positivo. Empresas modernas e humanas têm esse procedimento, que funciona da seguinte maneira: a crítica fica no meio da frase, espremida entre dois elogios. Por exemplo, o chefe diz ao funcionário: "Fábio, você está se esforçando ao máximo. Mas, se cometer mais um erro, será despedido. Tenho certeza de que isso não vai acontecer porque você é inteligente". Em tese, o Fábio ficaria satisfeito, pelo menos do ponto de vista estatístico, porque recebeu dois elogios e apenas uma crítica.

A única desvantagem do sistema PNP é que o criticado escuta somente a crítica. Porque é assim que a natureza humana reage. Imagine um marido dizer à mulher, no melhor estilo PNP: "Andréa, esse vestido é muito bonito, embora esteja um pouquinho justo. Tirando isso, ficou ótimo". E a mulher, se for normal, responderá: "Você está me chamando de gorda, Geraldo?".

Por algum motivo, muitos chefes acreditam que elogiar um funcionário é perda de tempo. Trabalhei em uma empresa cujo presidente teve uma idéia genial: instituiu o dia do elogio. Que acontecia na primeira segunda-feira de cada mês. Naquele dia, quando dois funcionários se encontravam, um tinha que elogiar o outro. Críticas estavam terminantemente proibidas. Era até engraçado ouvir um chefe dizer: "Manoel, parabéns. Você é o cara mais criativo que já vi para dar desculpas esfarrapadas".

O dia do elogio tinha um quê de ironia e certa dose de falsidade. Mas era o dia do mês que passava mais rápido, mesmo caindo em uma segunda-feira. A produtividade aumentava e o humor melhorava, e isso nos dava gás para, nos 22 dias seguintes, agüentar as velhas críticas de sempre.

Os pilares e a estagiária

A estagiária entrou na empresa e recebeu um manual. Na primeira página, constavam os três pilares sobre os quais se sustentava a filosofia da empresa. Os pilares eram excelência no desempenho, liderança interativa, visão de longo prazo. Confusa, a estagiária foi perguntar ao chefe o que aquelas coisas queriam dizer.

– Chefe, você pode explicar o que é excelência no desempenho?

– Gostamos de comparar nossa empresa apenas com aquelas que estejam pior que nós.

– Sei, disse a estagiária. E liderança interativa?

– Bom, liderança interativa é a constatação de que ninguém aqui consegue decidir nada sozinho, e todo mundo procura um cúmplice para tomar decisões.

A estagiária estava ficando assustada com tanta franqueza e perguntou:

– E visão de longo prazo?

– Isso quer dizer que não temos coragem de fazer nada agora e deixamos tudo para depois.

A estagiária não resistiu e disparou:

– Chefe, desculpe, mas com opiniões como essas, como você conseguiu trabalhar por tanto tempo aqui?

– Meus pilares são diferentes dos pilares da empresa. O primeiro é nós, o segundo, eles, o terceiro, eu. Sempre que alguém tem uma idéia, digo: "Isso é exatamente o que estamos precisando". Quando a idéia começa a dar errado, afirmo: "Isso é mais complicado do que eles imaginavam". Quando dá errado mesmo, disparo: "Desde o começo, avisei que não ia dar certo".

Chefe dos colegas. Maldição?

De um grupo composto de doze funcionários, muito unidos, um deles foi promovido a chefe de seus antigos colegas. Em um primeiro momento, o escolhido pensou que aquilo seria uma maravilha, mas aos poucos foi mudando de idéia. Os ex-colegas, agora subordinados, começaram a cobrar coisas que ele vivia falando quando todos tinham cargos iguais. Por exemplo, que o grupo ganhava pouco. Os novos subordinados acharam que a primeira atitude do chefe seria conseguir aumento geral. Outra reclamação sempre dita na rodinha de amigos era de que a empresa não pagava cursos aos funcionários – e todo mundo sentiu-se no direito de bater na porta do chefe e pedir verba para um curso.

Os novos subordinados acharam que a primeira atitude do chefe seria conseguir aumento geral. E todo mundo sentiu-se no direito de bater na porta do chefe e pedir verba para um curso.

Como chefe, o sujeito percebeu que essas e outras reivindicações não seriam tão fáceis de conseguir. Resultado: os subordinados sentiram-se frustrados e o novo chefe acabou estressado. Mas a empresa não promoveu o rapaz para defender o ponto de vista dos funcionários. Ele foi promovido para defender o ponto de vista da empresa.

Não teria sido promovido se a empresa não visse nele alguém capaz de se comportar como chefe. Sua primeira atitude sensata seria, portanto, parar de pensar como subordinado e começar a pensar como chefe. E, claro, tentar fazer o melhor pelos funcionários – se não conseguisse, não poderia jamais colocar a culpa na direção da empresa. Quem sempre faz isso é líder sindical e não chefe.

Aprender a exercer a autoridade não é tarefa fácil. Se algum subordinado chegasse e dissesse: "Mas não era isso que você dizia antes", seria preciso explicar que o novo chefe não mudou. O que mudou foi a situação. Se ele for firme, mas justo, passará a ser respeitado. Mas continuará a ser criticado, porque se tornou chefe.

Como levar um problema a "ele"

Já vi muitos profissionais se prepararem meticulosamente para uma apresentação. Há quem ensaie na véspera para cronometrar o tempo. Entrevistas, então, nem se fala. Existe até quem mude a marca do desodorante para se apresentar bem. Mas muito raramente vi algum funcionário se preparar para falar com o chefe. Aquelas repetidas entradinhas na sala dele, que sempre começam com a frase "chefe, temos um problema", podem influir muito mais na carreira do funcionário do que uma ocasional apresentação ou entrevista. Quase ninguém elabora o que vai falar ao chefe, porque sempre acha que já sabe tudo o que irá dizer. Mas, na hora H, percebe que faltaram detalhes ou informações. Ou descobre que o chefe não tinha a mínima idéia do que o funcionário estava falando.

Tive um chefe ótimo. Quando me contratou, deu-me uma folha, cujo título era: "Como trazer um problema ao chefe". A folha tinha três perguntinhas, que eu deveria trazer já respondidas. Primeira, qual é o problema? Segunda, qual foi a causa do problema? Terceira, quais são as possíveis soluções? No final, vinha uma observação: o tempo para responder a cada uma das perguntas era de cinco minutos, no máximo. Se fosse preciso esticar o tempo, o chefe decidiria. Em seguida, vinham dois lembretes úteis: se precisar de relatórios ou gráficos para ilustrar o que estou falando, devo trazê-los; se precisar que outra pessoa me apóie ou dê informações, devo levá-la comigo.

Trabalhei por quatro anos com esse chefe e nunca tive nenhum problema. Principalmente porque, bem lá no pé da folha que ele me havia dado, existia um asterisco chamando a atenção para o ponto mais importante: "Como posso deixar o chefe com a impressão de que foi ele, e não eu, quem resolveu o problema?".

Entre o inferno e o céu, o purgatório

Conheço pessoas – e não são poucas – que vivem reclamando de o ambiente da empresa ser um inferno. Essa impressão é reforçada pelo fato de que o chefe parece o capeta em pessoa. Lamento informar que essa percepção é errônea. O inferno é para sempre e a passagem por uma empresa, temporária. Inferno, em latim, significa subterrâneo e a grande maioria das empresas está localizada acima da superfície. Portanto, pessoas que reclamam estão mesmo no purgatório.

Ninguém sabe direito quando o inferno – e seu concorrente direto no mercado da vida eterna, o céu – foram fundados. Já o purgatório tem data oficial de fundação: fevereiro de 1439. Mês e ano em que o papa Eugênio IV e seus assessores do Concílio de Florença estabeleceram os princípios básicos que regem o purgatório: lugar onde as pessoas precisam passar uma temporada se purificando dos pecados cometidos antes de serem definitivamente admitidas no paraíso.

Por que o purgatório foi fundado? Porque, antes dele, a regra da vida eterna era drástica demais: quem tivesse um pecadinho qualquer, por menor que fosse, iria direto para o inferno. Conhecendo-se os seres humanos, dá para deduzir que o inferno vivia superlotado, enquanto a densidade demográfica do céu devia ser menor que a da Floresta Amazônica. Ficou decidido, portanto, o seguinte: quem carregasse pecados de menor importância poderia ser admitido no paraíso, desde que antes fizesse estágio no purgatório.

Empresas são exatamente isso: tempo de algum sofrimento, mas necessário para chegar ao paraíso do trabalhador, a aposentadoria. Se o paraíso eterno é uma questão de fé em Deus, o paraíso terrestre é uma questão de fé em si mesmo: mais sábio que trabalhar para se aposentar, é trabalhar para construir o próprio futuro.

A hora certa de aplaudir

Em qualquer empresa, existem aqueles subordinados que estão sempre dispostos a rir de uma piada contada pelo chefe, por mais sem graça que seja. É claro que os subordinados não são pagos para rir, são pagos para produzir. Mas avaliações de desempenho mostram que quem aplaude o chefe é considerado mais produtivo do que quem interrompe o chefe para dizer que já conhecia a piada. Esse grupinho animado tem até um nome, claque, porque em francês *claquer* significava aplaudir.

Tudo começou quando, no fim do século XIX, políticos franceses começaram a pagar desocupados para ficar aplaudindo em seus comícios. A coisa logo ganhou ares de organização, porque havia vários tipos de claques. Os *rieurs* eram especialistas em rir. Os *pleureurs*, em chorar. Os *bisseurs* eram os que conseguiam gritar mais alto. Para coordenar a claque, havia os *chatouilleux*– que decidiam a hora certa para rir, chorar, ou gritar.

O mesmo esquema, sem alteração, é usado em programas de auditório nas tevês atuais. Fora do alcance das câmeras, um animador indica à platéia o momento de rir, de se emocionar, ou de bater palmas. Nas empresas, a figura desse animador é dispensável. Porque qualquer funcionário que faça parte da claque corporativa aprende rapidinho qual é o momento de fazer elogio. Ao contrário das claques políticas do século XXI, as claques corporativas do século XXI não são mais contratadas para fazer a glória do chefe. Mas seus integrantes sabem que terão mais futuro na empresa se, além de cumprirem suas obrigações profissionais, dominarem também uma arte muito antiga, a de aplaudir. Com entusiasmo, politicamente e na hora certa.

Quem diria, homens são mais invejosos

Uma pesquisa revelou que 77% dos funcionários, entre duzentas empresas ouvidas, disseram que havia muita inveja no local de trabalho. Apenas 25% deles confessaram ter tido, algum dia, e já faz tempo, alguma pontinha de inveja de alguém. Essa é a regra fundamental nas empresas – os invejosos são sempre "os outros".

A pesquisa trouxe mais três revelações, muito interessantes:

1. no trabalho, e só estamos falando de trabalho, homens são mais invejosos que mulheres. Isso ainda é herança da sociedade patriarcal. Historicamente, os homens eram educados para fazer sucesso e as mulheres, para bater palmas. Isso fez os homens desenvolverem mais o lado competitivo e as mulheres, o relacionamento. Quem compete mais, inveja mais.

2. há mais inveja em ambientes menores. Quanto menos gente, mais inveja, porque o foco da atenção fica mais concentrado. Caim, que matou seu irmão Abel por inveja, provavelmente não teria se tornado um assassino caso tivesse quinze irmãos. Por isso, escritórios totalmente abertos, sem divisões, que dão impressão de que funcionários são clones uns dos outros, podem até reduzir a individualidade, mas diminuem o potencial de inveja.

3. onde faltam regras, sobra inveja. Empresas que dão ênfase à ética podem não coibir totalmente a inveja, mas conseguem minimizá-la. Isso é feito por meio de avaliações formais de comportamento, conversas francas, averiguação imediata de fofocas e demissões de maçãs podres. Mas as empresas éticas têm critérios bem claros para promoções e faixas salariais. Porque esses são, de longe, os dois principais motivos de inveja nas empresas.

Sabe-tudo é quem ouve bem

Um colega meu, o Zé Luiz, fez um curso chamado autogestão de carreiras. Como o nome indica, ensinava as pessoas a administrar com eficiência sua vida profissional. O que mais impressionou o Zé Luiz foi uma aula chamada informações privilegiadas de bastidores. O conferencista explicou que, nas empresas, 90% das informações são repassadas não por meio de comunicados internos, mas de conversas informais nos corredores. Por exemplo: alguém vai ser dispensado. Antes que isso se torne público, dois ou três ficam sabendo e já saem tomando providências para conseguir o cargo do demitido.

O Zé Luiz anotou duas regrinhas básicas:

1. estabelecer relações de confiança.

2. compartilhar o conhecimento próprio para usufruir o conhecimento alheio.

Por coincidência, no dia seguinte ao curso, o Zé Luiz ouviu dizer que um colega estava na marca do pênalti. Por acaso, encontrou no corredor a pessoa mais bem-informada da empresa, a Magali. O Zé Luiz comentou, assim como quem não quer nada, a situação do colega. E a Magali respondeu em um sussurro: "Pois é". Imediatamente, o Zé Luiz baixou o tom de voz e estabeleceu uma relação de confiança. Disse à Magali que eles eram duas pessoas bem-informadas e que um poderia ajudar o outro. A Magali concordou e o Zé Luiz passou para a fase dois. Compartilhou com a Magali uma "pá" de comentários de bastidores. A Magali ficou impressionada. O Zé Luiz perguntou o que ela sabia para poder usufruir. E a Magali respondeu: "Eu? Não sei da nada". O Zé Luiz perguntou por que, então, ela estava falando baixinho daquele jeito. Ela respondeu: "Faringite". E o Zé Luiz descobriu por que a Magali sabia de tanta coisa. Os mais bem-informados não são os que falam pelos corredores. São os que sabem escutar.

Chefe tirano gosta apenas de números

Quem já não teve um chefe tirano? Um exemplar desse é aquele que não ouve ninguém, não respeita ninguém, e fica irritado quando alguém tem uma idéia perto dele. Porque ter idéias é prerrogativa exclusiva do chefe tirano. Que deveria ser "coisa do passado", embora continue presente em muitas empresas. E será que os chefes tiranos continuarão a existir? Sim, por algum tempo. Nada neste mundo termina de repente, exceto o salário do trabalhador.

Ao olhar pelo lado positivo, os chefes tiranos estão mesmo em extinção. Existem muito menos hoje do que existiam cinqüenta anos atrás. Mas esse é um processo meio demorado. Na história da humanidade, o progresso e o atraso sempre caminharam lado a lado. Apesar de todo o avanço tecnológico, ainda existe na Austrália, por exemplo, uma tribo de aborígines que sabe contar somente até três.

Mas a grande pergunta é outra: por que empresas ainda insistem em manter chefes tiranos se estão fora de moda? Mantêm porque a história mostra que a tirania dá resultados. Não resultados duradouros, é verdade. O problema é que as empresas estão muito mais preocupadas com o curto prazo do que com o longo prazo. E de nada adianta tentar manter diálogo civilizado com um chefe tirano. Ele não gosta de palavras. Ele gosta de números. E, não raramente, sabe contar apenas até três.

Entre virtudes e deficiências

Todos nós temos mais virtudes que deficiências. Para cada deficiência, temos quatro ou cinco virtudes. Agora, as más notícias: virtudes precisam ser comprovadas na prática. Deficiências não. Se alguém diz: "Não sou muito bom em negociação", ninguém vai duvidar. Mas, se uma pessoa diz: "Sou excelente negociador", todo mundo vai esperar para ver se é mesmo verdade.

Deficiências são mais visíveis que virtudes. Uma pessoa íntegra, cristalina, transparente, mas com mau hálito, certamente será mais lembrada pelo mau hálito. Por que a maioria dos chefes se preocupa mais com as deficiências? Porque os funcionários são contratados por causa de suas virtudes. E estão sendo pagos para transformar essas virtudes em produtividade. Como ninguém até hoje foi contratado pelas deficiências que tinha, o dever do chefe é se concentrar nelas. Ele é pago para corrigi-las.

O chefe poderia dedicar um minutinho para fazer um elogio merecido ao subordinado. É exatamente isso que diferencia um chefe querido de um chefe detestado. Fazer o que ele não ganha para fazer. Mostrar compreensão e sensibilidade. Ao apontar só deficiências, está deixando de usar uma virtude essencial. Uma virtude que tem custo zero, mas que rende muito. A virtude do reconhecimento.

Você se encaixa no perfil dos "quantos"?

Por que alguns funcionários são mais respeitados que outros? Por que alguns chefes dão muita atenção a alguns e ignoram outros? Em qualquer lugar do mundo, seja no Brasil, seja na Noruega, existe o mesmo tipo de tratamento dado pela chefia. O trabalho de um gestor se divide em duas partes: a primeira tem a ver com o presente. Garantir que o trabalho está sendo feito e bem-feito. A segunda tem a ver com o futuro: identificar funcionários nos quais vale a pena investir.

Para fazer isso, o gestor avalia algumas características pessoais – geralmente conhecidas como "a lista dos quantos":

- quanto um funcionário influencia os colegas e quanto é

influenciado por eles. Chefes percebem rapidamente quais funcionários são formadores de opinião. Esse é um sintoma de liderança.

- quanto um funcionário é consultado por outros funcionários para assuntos de trabalho. Esse é um sintoma de confiança.
- quanto um funcionário entende o que vai além da função dele. Esse é um sintoma de visão estratégica.
- quanto um funcionário se dispõe, sem ser solicitado, a oferecer sua ajuda. Esse é um sintoma de trabalho em equipe.
- quanto um funcionário consegue solucionar conflitos, sem provocar mais conflitos. Esse é um sintoma de maturidade.
- quanto um funcionário faz tudo isso sem puxar o saco dos superiores, nem prejudicar os colegas. Esse é um sintoma de que o chefe não precisa temer o comportamento, nem as atitudes do funcionário.

Em uma empresa séria, um funcionário com todos esses "quantos" sempre acaba recebendo mais atenção que os demais. Em uma empresa medíocre, esse mesmo funcionário é dispensado, porque é percebido como ameaça.

Eminências pardas: mandam e desmandam

> O que a história nos ensinou é que as eminências pardas conseguem se manter enquanto os pilares, nos quais se apóiam, permanecem de pé.

Em algumas empresas, a pessoa que tem mais poder não é o diretor. É o assistente. Manda e desmanda. Já derrubou várias gerentes pelo simples fato de não ir com a cara deles. Dá ordens para todo mundo, embora não tenha poder hierárquico para fazer isso. Essa é uma situação que se prolonga desde os tempos dos faraós do Egito. Pessoas sem poder formal, mas com poder de fato. Foi somente no século XVII que essa gente ganhou um nome: eminência parda.

Na França, houve um poderoso cardeal da Igreja Católica, chamado Richelieu. Os cardeais eram tratados por vossa eminência e se vestiam de batinas vermelhas. Richelieu era a eminência vermelha. O cardeal tinha um secretário, o padre Joseph de Tremblay. E o dito, mesmo sem ter poder formal, interferia em tudo. Era politiqueiro, fofoqueiro, vingativo e impiedoso. Como os padres usavam batinas cinza, padre Joseph, por ironia de seus inimigos, passou a ser chamado de eminência cinza. No português de Portugal, esse cinza virou pardo. Daí surgiu a expressão eminência parda. É exatamente o caso do assistente do diretor, independentemente da cor da roupa que use.

O que a história nos ensinou é que as eminências pardas conseguem se manter enquanto os pilares, nos quais se apóiam, permanecem de pé. O principal pilar deste exemplo é o diretor. Ou por omissão, ou por fraqueza, ou por algum outro tipo de interesse, o diretor não está "diretorando". Enquanto continuar no cargo, a eminência parda continuará agindo. Para quem está embaixo, existem três alternativas possíveis: paciência para ficar, estômago para se aliar, ou coragem para sair.

Bons e maus conflitos

Há dirigentes que acham o conflito um fator positivo no ambiente de trabalho. Por causa desse ponto de vista, todo mundo acaba discutindo por qualquer coisa. Esse comportamento atrapalha ou ajuda? A questão é que existem bons e maus conflitos. Conflito é uma palavra que veio do latim e que significava batida de frente. Nas empresas, o bom conflito acontece quando duas pessoas batem de frente, chegam a um acordo e saem caminhando na mesma direção. O mau conflito acontece quando duas pessoas batem de frente, saem caminhando em direções opostas e vão se chocar novamente mais adiante, apenas pelo prazer de conflitar.

A razão para qualquer conflito é a diferença de percepção. Alguém vê uma situação por um ângulo e outra pessoa vê a mesma situação por outro ângulo. Isso acontece nas empresas e nos casamentos. Em ambos os casos, é impossível que duas pessoas concordem em tudo. É preciso que exista bom senso, de ambas as partes, para que o mau conflito vire bom conflito. O mau conflito vai gerar mais conflitos, e o bom conflito, entendimento.

Os funcionários podem acreditar que os dirigentes querem ver o circo pegar fogo. A conclusão, um tanto quanto irônica, é que os profissionais e os dirigentes estão com percepções diferentes sobre uma mesma situação. Assim, a empresa perde produtividade, e os funcionários perdem a paciência uns com os outros. Mas a responsabilidade maior é dos dirigentes. Bater de frente qualquer um consegue. Mas administrar conflitos é uma habilidade gerencial. É por isso que nas empresas há tantos que batem e tão poucos que decidem.

Mudança de reino

Pense na seguinte hipótese: dentro de uma empresa, há um sistema de intriga profissional cuja pseudo-intenção é motivar os gerentes. A coisa funciona assim: vários gerentes são subordinados a um diretor. Que escolhe um desses profissionais e faz uma crítica a um dos gerentes. Coisas do tipo: "O fulano é tosco, não conseguiria desenhar um círculo no papel usando lápis e copo". O gerente criticado acaba sabendo da fofoca, vai até a sala do diretor e se defende, falando mal de outro colega. O diretor ouve, chama aquele que foi criticado e conta tudo o que foi dito. Ou seja, o trabalho é feito sob um clima de difamação constante. Entre os gerentes, reina desconfiança mútua. E o diretor se recusa a criar uma gerência de recursos humanos, que talvez ajudasse a melhorar o ambiente. Aí você pode pensar que o trabalho, em um local assim, não rende coisa nenhuma. Mas, ao contrário, sai bem-feito, a empresa tem lucro e ninguém pensa em pedir a conta, porque o salário é bom. Qual a saída?

Era exatamente dessa maneira que os reinos medievais funcionavam. Os nobres cochichavam no ouvido do rei. E o rei colocava os nobres uns contra os outros. Era o que se chamava de dividir para conquistar. Enquanto um estivesse tentando manchar a reputação do outro, o rei continuaria reinando tranqüilo. A empresa fictícia tem estrutura do século XIV com resultados do século XXI. Os gerentes continuam trabalhando pelo mesmo motivo que os nobres se curvavam diante do rei. Ganhavam terras e títulos de nobreza. Os nobres do século XIV não tinham a opção de pedir a conta e ir para outro reino. Mas os gerentes têm. Já que não é possível mudar o rei, que eles mudem de reino.

É o amor...

Um caso bem *Big Brother*: um supervisor de uma empresa está curtindo um romance com uma funcionária da mesma área em que trabalham. Nada de mais, a não ser pelo fato de o supervisor ser casado e ter quase o dobro da idade da funcionária. O desempenho profissional de ambos se mantém estável. Mas, para os mais próximos, o relacionamento não cai bem. Os dois pombinhos trocam olhares apaixonados durante o expediente, fazem sinaizinhos um para o outro. Uma parte dos subordinados acha que o problema é dos dois enamorados, e a empresa não tem nada a ver com isso. Outra parte diz que o gerente deveria tomar uma atitude drástica, dispensando um dos dois, ou os dois. A maioria trata a situação na base da piada. O gerente aconselhou o supervisor a ser mais discreto, mas o amor é cego. Cego e burro.

Se você tivesse de decidir o que fazer, que sugestão daria ao gerente? A minha é que ele converse urgentemente com o diretor de recursos humanos. Se a empresa não tem posição clara para casos assim, deveria ter. Como gerente, ele pode ter uma visão própria da situação, mas outro gerente, em caso parecido, pode ter opinião diferente. Portanto, o gerente não deveria se desgastar. Deveria delegar.

Quando a posição da empresa ficar clara, ele poderia chamar o supervisor e a funcionária para uma conversa séria. E usar um argumento que nada tem a ver com a opinião pessoal, mas com o código de ética da empresa. Que não será contra o amor, a forma mais sublime de relacionamento, mas a favor de um mínimo de bom senso.

Deixar de sofrer pelo outro

Você já teve um chefe humano, democrático e compreensivo? Compreensivo até demais? Aquele que não se impõe perante outros chefes com nível igual ao dele? E que, justamente por causa disso, vê seu prestígio despencar? É possível fazer algo para que ele seja mais agressivo, ou, pelo menos, que não seja tão passivo? Tive um chefe assim. Muitos anos depois, quando já estava em outra empresa, e podia falar com ele de igual para igual, fiz um comentário sobre sua passividade como chefe. Ele não se mostrou nem um pouco preocupado com o que eu disse.

Foi naquele momento que notei: ele era dezenove anos mais velho do que eu, mas parecia ser mais jovem. Não tinha cabelos brancos, nem rugas, nem qualquer sinal externo que denotasse vida sofrida. Sabe por que não envelheceu? Porque nós, os funcionários, envelhecemos por ele. Nós que sofríamos por achar que ele também estava sofrendo. Mas ele me disse que estávamos enganados. Que ia para casa depois do expediente e dormia tranqüilo. Que nunca teve enxaqueca, gastrite, estresse ou tensão. Se alguém achar que precisa sofrer, sofra por uma boa causa. Pela própria carreira. E deixe a carreira do chefe por conta dele.

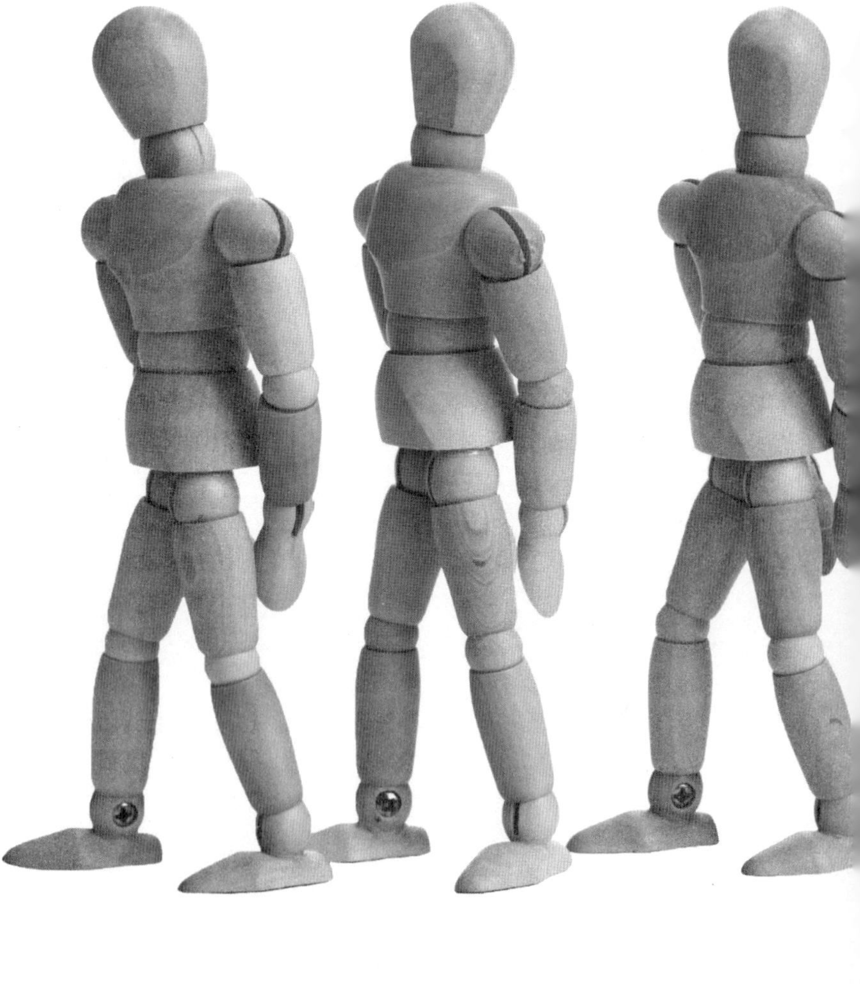

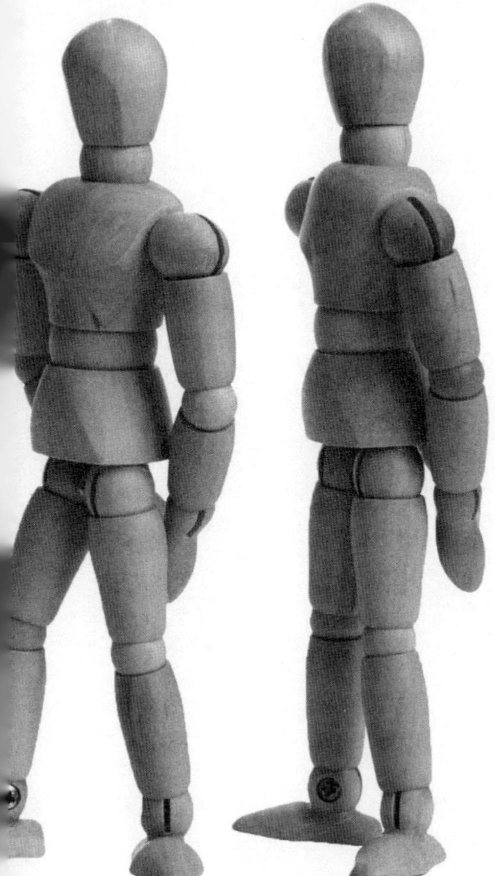

V de Vaga

O ANO DE 2008 TRAZ BOAS NOTÍCIAS PARA as pessoas que estão desempregadas, ou para os jovens que procuram o primeiro emprego. Uma série de pesquisas mostrou que a situação atual pode não ser a ideal, mas é a melhor dos últimos anos.

O Ministério do Trabalho informou quais foram as dez cidades que geraram mais empregos com carteira assinada em 2007. Pela ordem, São Paulo, Rio de Janeiro, Belo Horizonte, Curitiba, Fortaleza, Manaus, Porto Alegre, Recife e Campinas. Isso é ótimo, porque o aumento de empregos não se concentrou em poucas regiões do país. Em percentual sobre o ano anterior, o crescimento foi maior em São Paulo e em Belo Horizonte, com mais de 7% de empregos novos.

Segundo o IBGE, a taxa de desocupação em 2007 foi a mais baixa desde que a pesquisa foi iniciada, em 2002. Pode-se dizer que, de cada quinze pessoas que procuraram emprego em 2007, catorze conseguiram. Outro dado relevante do IBGE: o mercado de trabalho caminha para a igualdade numérica entre homens e mulheres. Dos trabalhadores com carteira assinada no Brasil, 54% são homens e 46% são mulheres.

No caso de funções que exigem nível superior, uma pesquisa da consultoria Manager mostrou que o número de vagas abertas em 2007 cresceu 14% em relação a 2006. As categorias mais procuradas foram engenharia, administração de empresas e informática. Os menores índices de procura foram para profissionais formados em direito, psicologia e comunicação.

A Firjan, Federação das Indústrias do Rio de Janeiro, publicou uma pesquisa interessante sobre as áreas com maior tendência a ser terceirizadas pelas empresas nos próximos sete anos. As áreas mais apontadas foram: informática, contabilidade, jurídica e recursos humanos. Quem escolher uma delas deve se preparar para trabalhar por conta própria em futuro próximo. Como prestador de serviços autônomo e não como empregado efetivo.

Um alerta importante da Firjan: as 415 empresas que responderam à pesquisa estimam que, em 2015, quem não tiver, no mínimo, um curso de nível médio dificilmente conseguirá emprego. Esse curso será exigido por 91% das empresas para as funções de nível mais baixo. No caso de qualquer função administrativa, ou de supervisão para cima, a exigência mínima será um curso superior. Portanto, o curso superior está deixando de ser diferencial no mercado de trabalho e se tornando pré-requisito.

Todas essas pesquisas são positivas, mas não medem duas coisas: a primeira é o nível de satisfação de quem está empregado. Com a função, o salário, o ambiente da empresa, ou as perspectivas de carreira. A segunda é a quantidade de profissionais que não atua na área em que se formaram. E são muitos. Por isso, o número de pessoas que muda de emprego é cada vez maior, e o tempo médio de permanência em uma mesma empresa vem diminuindo. Ou seja, as boas vagas estão ficando mais e mais disputadas.

Em resumo, existem oportunidades de emprego no Brasil, ainda que não sejam exatamente o que muitas pessoas procuram. Pensando em um futuro bem próximo, aqui vão três recomendações:

1. *jovens, não esperem muito para conseguir o primeiro emprego.* O ideal é começar a trabalhar entre dezoito e vinte anos. As empresas dão preferência à combinação de escolaridade com experiência prática.

2. *se não houver vaga na área que você deseja, não fique parado.* É melhor aceitar uma oportunidade razoável do que esperar pela oportunidade perfeita, que pode não aparecer.

3. *estude.* Não importa se você tem vinte ou quarenta anos. O que parece não fazer falta hoje, fará muita falta amanhã.

Dizer alô não faz mal a ninguém

Na virada do século, as mulheres ocupavam 20% dos cargos de chefia nas melhores empresas. Em 2006, esse número deu um salto incrível, chegando a 31%. Isso significa que, em promoções ou novas contratações em nível executivo, as mulheres conseguiram sete de cada dez vagas. Outra pesquisa, publicada pela consultoria DBM, mostra que, no primeiro semestre de 2007, na cidade de São Paulo, 67% das vagas para executivos foram preenchidas por meio da rede de relacionamentos, o chamado *networking*. Juntando as duas coisas, percebe-se que as mulheres estão conseguindo, bem mais que os homens, entender a importância de iniciar e manter contatos com profissionais bem empregados, que podem fazer uma recomendação quando surge uma boa vaga. Conclusão: o futuro dos homens no mercado de trabalho vai depender de que passem a pensar como as mulheres.

Em uma pesquisa bem pessoal, cheguei à conclusão de que não sei o paradeiro de 90% dos homens executivos com quem trabalhava havia dez anos. Quase nenhum se preocupou em me avisar para onde foi, nem a me informar o que está fazendo. Mas, quando um deles fica desempregado, sou sempre um dos primeiros ex-colegas a ser contatado. No caso das mulheres executivas com quem trabalhei, sei o paradeiro de 80% delas.

Uma vez por mês, elas me escrevem, nem que seja só para dizer "olá". É difícil um homem imaginar que um simples "olá" possa fazer alguma diferença na carreira. Aliás, muitos imaginam que dizer "olá" não é coisa de homem. Mas é por entender o valor e a importância desses pequenos detalhes que as mulheres estão avançando tão rapidamente no mercado de trabalho.

Uma opção: emprego público

Houve uma época no Brasil em que uma vaga no serviço público era garantia de tudo o que se quer na vida profissional: bom salário, estabilidade garantida e aposentadoria com vencimentos integrais. Não bastasse isso, ainda havia o status. Na década de 1960, um jovem que conseguisse passar no concorrido concurso de seleção para o Banco de Brasil era considerado o solteiro mais cobiçado do quarteirão. Havia também a parte negativa – aquela crença de que funcionário público trabalhava com má vontade porque era mal pago, ou vice-versa. Na década de 1940, uma marchinha de Carnaval composta por Haroldo Barbosa cantava as agruras do funcionário que ganhava apenas o necessário para o cigarro e para o café. Para rimar com café, Haroldo Barbosa deu um nome a esse funcionário: Barnabé. O nome pegou. E a fama, injusta, também.

> Uma vaga no serviço público era garantia de tudo o que se quer na vida profissional: bom salário, estabilidade garantida e aposentadoria com vencimentos integrais.

Nas três últimas décadas, o sonho de um jovem que se forma em uma faculdade mudou de rumo. Agora, ele quer entrar em uma grande empresa privada, de preferência multinacional. Nas revistas de negócios, raramente é publicada uma reportagem mostrando as oportunidades de carreira no serviço público. E aqui vão as boas notícias: o serviço público continua oferecendo muitas vagas, pagando salários decentes e proporcionando boas oportunidades de carreira. Para descobrir essas vagas, basta entrar no serviço de busca mais usado da internet, o Google, e digitar "concurso público", entre aspas. Ao clicar, aparecem dezenas de sites com informações interessantes. Algumas das vagas não exigem curso superior, ao contrário do que acontece em processos de seleção de empresas famosas, nas quais até faxineiro precisa ter pós-graduação. Para quem está pensando em novo emprego, ou no primeiro emprego, o serviço público é bela opção.

Do you speak english?

Muitos jovens têm uma dúvida: aprender inglês no exterior, como na Inglaterra ou na Austrália, faz diferença no currículo e abre portas para boas vagas no mercado de trabalho? Ficar em um desses países por três ou seis meses, fazer um bom curso e voltar falando inglês fluentemente significa conseguir um bom emprego? Os pais, do alto de suas valiosas experiências de vida, costumam ponderar que, além do dinheirão que a viagem vai custar, as chances dos filhos não aumentarão tanto quanto imaginam. Concordo com os pais. Se um jovem tiver uma experiência de trabalho no exterior aumentará suas possibilidades de conseguir uma boa vaga na volta ao Brasil. Um curso, nem tanto.

Se um jovem tiver uma experiência de trabalho no exterior aumentará suas possibilidades de conseguir uma boa vaga na volta ao Brasil. Um curso, nem tanto.

Alguns selecionadores de pessoal, meio irônicos, costumam dizer que turismo não é currículo. Mas a fluência em língua inglesa é medida em teste prático. Mostrar um diploma, nesse caso, não terá tanto peso. Até porque existem muitas pessoas fluentes em inglês que não saíram do Brasil, já que há cursos muito bons aqui.

Mas a viagem ao exterior pode ser avaliada de outra maneira. Viver algum tempo em um país culturalmente mais avançado é algo excelente. Para a vida inteira. Abre a cabeça, no bom sentido. Qualquer jovem que tiver a oportunidade de ir, deve aproveitar. Mas ir, pensando apenas em um emprego de curto prazo na volta, pode ser uma decepção. Voltar falando inglês será apenas uma das conseqüências positivas da viagem e não o real motivo dela.

Currículo recheado demais

Um "problema" que muitas pessoas acham que têm é a superqualificação. Diploma de universidade, pós-graduação e MBA, além de fluência em inglês e espanhol, por exemplo. "Problema" porque o candidato acredita que não consegue uma vaga no mercado de trabalho justamente por ser qualificado demais para determinado cargo. Pode parecer ridículo, mas há quem elimine alguns cursos do currículo para aumentar as chances de contratação.

Vamos por partes:

1. *você tem sido chamado para participar de processos de seleção?* A lógica diz que é exatamente por causa do currículo, e não apesar dele, que um candidato é convidado a fazer entrevistas. O bom senso também diz que nenhuma empresa analisa

um currículo e chega à conclusão de que "fulano fez um sem-número de cursos. Vamos chamá-lo aqui e dizer que não vamos contratá-lo porque ele tem enorme variedade de cursos".

2. *como é seu comportamento durante as entrevistas?* Talvez você esteja usando termos complicados diante do entrevistador. Ou assumindo uma atitude superior. Ou usando palavras em inglês quando podia falar português. É esse tipo de atitude, e não o currículo, que assusta as empresas. E o entrevistador acaba optando pelo caminho mais fácil. O de admitir que você é superqualificado em vez de dizer claramente que você precisa repensar seu comportamento em entrevistas.

Aos que estão em busca de uma vaga e não conseguem, um aviso: nenhuma empresa convoca um candidato pelo currículo diferenciado e depois o elimina por ter justamente um currículo diferenciado!

Estudar e trabalhar ao mesmo tempo

Cursos de pós-graduação, MBA, mestrado e doutorado devem ser feitos depois que a pessoa estiver empregada. Não antes. O mercado de trabalho vive uma situação estranha, quase surrealista. Há muitos jovens entre vinte e 26 anos que estão desempregados, embora tenham acumulado uma razoável quantidade de bons diplomas. E há empresas reclamando que não conseguem candidatos adequados para preencher as vagas oferecidas exatamente porque estão faltando jovens que souberam equilibrar o estudo e a experiência prática.

Minha sugestão a você, que se enquadra nesse perfil, é: arrume um emprego o quanto antes. Mesmo que seja um emprego que não tenha muito a ver com o curso que está fazendo. Uma carreira de sucesso deve começar por esse simples passo, que precisa ser dado e não pode ser pulado. Depois de empregado, você poderá balancear seu planejamento de vida. Que depende não apenas do que você quer para seu futuro, mas, principalmente, das lições que o presente terá ensinado e das oportunidades que aparecerem.

Estudar é ótimo e nunca será demais. Mas deixar a busca do emprego para depois e ficar só estudando, durante muito tempo, é algo que, além de não queimar etapas, ainda pode chamuscar a carreira.

V de Vítima

NO MERCADO DE TRABALHO, EXISTEM MUITAS VÍTIMAS. Vítimas de discriminação por idade, de assédio moral e dos mais variados preconceitos. Mas há também pessoas que não são vítimas, apenas se fazem de. São aquelas que acreditam existir uma conspiração contra elas.

Incorporar a vítima não ajuda a carreira profissional. Ao contrário, atrapalha. Existem muitos exemplos de quem gosta de protagonizar esse papel, mas vamos falar de três deles.

- *Primeiro exemplo*: "Os incompetentes são promovidos, enquanto estou na mesma função há dez anos. Ninguém reconhece o meu trabalho e a minha dedicação". Realmente, é duro aceitar que alguém com menos idade, com menos tempo de casa, ou com menos estudo, foi promovido porque mostrou mais competência. Pode até ser que um ou outro não merecesse a promoção. Mas, em nove de dez casos, as promoções são justas. Uma pessoa competente no que faz não é promovida porque ainda não demonstrou certas habilidades para ocupar o cargo seguinte. Uma delas é a liderança. Para ser líder, não é preciso ser chefe. O líder é aquele colega capaz de influenciar a opinião de outros colegas. Capaz de unir um grupo em torno de um objetivo. As empresas enxergam isso claramente. Mas quem se faz de vítima prefere acreditar que a empresa é cega.
- *Segundo exemplo*: "Não tenho mais chances porque passei dos quarenta anos". Na maioria dos casos, o problema não é idade. É atualização. Profissionais que não estudaram o que deveriam, e quando deveriam, foram ultrapassados pelos que estudaram.
- *Terceiro exemplo*: "Tenho um armário cheio de diplomas, já espalhei milhares de currículos, mas não sou chamado nem

para uma miserável entrevista. Só consegue um bom emprego quem é protegido". É verdade. Mas isso não é protecionismo. É uso eficiente de boa rede de contatos. Se a maioria das vagas é preenchida por indicação, então essa é a regra do jogo. É preciso conhecer as pessoas certas. Quem se faz de vítima prefere criticar as regras em vez de se adaptar a elas.

De modo geral, fazer-se de vítima é pecar por omissão. É deixar de fazer o que pode ser feito e colocar a culpa por tudo o que acontece – ou não acontece – em um grupo vagamente chamado de "os outros".

Resumindo: quem quer ter boa carreira profissional procura caminhos. Quem se faz de vítima encontra desculpas.

Vítima de omissão

Certa vez, ouvi de um negro – ou, como é moda dizer agora, afro-descendente –, formado em economia há mais de sete anos, que todos os seus colegas de faculdade progrediram na carreira, menos ele. Um desses jovens levantou a seguinte polêmica: será que ele não seria vítima de discriminação na hora das promoções? O rapaz negro contou que, em seus sete anos na empresa, jamais tinha ouvido nem sequer uma piada racista. Que nunca havia sido tratado de modo diferente por ninguém. E que jamais qualquer pessoa havia feito referência à cor de sua pele. Mas existia um fato incontestável: apesar de bem avaliado por seus superiores, ele continuava na mesma função. Minha teoria é de que ele pode ser vítima de discriminação por omissão. Que

> Quem quer ter boa carreira profissional procura caminhos. Quem se faz de vítima encontra desculpas.

ocorre quando ninguém faz nada para prejudicar outra pessoa pelo fato de ser negra, mas também não faz nada a favor exatamente pelo mesmo motivo. Se na empresa existirem cargos gerenciais ocupados por negros, provavelmente o jovem está sendo enganado. Mas, se não existir nenhum, provavelmente a desconfiança não tem qualquer fundamento.

Todo profissional tem o direito de perguntar por que a carreira não progride, já que vem dando bons resultados à empresa e demonstrando condições para ocupar cargos mais elevados. Em uma conversa com o superior hierárquico, a cor da pele nunca deve ser mencionada. Se o chefe não der nenhuma explicação convincente, diria que a explicação pode ser discriminação. O problema é que discriminação por omissão não deixa evidências. Mas, ao questionar o sistema, esse funcionário dará um recado importante: de que não vai se omitir apenas porque a omissão é mais confortável aos outros.

EDITORA GLOBO

Coordenador (TV Globo para a Série Fantástico): Alberto Villas
Organização e revisão: Ana Tereza Clemente
Imagens: PhotoiStock
Foto do autor: Frederic Jean

Emprego de A a Z (série da TV):
Logotipo Emprego de A a Z: Flávio Fernandes
Imagens: Fernando Calixto, Marconi Matos, Américo Figueiroa, Wilson Araújo, Sandro Queiroz, Bartolomeu Clemente
Produção: Renata Rodrigues, Evelyn Kuriki, Roberta Belluomini
Edição de texto da série para TV: Bruno Bernardes, Flávia Varella
Edição de imagens da série para TV: Jae Ho Ahn, Paulo Max, Rafael Norton

EDITORA GLOBO S.A.
Av. Jaguaré, 1485 – São Paulo, SP, Brasil
05346-902
www.globolivros.com.br

Impressão e acabamento: Imprensa da Fé

CIP-BRASIL. CATALOGAÇÃO-NA-FONTE
SINDICATO NACIONAL DOS EDITORES DE LIVROS, RJ

G321e

Gehringer, Max, 1949-
Emprego de A a Z / Max Gehringer. - São Paulo : Globo, 2008.
il. color.

Temas abordados no quadro Emprego de A a Z do programa Fantástico, exibido pela Rede Globo de Televisão
ISBN 978-85-250-4524-9

1. Mercado de trabalho. I. Título.

08-1526. CDD: 331.12
CDU: 331.5

17.04.08 24.04.08 006309

Licenciamento: GLOBO MARCAS

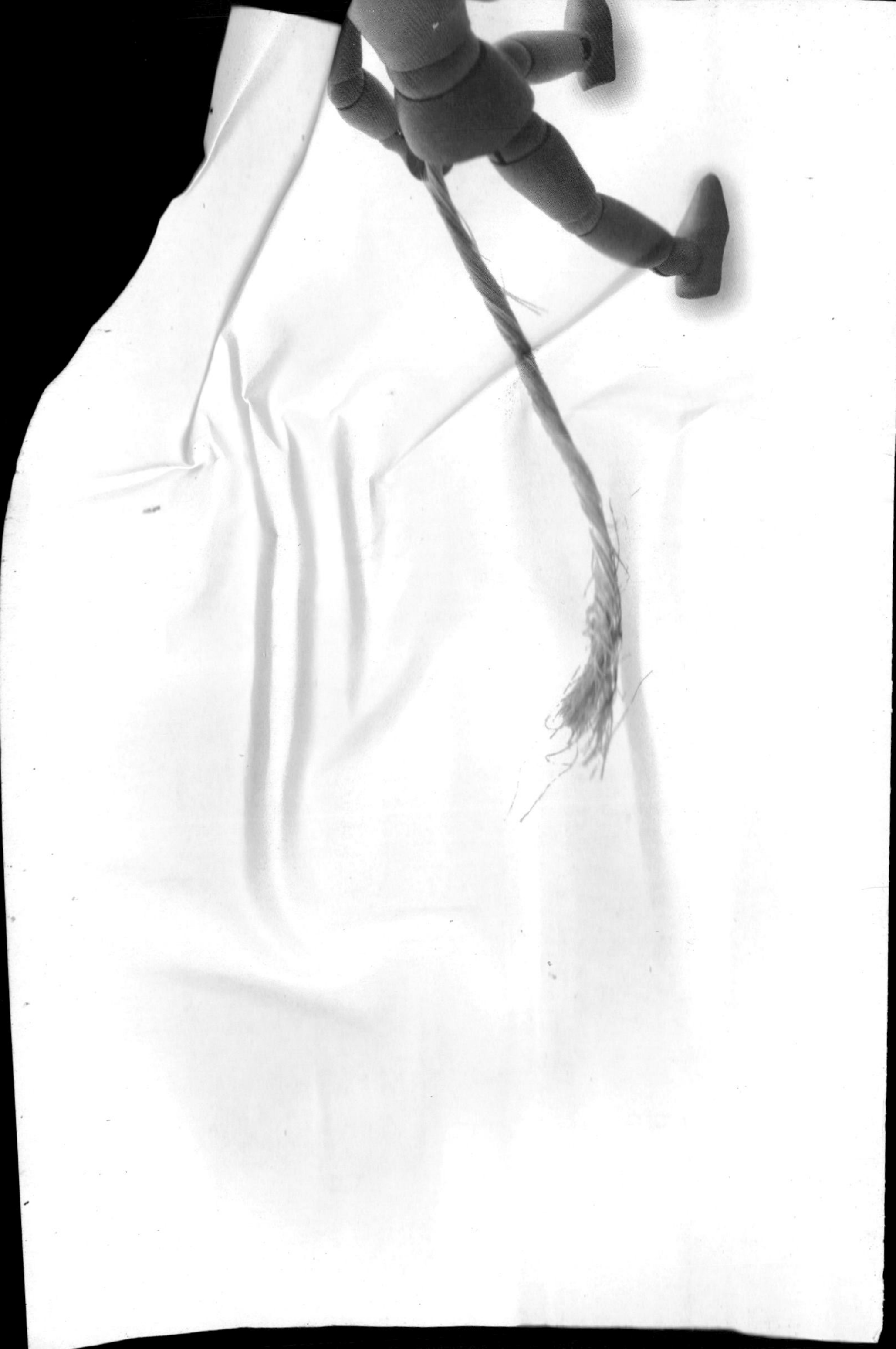